新时期中国农村金融
改革与发展研究及路径探析

李 宇◎著

中国商务出版社
CHINA COMMERCE AND TRADE PRESS

图书在版编目(CIP)数据

新时期中国农村金融改革与发展研究及路径探析/
李宇著.--北京:中国商务出版社,2017.7
ISBN 978-7-5103-1987-7

Ⅰ.①新… Ⅱ.①李… Ⅲ.①农村金融改革－研究－
中国 Ⅳ.①F832.35

中国版本图书馆 CIP 数据核字(2017)第 178848 号

新时期中国农村金融改革与发展研究及路径探析

XINSHIQI ZHONGGUO NONGCUN JINRONG GAIGE YU FAZHAN YANJIU JI
LUJING TANXI

李 宇 著

出　版:中国商务出版社
发　行:北京中商图出版物发行有限责任公司
社　址:北京市东城区安定门外大街东后巷 28 号
邮　编:100710
电　话:010－64515141(编辑三室)
　　　　010－64283818(发行部)
网　址:www.cctpress.com
邮　箱:cctp@cctpress.com
照　排:北京厚诚则铭印刷科技有限公司
印　刷:廊坊市国彩印刷有限公司
开　本:787 毫米×1092 毫米　1/16
印　张:16.25　　字　数:211 千字
版　次:2018 年 1 月第 1 版　　2023 年 8 月第 2 次印刷
书　号:ISBN 978-7-5103-1987-7
定　价:56.00 元

前　言

　　农村金融是现代农村经济的核心,现代农业的发展、社会主义新农村的建设和农民收入的增加,都离不开农村金融的支持。当前我国农村金融还存在着许多问题,需要进一步加强与完善农村金融服务体系的构建,提高农村金融的服务水平,拓宽农村融资渠道。从现有的融资渠道来看,我国农村金融之中主要存在着传统型正规农村金融机构、新型正规农村金融机构、非正规金融机构和互联网金融机构。这些不同类型的金融机构有着不同类型的问题,需要从不同的方面进行改革。

　　最近几年来,我国农村金融改革有了明显的成绩,对"三农"工作的开展起到了一定的支撑作用。但是从客观上说,我国农村金融的体系和"三农"工作的实际需求相比,还存在着一定的差距。要解决好这个问题,就必须要加快对农村金融组织以及制度的改革。当前,我国农村金融体系存在着明显的缺陷,这个缺陷已经严重影响到了我国社会主义新农村建设。我国农村迫切需要一个覆盖层次多、完善的金融体系。

　　本书站在上述角度对我国农村金融的发展做了研究。从内容上看,本书逻辑清晰,首先对农村金融进行了概述,其次阐明了其中的问题,接下来对农村金融中的主要供给主体:传统型农村金融机构、新型农村金融机构、农村非正规金融组织、农业保险、农村互联网金融进行了研究,最后在以上论述的基础上说明了我国农村金融制度创新的方向。

　　基于我国农村目前发展的现状,在短时间内解决好农村金融改革与发展问题,存在着很大的难度,需要克服很多的困难,这就需要各方面理论工作者和金融机构的专业人士,群策群力,共同努力,探索出适合我国农村发展的农村金融服务体系和有中国特色的农村金融发展模式,从而更好地促进我国"三农"的快速发展以及小康社会的全面建成。

　　本书在写作过程中参阅借鉴了大量文献资料,在此谨向这些论著的作者表示感谢。由于作者水平有限,书中难免有不妥之处,恳请专家与读者批评指正。

作　者
2017.5

目　录

第一章 农村金融概论

农村金融对于农业经济来说,作用是明显的。我国农村金融发展历程十分曲折,起起落落,虽然经过几次改革,但却没有从根本上以更加积极地形态推动农业经济的发展。农村金融发展道路漫长。

第一节 农村金融概述

一、中国农村金融概念及内涵

"农村金融作为一个概念被广泛运用,是十一届三中全会以后的事。"通常认为农村金融是指农村货币资金的融通或者农村的金融。这个定义所指在学术上看有点望文生义、指向不明。根据国家统计局《关于统计上划分城乡的暂行规定》的界定,乡村是指规定划分的城镇以外的其他区域,城镇包括城区和镇区。中国人民银行于 2008 年出版的《中国农村金融服务报告》把农村金融定义为:"一般是指在县及县以下地区提供的存款、贷款、汇兑、保险、期货、证券等各种金融服务,包括正规金融和非正规金融(即民间金融)。"但是,县域作为一个地域的概念,其内部涉及多种经济组织形式,中小企业、个体工商和农户以及其他住户等都是农村经济的重要参与者。农村作为一个地域的概念,是与城市相对的概念,正如没有城市金融这种学科语言一样,地域概念能否作

— 1 —

为一种经济形式的定义是值得商榷的。

首先，金融是一个产业，通常会有一些产业作为限定词对金融形式进行限定，但是很少用地域限定词作为定义。在农村，也可能存在工商经济，存在中小企业和个体工商等经济主体，还存在按照城镇户口统计的居民家庭，当然主要还是规模庞大的农户。这就使得农村金融作为一种研究对象显得十分混乱。例如：在研究中小企业融资问题时，是不是要分为城市中小企业融资难和农村中小企业融资难等主题呢？从现实情况看，在农村社会的融资难题中，农村地区处于乡镇的居民户和农村中非农行业职工，如教师、公务员等，由于他们有稳定的收入来源和可供抵押担保的资产，通常不存在融资难问题。从数量和规模上看，农户既是农村金融需求的主要对象，又是农村经济中最为特殊的部分。由于我国农户具有小农经济的独特性，以及现有农村产权制度的特殊限制，使得农户实际上是农村经济发展中最为关键、最值得关注的经济主体。

其次，农户和农业比农村更适合界定农村地区金融业务的业务特征。我们通常把农民、农村和农业概括为"三农"，在这三者之中农民是主体，农村是地域限定概念，农业是一个产业经济概念。在农村、农民、农户和农业这些概念之中，"农业"和"农户"更具本质性的意义，反映着农村经济的生产方式和生活方式。尽管当前我国农业正处于向现代农业转型的过程之中，农民生产合作社等新型农村经济主体日益增多，但家庭生产经营的小农经济特征仍十分突出。农业产业风险与自然风险密切相关，农业严重依赖土地资源的投入，相对于工商经济而言，在规模经济、新技术应用等方面存在差异，这使得对农业发展的金融支持形式具有特殊性，国际上对农业的金融服务和政策扶持都具有特定的针对性。因此，相对农村金融这个较为宽泛的概念而言，农业和农户更为适合作为农村地区金融业务的限定词。

最后，农村金融突出的交易金额小、服务成本高和风险高等特征实际上是与农户这个主体特征和农业产业特征密切相关的。

在自然经济条件下,由于农村的人口密度依赖于土地资源的供养能力,导致农户是相对均匀地分散在耕地上,这是导致农村金融服务特殊性的主要原因。从农户借贷风险看,通常农业产业风险是导致信贷违约的主要原因。

人们常说的"贷款难""贷款贵"等农村金融问题实质是指农户金融和现代农业金融的问题。

二、农村金融的微观基础

(一)农户决定了农村金融的特殊性

当前,农村经济中的农户与其他经济主体具有本质不同。

第一,农户是一种特殊的经济主体。我国农户是在长期小农经济社会条件下产生和发展的,并不是市场催生的结果。我国当前的农户家庭经济在本质上是小农家庭自然经济的延续,传统小农是以自给自足的家庭需求为中心配置资源,使得农户经济行为主要受家庭自身需求偏好的约束,而不是以市场价格为导向、以利润最大化为目标约束。关于农户作为经济主体,其行为与经济学的理性人假设存在重大差异已成共识,理论界分别提出了"舒尔—波普金理性小农假说",A. V. 察亚诺夫和 J. 斯科特的"道义小农假说",以及华裔学者黄宗智关于我国小农经济"半无产化"刻画及其"拐杖逻辑"假说等,都说明农户是一种特定经济主体。尽管目前农户也部分参与市场交易,传统农村经济社会也正在解体,但小农家庭自给自足的生产行为以及在此基础上的特定社会关系仍然牢固,农户家庭经济行为的特殊性仍突出。

第二,我国农户经济行为具有特定东方小农特征。不同于西欧和美洲国家农庄或农场主经济的特征,东方小农经济具有单位土地面积的人口密度高、生产技术应用能力弱和劳动力投入高等特征,小农家庭长期满足于自给自足的封闭状态,使得农户在适应市场配置资源的能力方面存在严重不足。在农户金融行为方面,农户储蓄和借贷的动机和行为在不同收入水平方面存在显著差异。实证研究表明:低收入农户家庭储蓄和借贷都更倾向于保守性,多数农户都倾向于内源性融资,而不愿借贷;农户信贷主要以消费信贷为主,生产性信贷占比较低。

第三,农户在市场参与方面存在制度性差异。农户是农村最基本的单元,既是生产主体,又是消费主体,农村经济的发展和市场化客观上不可能回避农户制度的特殊性。农户家庭具有"无限责任制"特征,缺乏家庭或个人的破产保护机制,使得其信用风险主要通过代际传承分摊,这些都和现代市场经济的公司类市场主体有着本质的区别(公司通常是以投资人出资额为限承担有限责任)。现代银行起源于商业,是商业信用发展到一定阶段的产物。而我国小农经济是长期自给自足的自然经济发展的结果,没有形成商品流通和商业信用,因此要在缺乏商业信用的基础上开展信贷服务,无论是风险定价,还是风险管控都存在难度。

第四,农户家庭的主要资产要素流通性弱,可抵押性和担保性差,信息不对称程度大。农村土地作为农户最大的生产资源,其法律上仍然属于集体财产,农户只有经营权没有所有权,土地、宅基地及房产等提供抵押担保能力方面又受到极大的限制。农户家庭本身不具有清晰的资产负债结构和相关信息,也不具有稳定的现金收入流,这些都使得农户信贷评估和管理难,信用风险高,服务成本高,而且农户从银行获得的信贷资源最终是用于消费还是生产,难以确定,这加大了信息不对称程度。

第五,农户家庭经济收入波动与农业经济特定产业风险密切相关。自然灾害等不可抗力风险对农户家庭影响十分大,在农业保险普遍匮乏的条件下,自然灾害风险必然转化为农户家庭风险。古代政府对小农经济采取一定的金融扶持政策,主要是赈贷制度和救济措施,从这个角度看,农户金融具有很强的政策性。

上述因素表明,农户经济行为的特殊性决定了农户金融需求和金融服务方式都具有特殊性,客观上也要求为农户提供金融服务的金融机构在生产经营活动方式、业务模式、风险管理等方面都应具有特殊性,可以把围绕我国农户的金融需求、相应金融服务模式、组织形式以及有效的金融支持政策等统称为农户金融。由于农户经济的行为和制度约束等的特殊性,所以客观上要认识到"量身定做"的农户金融供给体系和政策体系是满足农户金融需求的逻辑起点。

(二)现代农业金融

现代农业金融是指服务于现代农业产业的金融服务,具有产业链式金融服务特征。相对其他工商经济而言,现代农业经济更多地依赖于土地资源,更多地受到自然灾害风险的影响,这两个方面对整个农业产业链都有显著的影响。因此,现代农业在金融服务的组织模式、风险控制机制以及风险的政策补贴措施等方面与其他工商金融服务也存在一定的差异。欧美发达国家积极利用合作金融、政策性农业保险、农产品期货和对农产品价格补贴等政策措施来发展现代农业,根本上是由现代农业的经营特点和风险特征决定的。

现代农业金融与小农经济在金融需求和服务形式上存在重大差异。小农经济是传统自然经济下的产物,与小农经济相适应的金融形态主要是具有政策性金融性质的国家赈贷:高利贷和熟人社会的互助金融。比较而言,现代农业是以城市需求为中心,形成以大城市为中心的农业产业分层布局(杜能圈层),通常距离中心城市不同的距离分布着不同的农业产业,这种产业布局又使得现代农业具有工业经济类似的规模经济和范围经济的特征,其金融需求和服务形式也与其他工商业产业相似。

不过,现代农业金融的特殊性主要来源于其经营组织的特殊性。相对于其他工商业而言,农业更多依赖于土地资源,农业生产涉及的经营半径大,技术和资本积聚效应较弱,从而在与城市工商资本竞争过程中常处于弱势。城市工商易于通过股份有限责任制来实现资本联合,农业由于与自然灾害风险相关联,难以通过股份有限责任制来实现联合,而更多的是通过(农场)家庭无限责任制组织生产经营。在传统农业社会,对自然灾害等重大风险通常都是通过小范围的互助或者"父债子还"的代际补偿来分散风险,现代农业主要依靠农业保险、农产品期货等方式分散风险。因此,现代农业金融是信贷、保险与期货等多种金融服务形式的结合。

现代农业金融还严重依赖于土地资本提供的信用能力。由于现代农业中,土地资本在农业生产要素中占比较高的地位,具有和其他固定资产及流动资产不同的资产属性。国际上,土地信贷在农村信贷业务规模(特别是中长期信贷)中占了很大比重,而且土地信贷在促进合作金融发展中发挥了重要作用。在现代农业产业中,发达国家的农业合作金融很好地发挥了土地资本对农场主的锁定效应,大力发展合作金融。由于农场主或农民相对稳定地居住在生产经营的土地上,容易形成相对稳定的熟人社会,在这种情况下按照合作制原则发挥"人合"治理作用更为有效,加上现代农业生产者在产供销方面需要联合,易于促进合作金融的发展。

从总体上看,现代农业金融通常是通过市场化方式进行解决,其特殊性更多是在金融组织方式和金融服务模式上与其他工商金融存在不同。现代农业金融是综合性金融服务,不仅有农业信贷、农业保险和农产品期货等多种金融服务形式,也存在部分农田水利等政策性金融需求,不过现代农业金融的特点在于价格始终在配置资金资源中发挥着核心作用。

三、我国农村金融的宏观逻辑

我国农村金融基本面临这样一种宏观基础:小农经济的金融从历史上看就具有很强的政策金融性质,需要政府对农户承担一定的赈贷职责,而在现代世界体系下,后发展国家在后发赶超战略下,农村的优质资源都向城镇工商领域集中,客观上必然会导致农村资金外流和农村金融供给难,加重了农村金融的脆弱性。

因此,政府既要继续承担赈贷职责,又要采取一定的干预和扶持政策措施,缓解农村资金持续外流的态势。

城乡经济是一种互动的关系,农村金融还需要放在改革开放以来城乡资源交换的大背景下看待。以城乡收入差距为标准,农村金融发展特征大致可以分为四个阶段。第一阶段是1978—1984年,改革从农村开始,农村经济持续增长和农民收入持续增加;相对而言,受到计划经济体制约束,城镇工商业发展相对缓慢,这一阶段城乡居民收入比由1978年的2.57倍下降至1984年的1.54倍。这一时期,在"大一统"的金融体系下,农村地区的金融网点分布广,农村金融问题还不突出。第二阶段是1985—1998年,随着城市经济体制改革的全面展开,乡镇企业异军突起,农村经济体制改革没实质性变化,导致城乡收入差距急剧扩大,由1985年的1.86倍上升至1994年的2.86倍。这一时期的农村金融问题主要是各地发展乡镇企业资金需求较大,各地大力发展农村基金会引致农村金融的混乱。1994年后,我国对外开放进程加快,东部沿海地区代工产业迅速发展,农村劳动力资源向东部沿海流动,部分增加了农村居民货币工资收入。随着国有商业银行市场化改革的推进,开展大量大撤并农村地区网点,加剧了农村资金外流,这阶段贷款难问题主要还表现为传统农户借贷难。第三阶段是1999—2009年,这一阶段是我国城镇化快速推进的阶段,1999年后我国全面深化了城镇住房制度改革,受到住房因素的影响,财产性收入在扩大城乡收入差距中的影响逐年提高,城乡居民收入比由1999年的2.65倍上升至2009年的3.33倍。这一阶段,中西部农村地区大量的劳动力和资金要素都持续流向城市,农村家庭工资性收入比重逐年提高,传统农户生产经营日益困难,小农户家庭消费信贷和生产经营信贷的需求降低。由于农村大量劳动力外出务工,部分农村土地经营权流转,农业产业化发展的金融需求不断增强。在2003年农村信用社改革后,部分适应了这种金融需求的变化,特别是在2007年农信社改革基本完成后,涉农贷款高速增长。第四阶段是2010年至今,2010年农村居民纯收入增长率超过城镇居民可支配收入,城乡经济呈现新的发展态势。随着我国农村地区劳动力转移已经基本完成,城乡主要要素资源倾向均衡,劳动力要素价格持续上涨,农村居民非农收入成为主要收入来源,城乡资源交换特别是对现代农业资源需求进入新的历史阶段。目前,农村贷款难主要是农业产业化金融的需求得不到有效满足,但由于农村信用社的贷款利率较高,农村贷款贵的问题也凸显出来。

不过,无论是2003年前国家对农村金融机构及其业务的干预措施,还是近十年来围绕农村金融市场化的改革行动,决策者始终被这样一种逻辑所困扰:农村金融机构商业可持续发展、农村金融服务广覆盖和国家承担的农村金融风险责任或政策负担最小化之间,存在一种难以同时实现的不可能性或者"三角悖论",即若要实现农村金融机构商业可持续发展,又要达到农村金融服务广覆盖,较好地解决农民贷款难问题,那么国家必须对农村金融提供足够的政策支持;或者若要农村金融机构实现商业可持续发展和国家负担农村金融风险及政策负担最小化,必然导致农村金融机构收缩农村业务,加剧农民贷款难的情形;若既要实现农民金融服务的广覆盖,缓解农民贷款难问题,又要减少国家对农村金融的政策负担或风险责任,必然使得农村金融机构难以可持续发展。

当前,我国已构建成的农村金融组织体系,与其说是政策性金融、商业性金融和合作性金融为一体,不如说是以商业性金融为主。作为政策性金融的农业发展银行,其业务范围和"支农"作用十分有限。作为合作性金融的农村信用社,改革后实际上已经成为商业性金融,合作性质所剩无几。目前我国这种以商业性金融为主的农村金融改革发展,取得了两大成效:一方面,对于农民而言,增强了农民信用意识,树立了农村地区的信贷资金不同于财政资金的基本理念;另一方面,对于农村金融机构而言,增强了农村金融机构讲成本、讲盈利、讲效率、可持续发展的基本理念,建立了较强的风险防范和风险责任机制。

目前,以商业化金融为主导的农村金融供给存在诸多问题。

一是农村金融市场化发展基础条件还欠缺。农地金融在主要市场经济国家农村金融中都占据较大的市场份额,土地是支撑农户生产经营者资信的关键因素之一。例如,美国农业贷款中,土地信贷占比为30%~40%,农业信贷系统长期占据土地抵押贷款最大份额,2009年为43.4%。在我国台湾,台湾土地银行专门办理农村不动产及农业信用,执行"当局"的土地政策,促进农业发展,办理农民土地贷款、整建住宅贷款、农田水利建设贷款等。但是,我国农村产权不完全,耕地、农户房产等抵押担保受限,无疑是造成农村金融供需无法有效衔接的重要原因。

二是政策层面针对农户与现代农业的金融政策存在指向性混乱。近年来,国家围绕农村金融问题出台了许多支持性政策,例如,对农户小额贷款的税收减免,对薄弱地区农村金融网点的补贴,对农村金融机构发放"支农"再贷款等。但是,这些政策到底是为了扶持农村金融机构可持续发展,还是扶持农村金融服务对象获得金融服务,其定位是不清晰的,而且扶持政策与扶持目标之间缺乏系统性的评估,对是否达到扶持引导效果,事后政策部门也缺乏相应的评估。这种指向性混乱影响了我们对农村金融问题的判断,以农村金融领域的统计政策为例,在2007年以前,中国人民银行重点统计"农业贷款、农业存款"等指标,后来发现这项指标不能准确地反映农村金融服务"三农"的实效,于是又开发了"涉农贷款"这项指标,不过这一指标过于宽泛,也存在很多争议。实际上,这些问题根源上都是对我国农村金融实际包含两个部分——农户金融和现代农业的金融区分不清楚造成的。

三是农村金融市场化发展的管理体制机制还很不完善。近十年来,农村金融改革实现了农信社的商业化改造,部分放宽了农村金融市场准入的限制,设立了一批村镇银行等新型农村金融机构。但是,新型农村金融机构准入还不够充分,受到必须由银行金融投资发起设立、投资者持股比例较低等限制,设立资金互助社等进展较为缓慢。农村信用社在农村市场处于垄断地位是不争的事实,垄断必然造成农民贷款难、贷款贵问题。2003年开始的农信社改革推动了绝大多数农信社成为产权清晰的法人主体,并改造设立了部分股权清晰的农村商业银行,但多数经济欠发达地区选择了股份合作制,依靠股权进行公司治理的实现程度有限,多数农信社机构仍依靠省联社这个管理平台实施行政管理。目前部分农村信用社资产质量出现反复,机构风险逐渐暴露。

四是以商业化金融为主导,合作金融的缺失,政策金融业务范围有限,难以适应现代农业的金融需求。从主要发达国家看,现代农业发展都离不开合作金融和政策金融的支持,合作金融不以盈利为目标,较为适应现代农业的生产经营方式,能够使部分产业收益保留在现代农业生产经营者手中,利于加速促进农业现代化。政策性农业金融在农田水利、农机和农技等长期性资金需求方面都发挥着重要作用。

第二节　农村金融与农村经济的关系

改革开放至今,中国发生了翻天覆地的变化,农村经济也实现了快速发展,这其中也离不开国家对农村金融的支持,但是这两者在发展中还存在一定的问题,如何进一步的发展还需要我们对其进行更加深入的分析。

一、我国农村金融和经济的关系

(一)农村金融发展与农村经济发展的相互影响

采用 JRSH(农村信贷/农村经济总产值)作为农村金融深化指标,反映农村正规金融发展的程度。由于 JRSH 包含了农村经济总产值这一变量,所以利用 JRSH 与农民收入(FR)之间的弹

性分析来揭示农村金融发展与农村经济发展的相互影响。JRSH
对 FR 产生的是负面影响,即农村正规金融深化,反而抑制了农民
收入增长,但 FR 的提高将对 JRSH 产生正面影响。

(二)农村金融发展与国民经济整体发展的相互影响

转型时期中国农村正规金融的发展,一方面制约了农村经济
的发展,另一方面却又促进了整个国民经济的发展。农村金融虽
然为国民经济发展做出了重要贡献,但是增长对农村金融发展的
贡献却微乎其微。这说明中国农村正规金融发展存在功能异化
(非农化)问题,因此,不仅没有对农村经济发展给予有效支持,反
而加剧了农村资金流失,成为向非农经济单向输出农村金融资源
的管道。

(三)资金供给与农村经济发展

农村居民储蓄对农村经济发展各项指标均有促进作用,农村
正规金融机构存款只有利于农民收入增长。这一结果从表面上
看,似乎符合帕特里克经典的"供给领先"模式,但事实并非如此。
从中国农村金融与农村经济制度变迁的分析框架中可以发现:该
结果所说明的正是中国农村经济发展中,农村居民的有效资金来
源仍然处于自我积累阶段,农村正规金融只充当了"保险箱"或
"储蓄罐"的角色。从农村金融发展与整体金融和国民经济发展
的相互影响上还可以发现,农村金融不仅未发挥促进农村经济发
展的功能,反而将农村的储蓄输出到了非农经济部门。

农村贷款与农民收入以外的其他农村经济发展因素没有明
显关系。这说明农村存款或是没有运用,或是非农化运用,或是
没有被有效运用于农村经济发展。农村金融发展与整体金融和
国民经济发展的相互影响的实证显示,大量农村存款被非农化
运用。

（四）资金运用与农村经济发展

农村正规金融的农村贷款不仅没有促进农村经济的发展,反而阻碍了农民收入和农村经济总产值的增长。这说明农村贷款或是仅在名义上存在,实际投向了非农化;或是由于农村正规金融机构缺乏应有的金融能力,只是形式上存在而已。其运动的结果必然是农村贷款投向错误、运用效率低,不仅不能促进农村经济规模化、科技化、产业化,推动农村经济发展,反而可能扭曲农村资源配置,甚至导致贷款"血本无归""自身难保"。

二、转型期中国农村经济未能促进农村正规金融发展

（一）农村经济发展未能直接促进农村金融发展

农民收入和农村经济总产值增长均有利于农村储蓄水平的提高。从表面上看,这似乎说明转型时期中国农村经济发展促进了农村金融发展,符合帕特里克经典的"需求追随"模式。但从功能金融角度看,农村储蓄水平的提高并不必然代表农村金融的发展。不能转化为农村有效投资的农村储蓄增长,只能是功能异化的农村金融发展,充其量只是农村金融机构自身的发展,而非农村经济发展所需要的农村金融发展。

农民收入增长不仅促进了农村信贷增长,而且对农村正规金融深化也产生了正面影响。同样,从表面上看,这一结果似乎说明农村经济发展促进了农村金融发展,但前述实证结果揭示了一个不可忽视的事实,即转型时期中国农村信贷增长是农民收入增长的制约因素,农村正规金融深化对农民收入增长也有负面影响。在这一结论的基础上,该结果的完整表达应该是:转型时期中国农民收入增长能够促进制约农民收入增长的农村正规金融发展。这充分揭示了转型时期中国金融与农村经济关系的悖论,也是转型时期中国金融与农村经济关系失调的最好验证。显然,

帕特里克经典的"需求追随"和"供给领先"模式均无法回答和解释这一悖论。将这一结果与本研究的上述实证结果相结合，可以发现导致这一悖论的机制在于：依靠自我积累的农民收入增长→农村居民储蓄增长→农村存款增长→农村贷款增长→（在农村贷款阻碍农民收入和农村 GDP 增长机制的作用下）农村经济发展受到农村贷款制约——农民收入增长受到制约。这再次说明了农民收入增长源于农村正规金融之外的因素。

农村经济总产值增长不能促进农村信贷增长。一方面，这一结果直接说明了转型时期的中国农村经济发展包括农业和乡镇企业发展，并没有对农村正规金融发展起到需求诱导的作用。这和新古典经济学"需求创造供给"的论点是相悖的，其原因只能是农村经济发展没有形成足以诱导农村正规金融发展的有效需求。依据新制度经济学的解释，说明转型时期中国农村金融与农村经济关系存在制度障碍。另一方面，也说明了转型时期中国农村经济增长的动力只能从农村金融以外的其他因素中寻找，这进一步支持了转型时期中国农村金融不能促进农村经济发展的结论。

（二）农村经济发展未能间接促进农村金融发展

上期农村消费增长，通过消费需求对经济增长的拉动作用，能促进下期农村储蓄增长。对此的解释，与前述农村经济对农村储蓄的直接作用相同，说明农村消费并没有真正促进农村经济发展。

农村消费与农村信贷不存在重要联系。与前述农村经济对农村金融的直接作用一样，这一点同样说明：在转型时期，中国农村消费没有形成足以诱导农村正规金融发展的有效需求，依据新制度经济学的解释，说明两者之间存在制度障碍。也说明农村消费增长仍然处于自给自足阶段，农村金融没有能促进消费的增长和市场的扩大进而拉动农村经济发展。

农村投资与农村储蓄不存在重要联系。按新古典经济学理论，农村投资与农村储蓄应存在下列过程：农村投资增加—农村经济总产值增长—农村经济主体收入增加—农村储蓄增长。在前述农村经济总产值和农民收入可以促进农村储蓄增长的基础上,可以发现,农村投资与农村储蓄不存在重要联系,关键是农村投资没有能有效地促进农村经济增长,说明农村投资效率不高。结合前述结论可以进一步发现,这既可能与农村金融引导投资的功能不足有关,也可能与财政的农村投资效率不高有关。

农村投资增长不利于农村贷款增长。在理论上,农村投资源于财政、农村贷款、农村经济主体的自我积累,投资应该拉动贷款。这一结果由于农村正规金融机构的金融能力不足,导致财政性投资和农村经济主体的自给性投资对金融性投资具有"挤出效应"。

三、转型期农村金融与农村经济关系的外部制约

首先,农村金融发展对农民收入增长产生的是负面影响,即农村正规金融发展反而抑制了农民收入增长。但农民收入的提高对农村正规金融发展产生正面影响。这和前述农村贷款与农民收入之间的悖论在本质和机制上完全一样。

其次,农村正规金融发展一方面制约了农村经济发展,另一方面却又促进了整个国民经济的发展,即农村正规金融的发展将有助于 GDP 的增长,但 GDP 的增长对农村金融发展的贡献却微乎其微。

最后,农村正规金融发展对整体金融发展施以负面影响,而整体金融发展对农村金融发展的促进作用同样是微弱的。将这些结果联系前述农村金融与农村经济关系失调的分析,可以清楚地显示:转型时期的中国农村金融与农村经济关系受整体经济发展和整体金融发展的制约,农村金融在整体金融中处于从属地位和被整体金融隔离的状态,"二元金融结构"制约了农村正规金融向农村经济发展所需要的方向发展。在转型时期,中国农村金融与农村经济关系失调,主要是由于国民经济发展通过"二元金融

结构"中的农村正规金融,实施了对农村经济的极化效应。所谓"极化效应",是指农村经济资源向非农产业领域的转移。

总而言之,转型时期的中国农村金融与农村经济关系,不仅未能实现相互促进的协调发展,反而陷入了相互制约的失调状态。中国农村金融与农村经济关系的失调,是一定制度环境约束下,农村金融"供给不足"和"需求不足"共同作用的结果。要实现中国农村金融与农村经济的协调发展,不是简单地推行"需求追随"和"供给领先"模式就能解决的。必须从农村金融、农村经济系统及其外部制度环境角度,深入剖析导致中国农村金融与农村经济关系失调的直接原因、深层原因和根本原因,进而依据协调发展机理,构建实现协调发展的机制与模式。

从农村金融与农村经济协调发展的外部制度营造、农村经济发展的农村金融需求提升、农村金融服务于农村经济的能力建设三个方面,同步推进中国农村金融与农村经济的协调发展。这是转型时期中国农村经济与农村金融状况带给我们的思考,因此,解决现代农村经济发展困境的关键就在于了解现代农村经济的现状。而现代农业和当前的农村中小企业的发展是现代农村经济的重要组成部分,国家金融能否真正支持这两大部分的发展是整个农村经济能否实现下一轮跨越的重大课题。

四、农村现代化的金融需求

现代经济的核心是金融,经济发展离不开金融的支持。在现代农业发展过程中,资金及资金的投入成为其发展的最关键的因素之一,要发展现代农业必须有现代化的金融业,农村金融必须为现代农业服务。

(一)农业产业特性与资本推动需求

农业发展与金融的支持是分不开的。早在 19 世纪,马克思在《资本论》及相关文献中,曾对农业产业特性与资本推动关系问题进行了深入研究。马克思认为,农业产业的二重性归根到底是由农业生产的二重性决定的。农业生产是人们利用土地及其他生产资料,把自然界的资源转化为人力自身所需要的基本生活资料和再生产所需要的原料的劳动过程。农业生产既是经济的再生产,具有社会属性;同时又是自然的再生产,具有自然属性。以农业生产为基础的农业产业,受自然界与社会的影响和制约,也具有二重性质,既是国民经济的基础产业,又是一个弱质产业。农业在经济社会发展中的地位和作用,具体表现为以下几点。

第一,农业是人类生产和一切生产的历史起点与先决条件。农业是古代社会最早的具有决定意义的生产部门。马克思说:"土地是一切生产和一切存在的源泉,并且它又是同农业结合着的,而农业是一切多少固定的社会的最初的生产方式。"①"一切劳动者首先而且最初是以占有和生产食物为目的的"②,"而食物的生产是直接生产者的生产和一切生产的首要条件"③。正是由于农业的产生和发展,才为人类的生存和发展提供了比较可靠、稳定的生活资料来源,从而推动人类历史的演进。

第二,农业劳动生产率的提高是国民经济其他部门得以独立的基础。在农业劳动生产率十分低下时,人类必须把自己的全部劳动都投入农业生产部门,才能为人类的生存创造出必要数量的生活资料。随着劳动生产率的提高,当能够提供出一定数量的剩余产品时,工业和其他部门才能从农业中分离出去,分别形成独立的部门。正如马克思所指出的:"农业劳动是其他一切劳动独立存在的自然基础或前提","超过劳动者个人需要的农业劳动生产率,是一切社会的基础"④。

第三,农业是国民经济其他部门进一步发展的基础。国民经济其他部门的发展规模和速度,都取决于农业提供的剩余产品的

---

① 马克思恩格斯选集(第 2 卷)[C].北京:人民出版社,1972,第 109 页.
② 马克思恩格斯选集(第 25 卷)[C].北京:人民出版社,1972,第 713 页.
③ 马克思恩格斯选集(第 25 卷)[C].北京:人民出版社,1972,第 715 页.
④ 马克思恩格斯选集(第 25 卷)[C].北京:人民出版社,1972,第 885 页.

规模和数量。农业生产力越是发展,农业劳动生产率越是不断提高,就越能提供更多的剩余产品,并能为国民经济其他部门的发展输送更多的劳动力,从而促进其他各种社会经济活动的日益发展和壮大,推动人类文明的繁荣。马克思指出:"社会为生产小麦、牲畜等等所需要的时间越少,它所赢得的从事其他生产,物质的或精神的生产的时间就越多。"[①]

农业是国民经济的基础,但同又是弱质产业。马克思指出,农业作为"经济的再生产过程,不管他的特殊的社会性质如何,在这个部门(农业)内,总是同一个自然的再生产过程交织在一起"[②]。"……在所有生产部门中都有再生产;但是,这种同生产联系的再生产只有农业中才是同自然的再生产是一致的。"[③]农业再生产过程的这种特殊性,使得农业再生产过程对自然条件形成强烈的依赖,对气候、土壤、生物、水资源及其他自然环境条件具有很大程度的依赖性,生产力越低,这种依赖性就越强。由于农业生产的周期长、风险大,以及内在的生态、自然属性,导致农业生产的技术进步和技术运用要比工业部门困难得多,农业劳动生产率提高的局限性相对较大,农业生产的回报率相对较低,从而极大地限制了农业生产的集约化、产业化和现代化。

如何有效地改造农业产业的弱质性,马克思在《资本论》中关于资本对经济发展的"第一推动"和"持续推动"的论述,对我们很有启发。马克思认为,在商品经济条件下,无论是从社会的角度考察还是个别地考察,货币资本都表现为发动整个生产过程的"第一推动力"和"持续推动力"。

由于企业在较长时间不断从社会取走劳动力和生产资料,而在这个时间内却不会向社会提供任何可以再转化为货币的产品,因此就产生了对不断追加的预付货币量的需求。特别是当货币供应量小于货币需求量时,经济中出现商品的滞存,一些商品卖

---

① 马克思恩格斯选集(第 46 卷上)[C].北京:人民出版社,1972,第 120 页.
② 马克思恩格斯选集(第 46 卷上)[C].北京:人民出版社,1972,第 398—399 页.
③ 马克思恩格斯选集(第 26 卷二)[C].北京:人民出版社,1972,第 61 页.

不出去,其价值不能实现,企业生产也相应地出现障碍。在这种情况下,增加货币供应量,可以在价格不变的情况下,带动产量的增加,这种情况将一直持续到货币供应量达到货币需求量为止。当然,货币作为发动生产过程的第一推动力,必须有一个大前提,即扩大再生产的实际要素已经存在,货币作为实际生产要素的一个载体,与其他生产要素有效结合发动生产过程。"要使货币(即以货币形式贮藏的剩余价值)能够转化为生产资本的要素,这些要素必须是在市场上可以买到的商品",而且"再生产扩大的可能性在没有货币的情况下就已经存在"。[①] 可见,马克思的货币推动力原理是与产业资本的运动相联系的。产业资本的运动首先要采取三种形态,即货币资本形态、生产资本形态和商品资本形态;其次要经过三个阶段,即货币资本转化为生产资本阶段、生产资本转化为商品资本阶段和商品资本转化为货币资本阶段。

从产业资本的运动起初要以货币被预付为前提来看,货币就表现为"发动整个过程的第一推动力";从预付的货币要实现回流并被重新预付而言,它又是使生产资本连续运动的"持续的推动力"。货币资本、生产资本和商品资本这三种资本形态在社会再生产的过程中,在空间上并存。时间上继起,通过资本的运动,实现价值的增值。在现代市场经济社会,资本作为发动社会再生产的"第一推动力"和"持续推动力"的作用更加显著,货币资本"作为发达生产要素"成为"社会形式发展的条件和发展一切生产力即物质生产力和精神生产力的主动轮"。[②]

根据马克思的资本推动理论,结合农业产业的弱质情况,可以看出,要彻底改造传统农业的弱质性,必须对农业生产和再生产过程积极投入并持续追加不可或缺的资本要素,以改变农业生产和再生产过程中的资源结构和资源配置,形成对传统要素的有效替代,促进农业生产力的发展和农业劳动生产率的提高。

---

① 马克思恩格斯选集(第 24 卷)[C].北京:人民出版社,1972,第 552 页.
② 马克思恩格斯选集(第 46 卷上)[C].北京:人民出版社,1972,第 173 页.

(二)现代农业发展的金融支持

金融是经济发展的血脉,发展现代农业离不开现代金融的大力支持。一方面,现代农业的本质决定了现代农业发展离不开金融支持。现代农业本质上就是以科技为推动力的可持续农业。现代农业的重要特征就是以科学技术为支撑改造农业,并随着科技的发展推动现代农业发展,提高农业素质、效益和竞争力,促进农业稳定发展、农民持续增收。因此,科技对现代农业至关重要,而推动科技不断发展和科技的运用都需要资金的投入,资金投入离不开金融机构的大力支持。另一方面,加大金融对农业的支持力度,既是现代农业不可缺少的重要条件,也是促进传统农业向现代农业转变、弱质农业从落后走向比较发达,并最终实现现代化的客观要求。

从世界经济发展的实践看,凡是发达国家、新兴的工业化国家和经济区域,农业产业化和现代化进程都离不开金融的支持。加大金融对弱势农业的资金支持,可以说是一种国际惯例。没有金融的支持,现代农业的发展就成为无源之水、无本之木。

(三)农村居民收入、支出需求金融支持

1.农村居民收入映射金融需求

中国农村居民整体收入水平是处于不断低速增长中的,农民收入结构在不同的地区差异较大。在沿海经济发达地区,农民的主要收入来源是乡镇企业工资收入和经营小企业的收入。在发展相对落后的中西部地区,农民的收入来源中,农业收入和养殖业收入占的比重较高。此外,农户通常还有来自城市的务工收入。而由于农户外出务工存在较强的随机性和区域性,在不同地区的务工收入所占比重也有所区别。无论收入结构如何,除了在沿海中小企业密集的农村地区,其他地区农户的总收入都不高,农户平均收入只是城市居民平均收入的20%。此外,农户收入波

动也较大。本次调查的地区主要是西部农村和河北省农村,这些地方的农村相对比较落后,农户收入来源主要以农业收入为主,收入水平也大大低于城市居民。

在调查中,按照人均收入水平进行划分,我们发现,农村内部也存在着较大的收入水平和收入结构差异。收入水平较高的人群,其来源于农业的收入相对较低,主要收入来源于经商、外出打工、跑运输、建筑施工、农副产品加工,相对应地,其收入来源中现金收入也占了较大的比重。另外,对于收入较高的人,即使从事农牧业,其经营规模通常也较大,其高收入来源于"农业投资回报的比重大"。从大多数调查对象来看,低收入人群收入的主要来源是农业收入,现金交易占总收入的比重并不大,收入的流动性较低。

2.农户支出需求要求金融支持

农户支出可以充分体现农户既是消费单位又是生产单位的特征。农户支出可以划分为两个部分,一是消费部分,二是生产支出部分。在消费支出中,一部分是消费农户自己的农业产出,这些消费支出是不需要现金做支出媒介的。在中西部相对比较落后的农村地区,这部分消费支出所占比重相对较高。另外一部分消费支出是现金消费支出,发达地区的农村,这部分支出比重较高。农民收入中的很大一部分是非现金收入。对一些低收入农户来讲,非现金收入更是收入的主要部分,当需要用现金消费时,如"在外购食物""外出打工路费""教育支出""用电支出"等,农户就会产生借贷需求。同时,农户在非现金收入和现金支出方面可能经常性地存在不对称的情况,即使农户有储蓄,而储蓄主要以非现金或非金融资产方式存在时,农户也同样会有借贷需求。

农村低收入农户借贷需求的特点给商业性金融服务提出了很大的挑战,正规金融的传统服务(信用卡服务、抵押贷款、消费信贷等)的风险控制机制无法实施,传统业务没有针对农户贷款风险控制的手段,同时,由于信贷规模相对较小、服务和监督成本高,在低利率水平下,即使是小额信贷服务也存在着金融机构是否可以保持可持续性的问题。

(四)我国农村中小企业有强烈的信贷需求

我国农村中小企业这几年的发展有目共睹,发展迅速,并且数量也是越来越多,可以说在整个农村经济中已经占据了重要的地位,对农村产值和农民收入以及农民就业都起到了非常大的作用。但是由于发展太迅速,资金方面没有得到很好的解决,而现在的农村金融系统对中小企业的支持力度还不够,远远不能满足这些发展中的农村中小企业的资金需要。对于一些规模稍大的企业,因为其作为当地的龙头企业,可以带动当地农村经济的发展,资金相对还是很充裕的,同时国家也会重点对待给予补贴,金融机构也认为这样的企业信誉好,所以愿意贷款。但是小规模的企业却得不到相应的待遇,资金的缺口就有很大的差距,而且农村的产业很多都有季节性,并且受天气的影响也很大,这样就导致这些中小企业的盈利性不能确定,这对于银行要求稳定的还款能力来说也是大忌。此外,还有一些个体户其实也需要一些资金周转,数额一般不大,但是目前银行还没有特别好的金融产品可以提供给他们。目前邮政储蓄银行推出的小额贷款缓解了这部分的需求,但是一家银行的力量毕竟是有限的,如果资金实力雄厚的四大国有商业银行和一些大规模的股份制银行都加入进来,就可以得到一定程度的缓解了。

第三节　中国农村金融的历史沿革

我国农村金融体系演变经历了计划经济体制和市场经济体制下两个不同的发展阶段。每一个发展阶段又与当时的经济发展过程相适应,体现出不同的运作特征。现阶段,随着农村经济体制改革的不断深入,农村经济形势发生了深刻变化,回顾我国农村金融体制改革演化的过程,将有助于更加合理的农村金融制度结构、组织体系、金融主体的建设。

一、中国农村金融体系演变的历史

在计划经济体制下,中国农村金融体系与中央高度集权的经济管理体制相适应。从新中国成立到改革开放,为了在有限的资金供给的情况下密集发展重工业,国家直接控制了金融资源,在农村,农村信用社则扮演着行政的角色,后来,又被纳入了国家集中统一管理,失去了合作金融的本质。农业银行经历了两个回合的设立和废除过程,这也反映出这段历史中金融体制的不稳定性,也体现出农村经济和战略垄断性金融体制之间的不谐调。

从 1979 年开始市场化改革以来,为了配合整个经济体制改革的推进,促进农村经济的发展,农村金融制度逐步向同市场制度相契合的改革方向转型。概括来讲,可以分为两个发展阶段。

(一)农村金融的恢复时期(1979—1984 年)

在 1979 年 2 月,国务院颁布《关于恢复中国农业银行的通知》,其中规定,中国农业银行的主要任务是统一管理支农资金,集中办理农村信贷,领导农村信用社,发展农村金融事业,财政性拨款管理、商业性信贷业务经营和合作制金融组织管理等一系列权利皆属中国农业银行,使其在农村金融中属于国家指令性的性质并处于垄断性地位。由于农业银行的所有业务都根据国家的指令性计划安排,它对农村信用社的管理也是采用类似于计划经济的办法,按照管理银行的思想来管理。尽管在此时期内农村信用社的业务得到了一些恢复和发展,但也逐步失去了自主控制权,逐渐走上"官办"的道路。

(二)农村金融的改革时期(1985 年至今)

20 世纪 80 年代初,农村改革取得了突破性进展,农村经济的主体逐步走向多元化,包括农户、企业以及经济合作组织。农村商品的总量持续增长,内部融资的需求也日益强烈,为农村金融体制改革创新提供了新的契机。至此,为了适应农村经济发展的要求,我国农村金融进入了一个持续的改革时期,至今仍然没有结束。

1. 第一阶段(1985—1995 年)

这一时期农村金融体制改革思路基本是"农业银行商业化,农村信用合作化和农村民间信用规范化",形成以农业银行为主导,农村信用合作社为基础,其他金融机构和融资方式为补充的多元农村金融体系。

随着人民公社体制的结束,1984 年我国开始了恢复农村信用社合作金融性质的改革,农村信用社不再作为中国农业银行的基层机构,但依然接受其管理。1984 年后,农村信用社建立了县级信用联社,调整农业银行与信用合作社的关系,改变了农村信用社"既是集体金融组织,又是农业银行的基层机构"的格局。

1994 年 11 月,中国农业发展银行正式成立。该阶段,农村信贷资金管理体制得到不断改进:逐步放开了对民间信用的管制,农村合作基金会得到了快速发展;同时,允许成立一些农业企业的财务公司,允许包括存贷款、股票、债券、基金、信托、租赁等多种信用手段的融资方式并存,农村金融呈异常活跃局面。非银行金融机构的迅速发展和起伏构成了这一阶段金融体制改革发展的另一侧面。政府也一度对民间金融的发展采取默许和支持的态度。

2. 第二阶段(1996—2005 年)

这一时期农村金融的改革思路是,以农村信用社改革作为重心,要建立和完善以合作金融为基础,由商业性金融以及政策性金融分工协作的农村金融体系。

按照 1996 年 8 月份的《国务院关于农村金融体制改革的决

定》精神,1996年,中国农业银行和农村信用社全面展开了分离的工作,同时,由中国人民银行对农村信用社负责金融监管工作。到此,从正规金融的组织架构来看,中国农村初步形成了农业银行、农业发展银行、农村信用社为主体的农村正规金融体制格局和组织体系。

1997年亚洲金融危机,以及2001年我国加入WTO后,金融体系逐步与世界接轨,我国政府的金融安全意识显著增强,强调对金融的监管和控制,客观上巩固了农村信用合作社在农村金融市场的主导地位。

1998年按照中央"各国有商业银行收缩县(及以下)机构,发展中小金融机构,支持地方经济发展"的基本策略,农业银行处于商业化经营与风险防范并存的态势,农业银行分支机构从县域和农村大量撤并,上收并集中贷款权限,推行贷款责任制。在这年,国务院决定:农业发展银行以前承担的农业综合开发、扶贫等各种专项贷款业务,以及粮食企业加工和附营业务贷款划转到其他的国有商业银行,农业发展银行专门履行粮棉油收购资金封闭管理职能。这使农业发展银行在实质上成了"粮食收购银行",支持农村经济发展的其他政策性功能则减弱了。

农村信用合作社综合改革成为农村金融体制改革的重点。1998人民银行各级机构都建立了农村合作金融管理机构,监控、防范与化解农村信用社的风险,此后全国各地纷纷组建或者实行农村信用社联合社和农村商业银行的试点。

与此同时,民间金融行为受到压抑,严厉打击农村金融领域的各种非正规金融活动。除农村合作基金会外,其他类似金融服务部等信用合作组织基本上皆被取缔;其他非正规金融除了部分小额信贷、企业团体间借款及不计息的亲友借款之外,均属于非法。

农村金融体制改革也存在一些问题,比如,农业银行实行了商业化改革,使其非农化加深,导致其在农村金融中的主体地位逐步下降;农业发展银行的政策性金融作用很有限,存在资金来源不足、业务单一等问题。

3. 第三阶段（2006 年至今）

2006 年至今是支持新农村建设的农村金融新政建立及落实阶段。2006 年，国务院发布了《关于推进社会主义新农村建设的若干意见》的一号文件，提出了加快推进农村金融改革的要求。2007 年 1 月，第三次全国金融工作会议召开，提出加快建立健全农村金融体系，适度调整和放宽农村地区金融机构准入政策，鼓励和支持发展多种所有制金融组织。这些政策为农村金融改革明确了方向和格局。2008 年 1 月，中央一号文件发布，要求按照城乡一体化新格局的要求推进农村基础设施建设。作为农村基础设施的一个重要组成部分，农村金融的目标在这个时期以后开始确定为围绕新农村建设，服务农村经济发展。同年 10 月，十七届三中全会召开，全会重要文件《中共中央关于推进农村改革发展若干重大问题的决定》确定了现代农村金融制度改革的基调和体系。2015 年中央一号文件《关于加大改革创新力度加快农业现代化建设的若干意见》指出金融资源继续倾斜农村，确保农业信贷总量持续增加、涉农贷款比例不降低，同时支持涉农企业贷款。

中国农业银行在农村金融中的骨干和支柱作用得到进一步发挥。稳步有序地推进中国农业银行股份制改革，主要立足于更好地为"三农"和县域经济服务。在政策性金融方面，在农村发展银行继续发挥农村金融中的骨干和支柱作用的同时，要求国家开发银行支持农村基础设施建设和农业资源开发。巩固和发展农村信用社改革试点成果，维护和保持县级联社的独立法人地位，采取有效措施解决部分农村信用社资金来源不足的问题。为建立多样化、有序分层的农村金融体系，适度调整和放宽农村地区金融机构准入政策，将省联社改革为地方金融监管机构，赋予地方政府部分监管权。要适当放松金融市场准入条件，允许民间资本进入金融领域，并通过立法使其走向法制化，并置于政府的监管之下。通过批发或转贷等方式，解决新型农村金融机构资金来源不足的问题。发挥财政政策作用,加强财税、货币政策的协调和支持,引导各类金融机构到农村开展业务。通过对发放农业贷款、农村保险的机构或贷款对象,提供财政贴息、保费补贴等方式合理补偿,提高风险覆盖能力,使其增强对"三农"投入的积极性和主动性。加快农业银行改革,加大对农村的市场化支持力度。通过国家注资和重组,把农行整体改造为国家控股的股份制商业银行。

二、农村金融体系建设的决定因素

影响农村金融体系建设的因素是多方面的,但是从本质上讲,思想观念因素、制度政策因素、区位差异因素对于建设农村金融体系具有决定性作用。

(一)思想观念方面的因素

当前我国经济的发展离不开农村的发展,城市和农村必须共同发展,而我国农村经济的发展相比于城市来说,还是较为薄弱的,其中关键的一个方面就是人的观念落后。由于观念落后会导致人们思想的发展缺乏变革的理念,也就相应的减弱了农村金融发展的动力,致使农村金融发展缓慢,对农村金融资源的转化受到了限制,由此就导致了城乡金融发展之间的差距逐年加大。

(二)制度政策方面的因素

制度政策对农村经济的发展起着重要的制约作用,而现行的农村金融制度政策在某种程度上还不适应农村经济社会发展的要求。在管理制度方面,商业银行县支行没有贷款审批权,要逐级上报审批。在资金配置方面,对县级机构的贷款营销也存在控制过度的问题。在民间融资制度方面,缺乏有关对民间融资的规范,使得融资的成本普遍偏高,于是民间借贷也就比较活跃。在农村贷款抵押政策方面,为了规避风险,金融机构对农村的贷款项目比较慎重,贷款抵押物的要求非常严格,致使许多的农民由于没有可提供的抵押物而不能进行贷款。

(三)区位差异方面的因素

据有关统计,在 2010 年,我国的城乡居民的年平均收入之比为 3.23∶1。差距相当大。这种差距就体现为农村经济比城市发展的落后,农民的收入比城市居民的收入要低得多,由此也就使得农民金融意识相当薄弱,于是储蓄率和投资率也就相应的比较低,进而便影响到农村地区金融的总体发展。再者,金融企业从自身发展的利益考虑,把资源更多地配置到效益高的城市而不是农村,农村的金融得不到足够的资源,便会发展缓慢,进而导致城乡之间的经济发展水平差距加大。

三、我国农村金融体系进一步改革与完善的基本思路

我国农村金融体系虽然已经初步构建,但是还有待于进一步改革与完善。我国农村金融体系进一步改革与完善的基本思路即:在遵循金融业发展的客观规律的前提下,从我国的实际出发,构建政府指导下的商业性金融、合作性金融和政策性金融等多种组织形式相互竞争、分工协作、稳定发展的多元型的农村金融体系。农村金融体系建设的四大金融"支柱",即商业性金融、合作金融、政策性金融和民间金融,要根据自身的特点不断探索正确的市场定位,在分工上有所区别,但是相互之间又能协调,需要全面满足对社会主义新农村建设的不同层次的资金需求。

(一)大力加强农村合作金融机构建设

我国农村合作性金融机构改革主要是要进行农村信用社的改革,要把农村信用社建成真正的现代金融企业,以确保其可持续发展,担当长期支持农业发展的重任。合作金融首先要遵循现代金融企业制度的各项要求,再逐步实现产权明晰,内控严密,管

理科学的改革目标。根据形势的发展需求,农村信用社要积极开发适应新农村建设的各类市场主体所需要的各类金融产品,达到满足农村多样化金融服务需要的目的。在更好满足农户农牧业生产资金需求的基础上,农村信用社应增加对农产品加工、运输、助学和消费信贷的投入。

在推进新型农村合作金融组织发展的过程中,应对村镇银行发起人的要求适度放宽,在保证村镇银行的专业、安全的同时,降低村镇银行的准入门槛。对新型农村合作金融机构要强化监管措施,以确保及时处置存在问题的农村银行业金融机构,对已不符合运行要求的合作金融机构实行"刚性"市场退出约束,并逐步完善相应的退出机制。

(二)不断促进农村商业金融的发展

农村商业银行在发展过程中,要始终坚持把服务"三农"作为生存和发展的根本,把自身发展与履行社会责任相结合,努力提高业务水平、逐步增加贷款投入。急农民之所需,打造"农民自己的银行",成为支农战线上名副其实的主力军。逐渐加强对农村中优质成长型的中小企业的支持力度,支持外贸及新兴领域的农村商业企业,扩大对农村民营企业、私营业主金融服务的覆盖率。全力支持传统农业项目,开发如"农户小额信用贷款"和"农户联保贷款"的业务品种。为贯彻落实党的惠农政策,减轻农民负担,真正地发挥农村金融主力军作用,积极扩大贷款投放面、增加农户授信额度等惠农政策。建立起完善的利率风险定价、独立核算、高效的贷款审批、激励约束、专业化的人员培训和违约信息通报等相关机制。

中国农业银行要在支持农业、服务农村方面,继续发挥其重要作用。农业银行要不断地增加对农业发展资金的投入,特别是要不断增强对农村中具有资源、产业优势的农产品产业带、农产品专业市场建设、主导产业生产基地的资金投入力度,尤其是对于农业产业化的龙头企业,更要加大资金投入。

(三)进一步拓展政策性金融机构的支农金融业务

加快政策性银行改革,完善政策性银行运行机制。扩大业务范围和服务领域,发挥好农业综合开发等政策性专项贷款职能。

中国农业发展银行要在农业发展过程中,发挥其农业政策性银行的职能作用,真正成为"建设新农村的银行"。农业发展银行在支持农业生产方面,要坚持贯彻国家的宏观调控政策,以及农村的产业政策和区域发展政策,重点支持农业和农村基础设施建设、生态环境建设,支持农业综合开发、农村扶贫工作。

国家开发银行的"开发性金融"应由城市向农村延伸。鉴于国家开发银行对农村经济的支持力度还存在着比较弱的现状,国家开发银行要对农村经济,尤其是在县域及农村基础设施建设方面加大支持力度,不断拓展开发金融服务的空间。

中国进出白银行要支持涉农企业"走出去"。中国进出口银行是我国外经贸支持体系的重要力量以及金融体系的重要组成部分,其主要职责是贯彻执行国家的产业政策、金融政策、外经贸政策和外交政策,通过国际经贸合作来促进对外关系发展。它是我国成套设备、机电和高新技术产品出口及推动具有比较优势的企业开展境外投资和对外承包工程的政策性融资主渠道。在新农村建设方面,中国进出口银行要积极作为,不断探索发展业务,大力支持农产品的出口创汇,利用自身优势,支持涉农企业走出国门。

(四)规范发展民间金融使其成为正规金融体系的有效补充

促进村镇银行以及社区性金融合作组织、农村资金互助社的发展,需要积极稳妥地考虑逐步设立民间银行和社区银行,并为一部分民间资金进入农村金融供给渠道提供平台。同时允许民间借贷和企业直接借贷,也可以发展小额的贷款公司和乡村互助式的信贷组织,同时一定要对借款上限、借款人数上限、注册原则、地域范围等进行限制,明确区分民间借贷和非法集资,并对非法的民间借贷进行打击和限制。

(五)不断完善互联网金融向农村倾斜的制度安排

互联网金融是当下较为流行的一种金融形式。在这种金融平台下,任何人只要具备一定的信用等级都可以获得金融服务。农村可以通过这种金融创新方式很快地获得自己需要的资金。对于申请个体来说,需要的就是通过互联网这种渠道提交自己的信用证明,获得贷款的批准。互联网金融有一定的民间金融性质,在法律上符合我国经济法律的相关规定。如果政策上对互联网金融有所扶持,那么这将会成为引导民间金融推动农村经济发展的一个典型案例。作为一种民间金融形式,互联网金融有一个典型的特征就是风险过大。因此,在进行制度安排的时候,要考虑到互联网金融这方面的特征,对互联网金融的发展进行规范,避免因为巨额的金融风险,累及我国农村经济的发展。

第四节　农村金融改革发展评析

一、我国农村金融改革的特点与取得的成绩

(一)农村金融体制改革是一个渐进的过程

与中国经济改革与制度变迁战略一致,农村金融改革与制度变迁也采取了一种渐进式的改革与变迁战略。农村金融领域内的改革,实际上是从 20 世纪 70 年代末期就开始到 2007 年年初,先后已经实施的改革和创新举措主要包括:(1)恢复成立中国农业银行;(2)对农村信用社放权让利,下放经营权;(3)恢复农村信用社的"三性",中国农业银行推行经营责任制;(4)中国农业银行企业化经营、商业化发展;(5)成立中国农业发展银行,农村信用

社与中国农业银行脱钩;(6)按照合作制原则重新规范农村信用社;(7)按照三种产权模式和四种组织形态明晰农村信用社产权,管理权力下放给省级政府;(8)允许产业资本和民间资本到农村地区新设小型金融机构。这些改革和创新举措的实施,一是促进了农村金融供给机制的逐渐完善;二是实现了机构的多元化局面。2003年开始试点和2004年全面启动的农村信用社领域内的新一轮改革,很显著地带来农村信用社领域内以前具有同质性的农村信用社机构的分化和演进,机构多元化效应是比较明显的。

正是由于这个过程的渐进性,因此持续的时间比较长,实现的成本较高。农村金融改革和制度变迁的过程,实际上也是一个利益的重新调整问题。在这个过程中,因为改革和制度变迁的时间较长,改革不能尽快到位,而改革推动者又总是急于求成,所以往往出现改革举措实施的频率较高,政策多变。一是使得改革的参与者和改革涉及的利益相关者对改革的预期和目标缺乏正确的把握,或者无所适从,或者消极对待,这就是20世纪80年代初以来,农村金融领域内的一些改革举措没有得以实施或者效果没有达到改革设计者的初衷的重要原因;二是导致改革成本巨大,还产生了一些没有预料到的新的成本,即非预期成本。国有商业银行的改革、2003年开始试点和2004年启动的农村信用社改革,之所以成本如此巨大,与中国金融领域的渐进式改革战略无不相关。

(二)政府的主导性程度较强

中国农村金融机构的改革过程是政府主导的强制性的自上而下的机构演进的路径,属于强制性的制度变迁。政府推动的优点在于,新的制度安排取代旧的制度安排的摩擦阻力较小,改革能够很快到位,能够减少制度变迁的成本。但也导致了自下而上的诱致性制度变迁的创新路径被严重堵塞,也可以说是以政府为主导的强制性制度变迁排斥压制自下而上的诱致性制度变迁。这种路径的依赖和演进,与我国农村经济体制的自下而上的诱致性制度变迁路径背道而驰。政府成为农村金融体制唯一合法的供给主体,导致内生于广大农村融资中的非正规组织和制度的变迁成本高昂(包括经济成本和意识形态成本),不能得到合理的演进和正常的发展,农村金融制度创新中自下而上的变迁路径被堵塞了。而内生于农村金融中的诱致性的制度变迁正是农村社区互助合作金融组织诞生的重要制度之源,其结果是金融市场融资制度供给严重不足。

政府往往是从自身的需求函数出发来推进改革,从便于管理和控制的角度出发来界定改革的目标和战略、设计改革方案,很多方面与市场需求脱节,引起制度供给不足。农村金融领域的制度供给不足主要表现在农村金融领域内正规金融的供给不足,这一点在中西部欠发达地区和传统农区表现尤为突出。一是国有商业银行改革发展战略实施的结果,远离农户和农村微小型企业;二是政策金融的供给不足,一种持续地向农户和微小企业提供政策金融服务的机制在中国还没有建立起来;三是在政府原有的农村信用社改革战略导向下,在乡镇农村信用社—县级农村信用社联社—省级农村信用社联社框架下,没有建立起一种有利于农村信用社市场主体地位提高、可持续发展能力意识增强的机制。

在增强实力、提高竞争能力、利于监管和强化监管的意识支配下,政府主导的改革和制度变迁,往往陷入政府权力扩张的怪圈,"贪大求洋"。2003 年开始试点和 2004 年全面启动的农村信用社领域内的新一轮改革,虽然设计了"三种产权模式"和"四种组织形式",但实施的普遍结果却是一个做大的概念,合并和扩大法人,做大机构。从增强实力的角度来讲是绝对有好处,搞县级联社、省联社也是非常必要的。但是,从满足需求角度而言,大银行在满足小额资金需求面是不及小银行的。就整个社会的经济活动主体而言,可以说 80% 甚至更高比例的部分实际上均是小额资金需求者,而与它距离更近的一些机构、农户和中小企业更是如此。这样在满足农村金融需求方面,小银行的优势要比大银行更加突出。

(三)农村金融体制改革是一个逐渐市场化的过程

市场化的过程,实际上就是一个政府逐渐放松市场准入垄断与管制,通过构建公平的市场准入和退出机制,更多地利用市场机制发挥作用的过程。农村金融市场化,具体表现为操作手段市场化和机构运作机制市场化。衡量农村金融领域市场化的程度,可以利用三个指标:一是农户和企业通过直接融资方式实现的融资占融资总量的比重;二是农户和企业从非合作金融渠道与非政策性渠道得到的融资占融资总量的比重;三是民间私人资本和合作制形式的金融机构占金融机构总数的比重。放松金融管制和促进金融创新是建立市场化农村金融体系的必要条件。近年来,中国农村金融市场在利率上限、市场准入和金融业务创新等方面的管制逐步放松。一是逐步放松农村地区贷款利率管制。考虑到农村金融操作成本高,风险大的实际情况,2003 年 8 月,在推进农村信用社试点改革的同时,允许试点地区农村信用社的贷款利率上浮不超过贷款基准利率的 2 倍。2004 年 10 月 29 日,中国人民银行放开了商业银行贷款利率上限,而农村信用社贷款利率浮动上限也扩大到中国人民银行基准利率的 2.3 倍。对于试点成立的小额贷款公司,贷款利率被限制在 4 倍基准利率浮动。农村地区贷款利率的逐步放开,有利于农村金融机构根据成本覆盖风险原则,合理定价,实现自身财务可持续发展。二是逐步放松农村金融机构市场准入条件。我国农村人口比重大,农业生产还相对落后,需要在农村地区有多种形式的、能够提供不同层次服务的金融机构。基于农村金融市场多样性的特点,我国在改革过程中逐步放松了对农村金融机构的市场准入,近年来成立了包括村镇银行、农民资金互助社以及小额贷款公司等在内的新型农村金融机构,在最低注册资本、存款准备金、资本充足率等方面有着比商业银行低的要求,较低的门槛为资本流入农村和设立农村金融机构创造了条件。三是逐步放松农村金融机构业务创新的限制。近几年,为适应不同层次、不断变化着的农村金融需求,各地涉农金融机构和组织在农村金融产品创新方面,进行了一些有益探索。中国人民银行、银监会等部门也积极引导各类农村金融机构开展信贷创新,鼓励开展订单农业质押贷款、农村合作组织的联合信用贷款、林权抵押贷款等。

(四)农村金融服务水平得到一定程度的改善

一方面,转变扶贫贴息贷款发放方式,给农户和金融机构双向支持。扶贫贴息贷款运作 20 多年来,在帮助贫困农户获得信贷资金支持方面发挥了一定的作用,但由于传统扶贫贷款运作规模小,额度低,单位运营成本高,运作效率低,出现贷款到户率低和贷款放不出去的双重矛盾,经办机构和农户双方受益较低,扶贫效果不显著。2006 年以后改革了扶贫贷款管理体制,提出了两种可供选择的扶贫贷款补贴方式。其一,财政贴息资金建立扶贫贷款担保基金,给发放扶贫贷款的金融机构提供风险补偿;其二,直接补贴给农户,或将全部财政贴息资金下放到县,直补给经办机构或受贷农户,这种政策转变旨在重点鼓励直接补贴到贫困户和项目实施单位。另一方面,推进农村信用社改革的同时,探索适合农户需要的小额信用贷款和联保贷款。一是为全面改善农村信用社自身经营状况,更好地发挥其职能作用,自 2003 年 3 月以来,通过实施专项票据、支农再贷款、扩大利率浮动和优惠存款准备金率等支持政策,加快推进农村信用社改革,使其建立有效的法人治理结构,并增强可持续发展能力。二是自 1999 年以来农村信用社大力推广小额农户信用贷款和联保贷款方式,农户通过参加信用社的信用评级或者参加农户之间到五户、十户联保,可以不用提供额外的抵押担保品而获得农村信用社的贷款。这是对解决农户缺乏抵押担保的重要探索,对解决农民贷款难问题具有重要意义,取得了非常好的经济效果和社会反响。近年来,新型农村金融机构探索尝试了不同形式的小额贷款方式。实践证明,小额贷款业务是农村金融机构满足农村金融服务需求,促进农村经济发展的行之有效的方式和手段。

二、我国农村金融改革发展评析

(一)农村金融改革与发展取得的成效

1.农村金融服务得到了很大改善

农村金融机构数量逐渐增加,农村金融服务覆盖面不断扩大,截至 2012 年年底,全国各省、市、自治区基本实现乡镇金融机构和乡镇基础金融服务双覆盖;组建的新型农村金融机构 84.4% 以上的贷款投向了"三农"和小企业;全国共有 4 万个农村地区银行营业网点可以办理农民工银行卡特色服务业务;助农取款服务已在全国范围内开通,设置在行政村的助农取款服务网点超过 66 万个,覆盖 44 万个行政村;中国农业银行发放惠农卡 1.28 亿张,覆盖全国 8700 万农户,为 840 万农户提供了贷款授信,为农户发放贷款余额 975 亿元,对农村的信贷投入有所提高

截至 2012 年年底,全部金融机构本外币农村贷款余额为 14.5 万亿元,较 2007 年年底增长 188.6%,5 年间平均年增速为 24.4%;农户贷款余额为 3.26 万元,较 2007 年年底增长 170.21%,5 年间平均年增速为 22.3%;农林牧渔业贷款余额为 2.27 万亿元,较 2007 年年底增长 81.1%,5 年间平均增速为 13.4%。从 2002 年年底到 2012 年年底,农村信用社各项贷款余额从 1.4 万亿元增长至 7.8 万亿元。2012 年年底,农村信用社发放的农户贷款余额 2.6 万亿元,中国农业发展银行各项贷款余额达 21850.77 元。中国农业银行,涉农贷款余额 1.91 万亿元,比 2007 年增加约 1.3 万亿元,增幅超过 130%。中国邮政储蓄银行全行累计发放小额贷款 1078.246 万笔,6518.88 亿元。

2.农村金融基础设施得到改善

为促进农村金融服务升级和创新,畅通农村支付结算渠道,

中国人民银行制定实施了一系列政策措施,组织涉农金融机构推广适应农村需要的非现金支付工具和终端,延伸支付系统覆盖面,开展支付结算特色服务,极大便利了农民和农村地区的支付活动。农民工银行卡特色服务向全国推广,方便外出农民工异地存取款。银行卡助农取款服务向偏远农村地区延伸,加快构建支农、惠农、便农的"支付绿色通道"。农村信用环境建设持续推进,农村金融生态环境逐步改善。中国人民银行联合地方政府、相关部门、金融机构多渠道开展对农村地区的信用知识宣传,征集用户信息,完善农户农村个体户等农村经济主体的信用记录,建立信用档案,探索建立适合地方特点的农户评价体系,推动各地开展信用户、信用村、信用乡镇创建,引导涉农金融机构对授信农户简化贷款手续,降低贷款利率上浮幅度,推动地方政府及各涉农职能部门出台与信用相结合的三农支持政策、措施,共享农户信用信息,构建"守信受益、失信惩戒"的信用激励约束机制,提高农民的信用意识,改善信用环境。

(二)农村金融改革与发展存在的不足

在农村金融改革30多年的历程中,我们发现所有问题所围绕的一个中心就是如何满足农村发展的资金需求。改革开放以来,随着所有制结构的改变,乡镇企业也得到了快速发展,这些新的经济成分在自有资金无法满足其扩展经营的需求时,就成为市场资金的需求者。虽然国家银行和信用社能够解决部分资金需求,但无法满足其日益膨胀的需求。在农村实行家庭联产承包责任制后,千千万万独立生产的农户也成了资金的需求者。对大多数农户而言信用社几乎是他们谋求外部资金的唯一渠道。然而,目前的农村信用社根本不能满足广大农户的资金需求。那么,乡镇企业、农户以及个体户和私营企业等对资金的需求应该从何而来?在农村金融改革中,中国农业发展银行、中国农业银行和农村信用合作社都起到了不同的作用,但是仍然面临农村信贷支持不足的局面。

首先,中国农业发展银行作为政策性银行,无力直接延伸到最基层去顾及农户的资本金融需求,不与农户直接发生信贷业务关系。其次,中国农业银行经营明确向商业化方向转变,这一转变的结果是,近年来中国农业银行分支机构向城市收缩,设在乡镇的分支机构被大量撤并,因此难以支持农业及农业产业化的发展。最后,农村信用社在与中国农业银行行社"脱钩"时,被动地承担了大量的呆账,造成了我国农村信用社历史负担严重,没有能力为农村经济发展提供足够的资金支持。在正式金融机构都难以满足农村发展的资金需求和服务时,在客观上需要有私人金融组织的出现。农村金融机构因为要承担来自经济再生产过程和自然再生产过程可能带来的双重压力,加上农村中农户居住分散,贷款规模小,国有银行一般不愿向农业企业贷款。而民间金融是由农村内部自发生成的,具有微观信息灵敏的特征,借贷双方彼此了解,促使了交易费用的降低。民间金融组织是在农村土生土长起来的,与经济主体之间具有双向的利害关系,与正规金融机构相比,它们具有信息成本优势。虽然民间金融得到了快速的发展,但由于管理的不规范以及发展过快,使得民间金融在发展过程中出现了许多问题,如私人钱庄很多、高利贷发生率高等,为农村的经济发展埋下了隐患。

第二章 农村金融发展面临的问题

农村金融发展的明显问题是不能跟上农村经济的发展。由于体制以及产业的问题,农村金融一方面受到政策的引导,将主要资金引入城市,支持城市的发展;另一方面农村经济具有明显的季节性、分散性、小规模的特征,本就不发达的农村金融体系支持起来非常困难。

第一节 农村金融服务体系的现状分析

自新中国成立以来,我国农村金融组织体系发生了巨大的变化。一方面是国家自上而下进行的正式金融安排,从最初通过国有银行体系实现农村金融剩余转出,来推行以农补工的经济起飞战略,到后来试图以政策性金融和商业性金融从外部向农村输入资金,以达到补贴"三农"的目的;另一方面是农村地区原有的非正式金融不仅在现代金融安排的强势进攻下顽强地存活下来,而且利用国有金融资源撤出的间隙在资金规模和经济影响等方面显著提升,日益成为国内金融领域不可忽视的重要力量。也就是说,经过多年的改革,目前我国农村金融组织体系初步建立,现已形成了包括政策性、商业性、合作性金融在内的正式金融与非正式金融并存的农村金融组织体系,如图2-1所示。

目前,我国正式农村金融组织主要是:(1)政策性金融机构,主要是中国农业发展银行;(2)商业性金融机构,主要是中国农业银行和中国邮政储蓄银行;(3)农村合作金融机构,主要是农村信用合作社；(4)新型农村金融机构，包括小额贷款公司和村镇银行以及农村资金互助社。

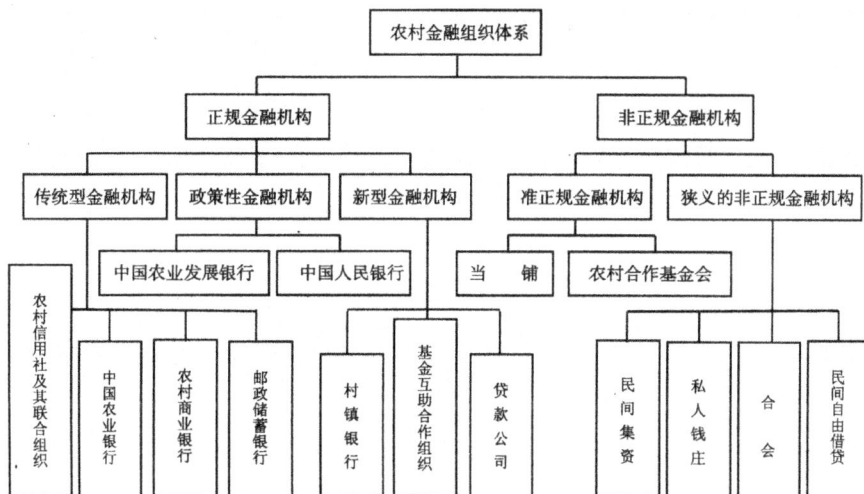

图 2-1　农村金融的组织体系

政策性金融是农村金融供给的主体之一，我国三家政策性金融机构中，主要有农业发展银行在从事农村金融业务，其他两个政策性银行限于其规模、网点以及功能、业务导向等原因，目前尚未进行农村金融服务。截至 2012 年年底，农业发展银行在全国各县均有其营业网点，而国家开发银行已经建立了 34 家省级分行及 2 个代表处，基本上覆盖了全国各省（自治区）市。

自 20 世纪 90 年代国有商业银行股份制改革以来，国有商业银行大规模撤销了县级机构，股份制商业银行几乎没有设立县级机构，目前我国农村商业性金融机构主要为中国农业银行、中国邮政储蓄银行以及农村商业银行。

从近两年看，农业银行不断深化面向"三农"的市场定位和责任，因农而立、服农而存，始终坚持以服务"三农"、中小企业和县域经济为己任，已成为农村金融的主力军和联系农民的重要金融纽带。农业银行充分发挥自身资金、网络、专业等优势，不断创新产品、服务、机制和流程以服务"三农"，积极探索大型商业银行服务与商业运作和谐共赢的有效途径，基于这一理念创新的"三农"金融服务试点取得了明显成效。

中国邮政储蓄银行经过改制前后26年的不懈努力,已成为全国网点规模最大、网点覆盖面最广、客户最多的金融服务机构。截至2012年5月底,中国邮政储蓄银行拥有营业网点3.8万多个,ATM3.7万多台,提供电话银行、网上银行、手机银行、电视银行等电子服务渠道,服务触角遍及广袤城乡;资产总规模接近4.5万亿元,居全国银行业第六位,资产质量良好,资本回报率高。其中广大的农村地区拥有邮政营业网点5.8万个、储蓄网点2万个、汇兑网点3.2万个、县及其县以下农村网点占到2/3以上,目前,邮储银行38000个网点已覆盖全国超过98%的县级区域,其中中西部地区网点数量超过2.4万个,占全行网点总数的62%,已经成为不容忽视的一支金融力量。同时,邮政储蓄网络系统已实现了在全国网点的通存通兑,并且是国内网点数量最多最完善的金融机构。

农村商业银行也是我国农村地区商业性金融机构之一,它规模较农业银行等大型金融机构小,但是相对于农业银行而言,农村商业银行更加贴近农村。

农村合作金融机构。我国目前的主要的农村合作金融机构是农村信用社。农村信用社是由社员入股,实行民主管理,主要为社员服务的农村合作金融组织,其主要职责是为农民、农业和农村经济发展提供金融服务。农村信用社是目前农村金融市场中最大的供给主体,机构基本覆盖了全国的各个村镇,几乎是村村设站。

新型农村金融机构。中国银监会公布的数据显示,截至2011年底,全国242家银行业金融机构共发起设立786家新型农村金融机构,其中村镇银行726家,贷款公司10家,农村资金互助社50家;473家分布在中西部地区,占60.2%,313家分布在东部地区,占39.8%。新型农村金融机构累计吸引各类资本369亿元,各项贷款余额1316亿元。新型农村金融机构的出现,增加了农村金融供给,农村金融市场的竞争程度更为激烈,提高了金融市场的运行效率,引导民间资本服务农户和小微企业,对提升农村金融服务水平发挥了积极作用。

第二节 农村金融服务体系的缺陷分析

党中央提出建设社会主义新农村的重大命题,它从社会主义现代化建设的全局出发,进一步明确了解决"三农"问题是全党工作的重中之重,对于指导当前金融改革、发展和稳定工作具有极为重要的意义。

建设社会主义新农村需要金融机构全方位地支持"三农",要求商业性金融、政策性金融、合作金融、民间金融乃至证券、保险体系设置合理、服务全面,但目前的农村金融组织仍然存在政策性、商业性和合作性功能混淆不清、利益冲突、机构单一的局面。农村信用合作社垄断农村金融市场,但无力满足农村发展的金融服务需求。在建设社会主义新农村战略的要求下,现行的农村金融组织体系需要积极地进行变革和创新,从而尽快形成功能视角下的新型农村金融组织体系,以此满足日益增长的农村金融需求。但是,从功能视角来看,我国农村金融组织体系还存在许多功能缺陷。

一、农村金融组织体系的缺陷

(一)农村金融组织体系的适应性较低

改革开放以来,我国农村金融改革与农村经济改革发展相比,明显滞后于农村经济发展的步伐,农村金融组织体系只是部分地适应了农村经济发展需要,在很多方面还存在着不适应性。

第一,农村金融组织体系的经济适应性存在功能缺陷。改革开放以来,我国农村经济结构经过不断调整和优化,早已摆脱了单一的第一产业状况,非农产业有了长足发展。而且在第一产业内部,农业、畜牧业、渔业和林业的产业结构也在不断变动和重组。这样农业结构调整和农村多元化经济的发展,促使农村经济货币化。改革开放以来,我国经济货币化水平有了极大提高,农村经济货币化的发展趋势更为明显。

农村经济货币化水平的提高,对农村金融服务需求产生了直接影响。除了对金融结算工具和清算方式需求的改变,以及农村金融机构网点增加外,最主要的是对货币总量需求增加,包括现金货币和准货币。根据戈德·史密斯的金融结构理论,在物物交换的条件下,金融需求量与经济总量的比率是零。也就是说,这时实体经济的变动不需要货币金融的媒介。随着信用经济的诞生,就产生了实物与货币的交换关系,这时有多大的实物规模,就决定了需要有多大的与之相适应的货币金融需求量规模,即这时金融需求量与经济总量的比率为 1,这是此时的金融需求量的理论极限值。也就是说,在简单经济条件下,金融—经济之间存在一定的比率关系,如下式所示。

$$M = K \cdot G \qquad (1)$$

上式中,M 表示金融需求量;K 表示经济金融需求量系数;G 表示经济总量,即 GDP。然而,当人类进入现代社会以后,经济运行不再以简单形式出现,现代金融可以使货币和信用发生自身的乘数作用,可以使经济的金融需求量出现倍数放大。在这种情况下,简单生产条件下的金融—经济比率关系模型就要被扩充为:

$$M = (K_1 + K_2 + K_3 + \cdots + K_{n-1} + K_n) \cdot G \qquad (2)$$

依照上述思路,田力等人根据戈德·史密斯的金融结构理论,按公式对我国农村金融的理论需求量进行了测算,并在考虑财政部门的资金供给量、家庭部门私人资本的净流入量以及国外资本的净流入量后得出我国农村金融理论需求总量。结果显示,我国农村金融理论需求量和实际量之间的差距有不断扩大的趋势。这不仅显示了我国农村金融需求量水平与实际所供给量水平的差距在拉大,而且更暴露了我同农村金融组织体系在经济适应性方面存在功能缺陷。

另外,我国农村金融组织体系与农业经济运行机制、运行结构也存在经济适应性方面的功能缺陷。对于农业经济运行机制，主要在于我国已从计划经济向市场经济转变，而农村金融组织体系却没有顺应这种运行机制的变化。

计划经济的交易秩序是一种人为设计的秩序，而不是像市场经济的交易秩序那样是一种自然秩序或称为"扩展秩序（Extended Order）"。美国学者哈耶克认为，这种扩展了的秩序并不起源于人类的设想和意愿，而是自发地来到世间；它来自人们对某些传统的实践，尤其是对道德实践的无意尊奉。与此不同的是，计划经济的交易秩序是基于人类理性之上、未经实践认真检验的一种人为设计。在计划经济体制下，要求单一计划金融制度结构与之相适应；但在市场经济条件下，必然要求现代金融结构，就农村金融组织体系而言，它必须是建立在市场经济运行机制基础上的，具有货币资金商品化、金融实体法人化、金融调控间接化和金融行为法制化的特征。而我国目前的农村金融组织体系显然没有从功能上达到这些要求，主要表现就是农村金融的货币资金商品化程度低、金融实体非法人化、金融调控政治化、金融行为政策化，而最主要的原因在于农村金融组织体系还是基于计划经济的运行机制。正如哈耶克所言，追求计划经济，其无意识后果必然是极权主义，是"通往奴役之路"，"人类知识的有限性和理性的有限性使少数人去计划千百万人的生活成为不可能"。

我国农村金融组织体系对于农业经济的运行结构也表现出经济适应性方面的功能缺陷。经济的运行结构是经济运行过程中各个不同领域和不同地区商品经济发展的有机组合。面对我国农村经济活动存在着不同的融资需求和不同区域商品经济的发育程度，农村金融组织体系并没有形成分层次的组织运行结构，也没有通过不同的管理方式来调节资金的运行，从而没有形成不同区域的农业金融资源合理配置和有效运用，而是金融资源大幅度向城市及国有企业集中。

第二，我国农村金融组织体系的金融适应性存在功能缺陷。按照金融适应性的要求，农村金融组织体系应既可以充分调动储蓄资源支持农村经济的有效增长,又能通过改变农业资金流向和流量,进而促进农村经济持续、健康、较快发展。农村金融组织无论是产权结构、管理体制、分配制度,还是组织结构都带有浓厚的计划经济色彩。尽管经过不断改革,但是从产权上看,我国农村金融组织的产权结构依然十分单一,公有制结构在整个农村金融组织体系中占绝对垄断地位。而且,无论是农业银行还是农村信用合作社,产权制度改革均未起步,民营资本进入金融领域仍然十分困难,金融垄断依然十分严重,推动农村金融组织提高营运效率的内在动力和外在动力不够,许多农村金融组织均处在成本和风险软约束运行之中,农村金融组织体系的金融适应性也就在所难免。

第三,我国农村金融组织体系的政治适应性存在功能缺陷。社会主义新农村建设离不开资金投入,而在资金投入上不可能完全依靠财政资金,金融资金应该成为支持新农村建设的主要资金来源。新农村建设在商品流通、工业企业建设、农村道路以及住房改造、农村水利、大型设备建设和购置等方面,都离不开农村金融组织体系所提供的资金汇兑结算网络,广大农村也需要金融理财产品服务等。可以说,社会主义新农村建设对金融服务的需求是全方位的。

虽然中央1号文件多次都对农村金融改革提出了要求,但是,农村金融组织体系至今还没有实质性进展。虽然目前农村有农业银行、农业发展银行、农村信用合作社、邮政储蓄以及其他商业性金融机构,但是,随着金融体制改革的深入,商业性金融机构越来越注重效益,而由于农业经济发展滞后,支持农村经济无利可图,还可能带来金融风险,金融业对农业支持严重不足,这已经成为农村经济发展、彻底解决"三农"问题的一大制约因素。例如,作为政策性支持农业生产的农业发展银行,尽管有人民银行给其提供贷款,但在实际运作中,却以追求利润为目标。人民银行为减少呆、坏账也不愿贷款给农业发展银行,毕竟风险很大,而农业发展银行为自身利益又不愿把贷款发放给农民,转而用于其他商业贷款以获取利润。最终的结果则是,农业发展银行失去了本身存在的意义,或者说违背了农业发展银行的服务宗旨。诸如此类的农村金融组织体系的政治适应性缺陷,将影响社会主义新农村建设的进程。

第四,我国农村金融组织体系的文化适应性也存在功能缺陷。无论是农村金融的组织文化,还是农村金融的制度文化,都缺乏内在约束力的信用文化。

完善的市场经济首先是一个信用高度发达的经济,也是金融文化高度发达的社会。金融不仅加速社会资金的周转运动,而且推动社会资源的优化配置,在现代市场经济中发挥着核心作用。实践证明,金融作用的充分发挥,一靠制度,二靠科技,三靠文化。但是,我国农村金融组织体系的组织文化和制度文化层面上,国家对失信行为没有足够严厉的惩戒,一些地方政府甚至是集体逃避银行债行为的"导演"。农村金融组织之间的恶性竞争,也为失信客户打开方便之门,助长客户失信,破坏了全社会的信用秩序。

(二)农村金融组织体系的效率性不高

农村金融组织体系要保持较高的效率性,金融机构必须具备有效的产权、充分竞争和严格的破产约束。从理论上来讲,一个高效率的金融组织体系应该体现在它能通过有效的组织安排和业务规划、降低金融交易费用、保护债权债务关系和契约的实施、激励金融主体的"金融努力"程度和创新热情,从而最大限度地动员社会储蓄资金并转化到高效益投资领域和部门中去。然而,我国农村金融组织体系在这三个方面都不具备,无法适应市场竞争而体现出低效率性。

农村金融组织体系中存在金融垄断现象,导致农村金融中的储蓄—投资转化率低。四大国有独资商业银行处于垄断地位,股份制商业银行也基本上是由国家控股或者变相由国家控股,城市信用社被强制合并为城市商业银行,实际上成为地方国有企业;农村合作基金会全部关闭后,农村信用合作社资金实力又有限,农户和中小企业没有相应的正规融资渠道。占全国工业增加值30%以上个体和私营企业，只能得到信贷资金的1%。农村金融组织体系中的垄断现象导致的结果是农村非正规金融的发展，农业银行和农村信用合作社提供的贷款约占农村资金需求的25%，而70%左右的资金需求不能得到满足，或者只能通过所谓非法的民间金融渠道得以满足。通常社会资金转化为投资有三个途径：一是通过银行等金融中介以信贷资产形式发放给资金需求者；二是通过财政资金如国债的形式转为投资；三是通过资本市场如股票、债券等形式转为投资。

从财政融资方面来看，我国财政资金是十分有限的。财政占GDP的比重不到15%，而以美国为代表的发达市场经济国家，这个指标占30%～40%。另外，财政支出具有很强的刚性，且大部分支出为非生产性支出而不能满足农业生产资金的全部要求。在证券融资方面，由于资本市场的不规范，近年来其占比更有明显下降。即使是这样由于资本市场的触角还基本没有延伸到农村，目前证券公司只是在极少数经济发达的县级市设有证券服务部，农民基本上没有条件参与证券投资。由于资本市场的门槛很高，农村中数量众多的中小企业难以进入资本市场融资而不能获得长期资本支持。这样通过资本市场来为农村金融融资是行不通的，能将社会资金转化为农业投资的途径就只有通过银行等金融中介以信贷资产形式流向农村金融了。

由于上述两个融资渠道相对较弱，银行等金融中介信贷仍然是我国储蓄转化为农业投资的主要途径。目前在我国居民金融资产中，银行存款占比一直保持在75%以上，而且仍以较高的速度继续增长。但是，高速的储蓄增长并未相应地转化为农业投资的增长。

尽管我国农村金融组织体系能为广大农村地区提供储蓄、汇兑等基本金融服务，但其最基本的为农业生产配置资金的功能远远未能发挥。据中国人民银行统计，到2014年年底，我国农村银行类金融机构共有3566家，营业网点81397个，从业人员数

889845 人。涉农贷款总量 867868 亿元①，政府为全国 1.6 亿农户建立了信用档案，获得信贷支持的农户有 9012 万多户，贷款余额为 2.2 万亿元。相较于世界上其他发展中国家 15％的贷款满足率，我国的贷款满足率处于较高水平。而相关的调查表明，农村金融机构提供存款和汇兑结算等金融服务，基本覆盖了 90％以上的农村地区。但是，这些金融机构保留了吸储功能，却没有有效地转化为农业投资。

目前只有农村信用合作社为农户办理贷款业务，其他商业银行都疏远"三农"。与此同时，只吸储不放贷的邮政储蓄占据了大片农村金融市场，这就造成了农村金融中的储蓄—投资转化率严重不对称，本来急需资金支持的广大农村，不仅得不到现有国有商业银行的支持，而且使仅有的一些农村资金通过银行、信用社和邮政储蓄等管道流向城市。据测算，1999 年以来，每年从农村流向城市的资金均在 2000 亿元以上。尽管央行已推出了邮政储蓄改革的初步方案，对新增的邮储存款转存人民银行的准备金存款利率下调，但并没有引导农村资金回流。

农业金融资源的配置效率低下。截至 2015 年年底，包括农业银行在内的大型国有商业银行总资产达 73.6694 万亿元人民币，占全部银行业资产总额的 37.9％，并承担着全社会 80％左右的支付结算量。而包括农业银行在内的我国国有商业银行资源配置的效率十分低下，表现在：国有商业银行的资产利润率和资本回报率都远远低于世界平均水平；包括农业银行在内的国有商业银行信贷流向很不合理，主要投向对经济贡献率不高的国有经济部分，而农业经济是占用国有资产比较少的部门。据统计，目前我国国有经济部门和非国有经济部门对 GDP 增长的贡献率基本在 3∶7 的水平上下浮动，但国有商业银行在这两个部门的信贷投入基本上是倒挂的。

成立于 1994 年的农业发展银行是一家农业政策性银行，是

---

① 数据来源自中国人民银行. 中国农村金融服务报告 2014[EB\OL]. http://www.pbc.gov.cn/goutongjiaoliu/113456/113469/2811248/index.html.

农村金融体制改革中为实现农村政策性金融与商业性金融相分离的重大措施。农业发展银行的业务也不直接涉及农业和农户，它的主要任务是承担国家规定的政策性金融业务并代理财政性支农资金的拨付。作为政策性银行，其业务重点是保证粮油棉购销企业按保护价和非保护价收购粮油棉的资金需求。但是，农业发展银行在我国农村金融组织体系中承担的金融业务单一，本应办理的扶贫、农业基础设施建设、农业综合开发等业务没有划归到农业发展银行。由于业务范围狭窄，农业发展银行未发挥其政策性银行引导、示范、激励商业银行投资农业和农村以及扶持农村信用合作社规范发展、增加农业基础设施投资方面的功能，已不能满足对农业扶持方式的转变和农业产业化经营的需要，以致在其运作 10 多年后，这家拥有 6 万多员工的唯一一家农业政策性银行面临着被取消的境地。

作为中国农村金融组织体系中分支机构最多的农村正规金融机构——中国农村信用合作社，是农村正规金融组织中唯一一个与农业和农户具有直接业务往来的金融机构，是我国农村金融组织体系中向农业提供金融服务的中坚力量。从目前情况来看，农村信用合作社拥有的金融资产在我国各类金融机构拥有的资产中约占 10% 的比例，而且经营范围并没有受到限制，可以涉及生产、消费以及商业的各个环节，可以向农户、私营企业以及乡镇企业提供贷款，而且人民银行还允许农村信用合作社的贷款利率拥有较其他商业银行（包括农业银行）更灵活的浮动范围。但是，中国的农村信用合作社只是名义上的金融"合作"组织，在实际经营中，农村信用合作社的官办性质依然存在，从而使其经营经常受到官方的行政干预，没有突出创办时所欲体现的"合作"性质，从而不仅难以履行农村信用合作社为农业生产融资的宗旨，而且最终的呆账、坏账往往是在行政干预下形成的，致使农村信用合作社的资产质量很低。

面对市场化的利润导向，农村信用合作社实际上无足够动力向农村经济活动提供贷款。农村信用合作社正在从农村撤并机构,其发放的贷款没有真正用于支持农业经济。许多针对地方农村信用合作社的案例研究表明,无论在经济发达地区和高度城市化地区,还是在广大中西部地区以及部分东部农业大省,农村信用合作社都表现出"非农化"特征或"城市化"特征,直接表现为农村信用合作社网点设置的城镇化趋势、资金流向的城市化和从业人员的城镇居民化。而且随着四大国有商业银行分支机构纷纷撤出县域,农村信用合作社试点统一法人并试点改组为农村商业银行和农村合作银行,这必定会加大农村信用合作社提供农业贷款的交易成本。

另外,由于农村信用合作社在农村金融市场上处于事实上的垄断地位,缺乏来自外部的良性竞争,其改善内部管理、加强金融风险控制的动力不足,使其经营效率低下。目前,全国农村信用合作社(包括农村商业银行)8万个,人均资产只有200多万元,不到我国商业银行的一半,但人均年度费用却较高。即使按资产年收益率2%计算,还是全行业亏损。

农村金融利率的非市场化也使得居民储蓄转化为农业投资缺乏竞争性,从而从制度层面上降低了农村金融组织体系的效率性。市场利率是资金使用的价格,它既是资金供求竞争的结果,又反过来促进资金供求的竞争,进而促进居民储蓄向农业投资转化。在经济学中,无论是宏观经济学部分还是微观经济学部分,基本模型中利率几乎都是最主要的、不可缺少的变量之一。其原因在于,利率对于各个可以独立决策的经济人——企业、个人以及其他人来说,利益最大化是基本的准则,而利率的高低直接关系到他们的利益。总之,在市场经济的利益约束机制下,利率也就有了广泛而突出的作用。

我国商业银行的市场主体地位还没有得到社会公众有效承认,利率并没有使农村金融组织体系的微观行为主体形成自我约束机制。我国实际上存在政府对银行业的隐形担保。国家成为银行经营风险的最终承担者,商业银行特别是国有银行,对政府的保护有很强的预期。实际上,整个农村金融组织体系中的正规金融部门都存在这种强烈的预期。

我国农村金融组织体系中的正规金融机构都是国有的,或者主要是国有占主导的股份制,农村信用合作社虽然说是合作制,但是国家实际都承担了隐性担保。而农村信用合作社目前的改革会出现多元化和民营化的发展。在新一轮农村信用合作社改革中,在国家帮助解决历史包袱后,主要是依靠民间注资,基本是民营性质。

在这种国家隐性担保保护下的利率非市场化条件下,尽管农村经济货币化程度在提高,但是,包括农业资金在内的金融资源供给的政策性因素依然存在。虽然信用社贷款利率可以浮动,但毕竟是一种政策严格限定而不是市场竞争条件下的"浮动",尚未形成真正的市场利率,更何况存款利率仍然是"计划利率",这样居民储蓄转化为农业投资的价格不是通过竞争形成的,这自然限制了其转化的效率。

(三)农村金融组织体系的稳定性不够

根据凯恩斯的宏观经济学理论,在现实经济条件下,充分遵循市场经济原则的金融市场体系就其本质而言具有内在的稳定性,金融组织具有脆弱性。

在这种情况下,金融组织体系要保护金融交易和活动有效进行的框架基础就需要具备稳定性功能,保证不因个别金融机构的破产倒闭而造成金融恐慌,进而影响经济和社会稳定。

基于上述理由,努力维持一个稳定的农村金融组织体系,在此基础上提高其运行效率是个世界性的课题。由于金融机构会随着时间和空间的位移和基础技术的更新换代表现出不同的组织形式和运行方式,因此,从金融组织形式以及与此相关的金融制度的"机构视角"来研究农村金融组织体系的稳定性不具有指导意义,相反,金融功能具有相对的稳定性。因此,根据农村金融组织体系的金融功能发挥程度,对我国农村金融组织体系的稳定性缺陷分析更加具有前瞻性。根据 Merton 和 Bodie 等提出的功能金融理论,稳定性功能实现的标准是金融体系能否通过创造出丰富多样的金融工具,保证金融组织体系的均衡、协调和有序运行,而我国农村金融组织体系没有实现这样的功能而表现出稳定性缺陷。

我国农村金融组织体系中对有组织的民间金融力量还有很大欠缺,基本上只有单一的正规金融机构。温铁军通过对 15 省 24 个地区的个案调查发现,民间借贷的发生率高达 95%,高利息的民间借贷发生率达到了 85%。何广文通过对浙江、江苏、河北、河南、陕西 5 省 21 县 365 户的问卷调查发现,农户 60.96% 的借款行为是与民间放贷主体之间发生的,而从农村信用合作社、农业银行借款分别仅占 30.64%、3.6%,从其他银行借款占 1.8%、合作基金会占 0.6%、其他非银行金融机构占 2.4%。面对如此旺盛的农村民间金融需求,我国农村金融组织体系却没有相应的正式金融部门安排,多次对有组织的民间金融部门进行取缔,完全禁止民间金融活动,直到 2004 年中央 1 号文件《关于促进农民增加收入若干政策的意见》才指出:鼓励有条件的地方,在严格监管、有效防范金融风险的前提下,通过吸引社会资本和外资,积极兴办直接为"三农"服务的多种所有制的金融组织,农村民间金融的政策环境才有所缓和。

民间金融是解决金融脆弱性从而提高金融组织体系的有效措施之一。农村金融市场最大的特点就在于需求点分散,供需双方信息严重不对称,难以掌握精确的借贷者信息,使农村金融市场供求平衡的目标会因为信息收集成本太高而遭遇挫折。发展初期的农户和乡村企业主要依赖民间金融,有学者认为,50%~65% 的农户获得了非正规贷款,农户借款中民间借款所占的比例超过 70%,农村民间金融所形成的有相当一部分是股权资本投入,这样客观上大大降低了项目投资的代理成本,经营者在对项目的选择上会变得更为谨慎,内部人控制和道德风险都可能大大降低。由此可以看出,农村民间金融的发展对农村金融组织体系的稳定性的提高是有效的。但是我国农村扶贫社和农民互助储金会是在中国民政部门登记并接受其管理的农村非正规金融机构。目前,农村扶贫社和农民互助储金会发展中遇到的问题主要是规模小、资金实力有限、抵御风险的能力差。同时,某些业务的开展还面临如何与中国现行金融法规协调的问题。

以在我国农村金融组织体系中曾经占有重要地位的农村合作基金会为例,它是 20 世纪 80 年代中期兴起的民间金融组织,其经营资本主要依赖于农户的资金注入,其经营活动归农业部管辖。一项调查表明,全国农村合作基金会 45% 的贷款提供给了农户,24% 的贷款提供给了乡镇企业。这不仅大大超过了农业银行的相应贷款比例,而且超过了农村信用合作社的贷款中投入农村经济的比例。由于农村合作基金会不受货币当局的利率管制,因此其贷款利率较农村信用合作社更为灵活,贷款的平均收益也更高。但是,考虑到来自农村合作基金会的竞争对农村信用合作社经营所造成的冲击,中央政府决定清理整顿、关闭、合并农村合作基金会,并于 1999 年对整个农村合作基金会进行了清算。

农村金融组织功能单一化,缺少真正实现契约性功能的农村金融组织。一方面,实现农业保险的金融组织没有发挥有效功能。作为农业大国,中国每年约有 0.3 亿公顷农作物受灾,占全国农作物播种面积的 1/4,成灾面积占受灾面积的比重在 40% 以上。但对于我国目前的农业灾害损失,主要依靠由民政部门实施的政府农业灾害救济以及由中国人民保险公司以商业方式推进的农业保险。从实际情况看,这种补偿性质的灾害救济,一是受到国家财力限制补偿不足,二是不能适应经济发展和结构调整对农业保险的要求,三是不利于培育农户参与保险的积极性,在很大程度上限制了农业保险事业的发展。虽然中国人民保险公司于 1982 年就开始承办农业保险业务,市场上销售的农业保险产品达 160 多个,险种已发展到涵盖种植和养殖两个产业、家庭财产、人身意外及合作医疗等涉及农民生活各方面的保险服务,农业保险市场已初步形成了由财产保险公司、专业性保险公司,以及外资公司等多种市场主体共同经营的局面。但是,农业保险事业发育一直不成功,波动很大。全国农业保险费收入占财产险保费收入总额的比重由 1992 年的 3.6% 下降到 2002 年的 0.6%,又上升到 2014 年的 4.9%。由于缺乏相应政府补贴等政策支持,加之农业保险的高赔付率,一部分商业保险机构提供的农业保险业务极度萎缩。2002 年,中国农业保险收入仅占农业增加值比重的 0.043%,平均每个农民缴纳的农业保险费为 2.6 元,获得的农业保险赔款仅为 1.8 元,远远不能满足农村经济发展和农业结构发展的需要,如表 2-1 所示。

表 2-1　我国农业保险发展情况统计表

年份	财保保费收入	农保保费收入	农保保费增长率	政府补贴
2004	1089.89	3.77	−18.3	—
2005	1229.86	7.29	93.3	—
2006	1509.43	8.46	16.0	—
2007	1997.74	51.8	512.3	—
2008	2336.71	110.7	113.7	78.44
2009	2875.83	133.9	21.0	99.7
2010	3895.64	135.7	1.34	101.5
2011	4617.82	173.8	28.1	131.3
2012	5330.92	240.13	38.2	182.72
2013	6481.16	306.7	27.7	234.95
2014	7203	325.7	6.2	250.7

　　农产品期货市场的功能没有完全发挥。由于农产品现货市场容易产生价格混乱以及信息传导的不畅,会带来高昂的交易成本,滋生臃肿的流通中间环节,而最终使消费者和生产者的利益受到损害。而且由于价格信号不能有效发出,不能对农业生产和流通形成指导,市场经济体系中价格的核心作用不能有效发挥,整个农业经济体系效率受到严重损失。

　　由于期货市场具有以下特征:集中交易、公平竞价、信息公开、有序竞争,反映出真实的市场供给和需求之间的力量对比,因而期货市场是现实中最接近完全竞争的市场,从而可以产生出均衡价格。有学者甚至认为,产生均衡价格是期货市场最重要的作用,期货市场因为产生均衡价格而处于市场经济价格体系的核心。在比较稳定的金融组织体系中,期货市场作为金融服务市场,具有价格发现和风险转移的功能,有着特殊的履约机制。在农村金融组织体系中,期货市场中不同品种和质量的价格差异可以引导农户调整种植结构,农户也可以根据期货市场的价格安排生产,规避农产品价格波动的风险。因此,农产品期货是世界上最早上市的期货品种,期货市场最先产生于农产品市场,并且在期货市场产生之后的 120 多年中,农产品期货一度独领风骚,成为期货市场的主流。虽然最近 30 多年来,随着国际金融期货市场的兴起,农产品期货交易额所占的绝对比例大大下降,但它仍然占据着国际期货市场上相当的份额。目前国际上仍然在交易的农产品期货有 21 大类、192 个品种,在世界农产品的生产、流通、消费中,发挥了无可替代的重要作用,成为农村金融产业链的核心。

我国自 1998 年对期货交易所精简合并后,保留和成立了大连、郑州、上海三家从事期货的商品交易所,而大连商品交易所的大豆交易也逐步占据了国内农产品期货交易的主角地位。现已开办豆类、玉米、小麦和棉花等大宗农产品期货,并正准备择机开办大米、豆油、饲料等其他农产品期货品种。但是,目前我国农产品期货上市品种缺乏科学性和规范性,根据期货市场品种选择理论,上市品种应该具备一些最基本的条件:农产品能够储藏,便于运输,可以进行实物交割;农产品具有同一品质,可使合约标准化;市场价格经常波动,存在明显的价格风险;要有发达的现货市场作基础;要有足够的市场投资者。

我国农产品期货市场上市品种很多不具备上述条件,一些上市品种现货流通量很小,实物交割困难,农产品期货市场和现货市场难以有效衔接;期货交易的规模也比较小,严重地阻碍了期货市场的进一步发展。在已经上市交易的品种中,具有真正农产品期货意义的大品种过少。由于白糖等农产品期货暂停交易,致使目前上市交易的品种多为小品种,如绿豆、红小豆等。农产品期货市场还未为订单农业提供风险分散的场所,没有为推进农业产业化经营、为农业生产走向规模化创造条件。

除农业保险和农产品期货的功能欠缺外,中国农村金融信托投资业还很不发达,极大地妨碍了我国农村金融组织体系的稳定性功能实现。农村金融信托业的主要问题在于:一是机构少,体制不健全;二是业务覆盖的地域范围小、交易量小,农村企业和农户信托投资需求没有得到满足。在农村金融组织体系中,由于金融分业经营和分业管理制度实施以及事实上存在的"农村金融歧视",广大农民根本享受不到现代金融的便利。

(四)农村金融组织体系存在政策性偏差

我国农村金融组织体系没有形成激励相容的机制,也缺少农村金融组织体系激励相容的制度环境。在今天,对于许多经济学家而言,经济学在很大程度上已经成为研究激励问题的学科:努力工作的激励、提高产品质量的激励、投资和储蓄的激励,等等。如何设计制度给经济主体提供正当的激励,已成为当代经济学的一个核心问题。新制度经济学在将市场泛化的基础上,认为制度的产生既源于交易成本又是为了降低交易成本。一种制度有没有效率,取决于施行这种制度的交易成本,而交易成本的高低,则取决于这种制度是否"激励相容",即这种制度所要实现的目标是否与制度内个体追求利益最大化的行为相一致。而长期以来,包括中国在内的一些新兴国家和地区的金融监管中存在的一个缺陷,就是缺乏正向激励、缺乏与激励相容的监管理念和机制,甚至还可能出现"抽肥补瘦""鞭打快牛"的负面激励。

在农村金融组织体系中恰恰缺乏有效的激励相容的金融运行机制,主要表现在:激励手段的缺乏,没有有保障的"剩余索取权"等方式的激励手段。在农业银行、农业发展银行、农村信用合作社等农村金融组织中,由于没有"剩余索取权",拥有控制权的内部人往往采取滥用资产,利用职务便到享受个人消费等道德风险行为,在职消费已经超过了该农村金融组织的资产状况和赢利水平相匹配程度。在制度经济学家那里,市场经济不是天然产生并持续存在的制度,也不是先天稳定、和谐的制度,而是恰恰相反,它是一个在历史进程中高度容易支离破碎的构成物。市场经济的决定性对抗力量是权力,也就是经济和政治权力,权力会制造社会的不公平和经济的不公平。因此需要在政治上设计一种制度来保护市场经济,使之免受权力的影响。

农村金融组织的内部人往往面临双重激励:货币和管理级别激励。前者是任何一个最激进的新古典经济学家愿意看到的"个人效用最大化"情形,而后者是与市场经济条件下的激励不相容的。农村金融组织的内部人在行政级别激励与货币激励面前往往无所适从,两者都想得到,最终导致的是经营中的相机抉择问题,极易导致金融腐败和违法犯罪。

亚隆·雅各布认为,评价一个农村金融机构的运行绩效,不仅要看其是否促进了农村经济的发展,而且要看其是否促进了"公平"目标的实现。作为农村金融组织的目标应当是:为农户提供优质的金融服务,缩小农户之间的收入差距。由于真正的外部监督主体缺位,而我国农村金融组织遵循的是:谁对其的控制力大就贷给谁,谁有向农村金融组织"内部人"寻租的能力谁就能得到贷款。

农村金融组织体系的财政杠杆与金融杠杆未能形成功能耦合。财政政策与金融政策作为政府干预农村金融的两大基本杠杆,其作用范围与功能空间存在着明显的差异性与互补性。但主要是通过政策导向与市场导向来运作的,相应地,分别使用了财政杠杆与金融杠杆。如果农村金融只使用财政杠杆,忽视利用金融杠杆,则农村金融机构只会按照行政指令发放贷款,不会主动关心利率和风险,成为典型的政策性贷款。而如果农村金融只使用金融杠杆,注重营利性,忽视利用财政杠杆,银行完全按照市场条件发放贷款,则成为典型的商业性贷款,即与金融杠杆完全重合。但是,农村金融是增加农业生产投入的重要手段,应同时使用财政杠杆与金融杠杆,才能实现其基本功能。

在我国,财政杠杆与金融杠杆在农村金融组织体系并没有形成功能耦合机制,财政部门没有通过有效的财政杠杆,及时应用于金融部门,使其输入足量的激励机制,然后通过农村金融市场的杠杆效应,不断向财政部门输出贷款额度、利润、供求关系等信息,使农村金融组织体系的政策安排之间互相冲突和抵制的部分,形成相互依赖、相互推进的负反馈环,从而完全抑制了农村金融组织体系的基本功能的发挥。

二、农村金融市场体系的缺陷

(一)资金供求的市场价格机制不完善

由于国家对农村金融市场实行十分严格的金融管制,利率机制还未完全市场化,所以致使民间借贷市场十分活跃,资金市场也存在两个价格,从而扭曲了资金供求的基本信号,严重影响了稀缺资源的优化配置。同时这也是导致农村资金被抽往到城市和民间金融禁而不绝的一个重要原因。

(二)资金供给短缺

首先,农村金融的供给方数量稀缺,从全国的情况来看,主要有农村信用合作社、农业银行、农业发展银行和民间借贷(不够规范),部分地区有农业互助社、农村典当行等新兴机构。但是新兴机构只存在于一些较为发达的地区,真正需要支援的农村地区,所依靠的仍旧是全国范围内存在的大型金融机构。其次,农业发展银行根本不与个体农户直接发生信贷业务关系,农业银行设置在乡镇及其乡镇以下的分支机构也被大量撤并。所以对于许多落后地区的农村居民和企业而言,可以享受到的金融服务仅仅来自农村信用合作社的供给,形成寡头垄断的局面。而且除了金融供给主体区域布局失衡现象严重以外,自身资金实力也有限等客观因素的限制,造成农村金融商品供给严重不足,供给难以长期满足农民和农村经济的需要。

(三)金融产品供给不足

由于随着经济的发展,农户和农村企业的经济活动内容和规模也有所扩张,其对金融的需求也表现出多层次性的特征。但以农村信用合作社为主力军的金融机构所能提供的金融产品仍然停留在存款、贷款等传统业务上,金融产品和金融衍生工具创新少,加之资金规模又有限、结算手段落后,更加难以适应不断发展的农村经济和农民的需求。

(四)拆借市场发育不健全

拆借市场发育不健全主要表现在以下几方面:同业拆借市场的范围比较小;农村信用合作社的上网拆借资格也有限;跨区域性的网下拆借十分困难,因此导致民间自由借贷市场依然很活跃,并在相当大的程度上影响到正规金融体系对资金的筹集和运用。

三、金融监管体系存在缺陷

(一)县级监管乏力

我国农村金融的监管机构多设在县级单位。这类单位没有处罚权和执法权,而且资金和人力相对来说有限。而散点式分布的农村金融机构不仅数量大,而且分布范围非常广。在人力和财力有限的情况下,县级监管机构无法及时有效地发现农村金融的运行隐患。即使已经排查到监管隐患,县级监管部门多数也无力督查。

（二）监管目标狭窄

我国中央银行以及银监会制定的金融业监管标准往往统得过死，监管活动通常相对较为刻板。对于人力资源严重不足的县级金融机构来说，这是非常消极的。农村金融的一个典型特征就是民间金融力量十分强大，金融十分活跃，存在多种不同形式地金融创新方式。然而刻板的金融监管目标对于农村金融的发展来说是不足的。

（三）监管手段简单

针对不同的金融机构，我国中央银行有特定的监管方式。但是对于发展中的农村金融机构来说，这显然是不够的。对于我国农村来说，体制内的金融机构发展速度相对较为缓慢。但是存在于农村的影子银行、非银行类金融机构、农村的民间借贷来说，这些手段很难起到作用。而且，上文论述的力度缺乏问题也影响到了监管手段的执行。这样综合下来，农村基层监管机构的手段很难化解金融风险。

（四）监管机构之间、监管机构与中央银行之间信息不对称

对于我国城市里存在的普通金融机构来说，金融监管机构中存在信息不对称的情况，监管机构的措施相互重叠或者冲突的现象时有发生。对于农村金融监管来说，这种现象也存在。信息不对称是影响农村金融发展的一个根本因素。站在金融机构的角度来说，他们一方面不希望监管机构获取太多与自身相关的信息，另一方面又希望尽可能多的获取与农户相关的信息，方便自己操作业务。这就说明了问题。农户也是这样的心理，如果存在违规贷款，他们就并不希望金融机构了解自己真实的目的。同时，也有可能存在金融机构的柜员和农户之间合谋欺骗贷款的现象。这种情况很有可能绕过监管机构的监管。

第三节　农村金融服务体系缺陷的原因分析

我国农村金融体系发展过程中存在着诸多违背农村金融发展规律的现象,农村金融体系所存在的问题与我们的改革思路出现偏差、计划金融向市场金融转变缓慢以及农村经济发展滞后等有着重要的联系。

一、改革的主体错位

回顾我国农村金融体系的变迁历程,可以发现我国农村金融体系改革,均是政府行政力量推动下的强制性制度变迁的产物,农民作为农村金融的需求主体在整个改革过程中被忽视和遗忘。如农村信用合作社的改革进程:20 世纪 50 年代,农村信用合作社随着合作化运动的蓬勃发展而兴起;20 世纪 60 年代,农村信用合作社两次下放,交由人民公社和贫下中农管理;20 世纪 80 年代,农村信用合作社划归农业银行管理,成为农业银行的基层机构;20 世纪 90 年代,行社脱钩,农村信用合作社由人民银行和地方政府管理。农村金融的控制权、收益权不在农民手中,农村金融不断偏离农村的实际,出现农民贷款难的现象也就不奇怪了。政府主导的农村金融体系改革符合农民的需要,必须具备两个条件:一是政府必须完全了解农民的需要;二是政府的目标函数必须同农民的目标函数相一致。但在现实中,这两个条件很难具备。

一方面,由于存在信息不对称,政府也会"失灵",对于不断变化中的农民需求,政府并不能准确地了解和掌握;另一方面,事实证明政府的目标函数同农民的目标函数并不一致,如政府为了便于掌控农村金融资源,在历次农村金融体系改革中,力图保持农村金融系统的国有和准国有性质,对作为准国有金融系统有力竞争者的民间金融,采取了打击和排挤的态度,致使其只能以"灰色"的形式存在。只有充分调动农村各经济主体的内在动力,真正实现农民的自主参与,通过自下而上的改革和自上而下的服务相结合,实行诱导性制度变迁,才能真正培育出符合"三农"需要的农村金融体系。

二、缺乏全局改革观念

长期以来,我国农村金融体系改革的实践和理论研究都缺乏全局观念,总想找到一种办法来解决所有问题,而忽视了农村金融体系是一个有机联系的整体这一根本前提。事实证明,改革的效果并不理想。整个农村金融体系的改革是一项系统工程,不能局限于对现有农村金融体系的小修小补,从某一特定部门或从某一特定角度来观察、考虑和解决农村金融体系问题,必将陷入改革误区,到头来只能是"头痛医头,脚痛医脚"。我国农村信用合作社改革一直未能取得实质性进展,很大程度上缘于此。农村金融体系的完善并不是一个改革现有的金融机构和增设一部分农村金融机构的简单问题,而是涉及如何确保农村金融体系真正能够有效提高农村金融资源的配置效率、满足农村的金融需求以及农村金融体系顺畅运转等一系列问题。例如,在这一次农村信用合作社改革过程中,一部分改制后的农村商业银行的经营机制得到了进一步的完善、经营效果也有很大改善,但其服务于"三农"的比重不仅没有增加反而不断下降,农村金融短缺的局面进一步恶化,并未完全实现改革的初衷。只有从全局出发,统筹考虑农村金融体系改革的一揽子问题,农村金融体系改革才能取得实质性进展。

三、微观运行机制不够完善

一个运作良好的市场必须有一批成熟的微观经济主体为基础,没有成熟的微观主体作为支撑,任何制度安排都只能是"空中楼阁"。长期以来,我们在改革过程中过于重视外部改革,忽视了农村金融机构微观运行机制的完善,浅层次改革多,深层次改革少。农村信用合作社"婆婆"数次更换,但其产权模糊、治理结构残缺、经营管理混乱的状况一直未能得到改变,离成熟的市场主体相距甚远。微观运行机制的残缺必然导致其行为的"异化","内部人"控制、违规经营和资产质量不断下降等现象的出现就是"异化"的必然结果。只有深化农村金融机构的产权改革,完善农村金融机构的治理结构,建立完善的微观运行机制,农村金融机构的业务经营才能步入正轨,农村金融体系的风险隐患才能真正消除。

四、城乡金融改革分割

在我国金融体系改革过程中,存在严重的城乡改革分割现象,整个金融体系改革一直缺乏一个全面整体的规划,城市金融体系和农村金融体系改革相分离,城乡金融改革的不同步,人为地割断了城乡金融体系之间的统一。从国外发达国家金融体系改革的实践来看,各国均将整个金融体系看成一个整体,抛弃城乡概念,在改革过程中执行统一的政策,以便形成一个全国统一的金融市场,促进城乡的同步发展。在我国金融体系改革过程中,采取城乡改革分离,执行不同的标准,实际上是歧视农村金融政策的延续,这显然同我国城乡一体化的政策相悖。长期以来,我国在农村地区执行的是比城市更加严格的金融管制,以便农村金融资源向城市的单向流动,为工业发展积累资金,整个改革忘却了农村,金融体系改革不仅没有促进农村金融体系的完善,反而让农村金融体系承担了改革的部分成本,进一步削弱了农村金融体系的实力。

五、农村经济发展滞后

我国经济体制改革虽然先从农村开始,并取得了一定成就,但整体上看我国农村经济发展严重滞后于城市,城乡差距不断扩大。我国长期以来执行了严格的城乡分割制度,奉行"先城市后农村""先工业后农业"的发展思路,形成了农村资源向城市的单向流动,城市化步伐严重滞后。目前,我国农村地区仍然养活着全国约70%的人口,农业生产仍停留在传统小农经济状态,市场化程度低,无法形成规模化优势。农村经济与农村金融发展之间不是孤立的,农村经济发展状况在一定程度上决定了农村金融的发展程度。目前,大多数农民仍处于温饱水平,资金实力有限,缺乏有效的担保品,偿还能力弱,抗风险能力差,制约了农村金融的深化和农村金融体系的完善。而农村金融发展的滞后,又进一步制约了农村经济的发展,形成了农村经济与农村金融发展之间的恶性循环。

六、政府作用的"缺位"和"失位"

农村金融市场上存在一定的市场失灵,需要政府的干预和调节。我国政府对农村金融市场的干预和调节在方式、手段、内容等方面存在诸多问题。我国政府对农村金融市场的干预多以行政干预为主,试图通过外部的正式金融安排和干预农村金融机构的业务经营,来增加农村金融供给、防范农村金融风险。事实证明,政府的干预是非常失败的。而农村金融体系健康发展所必需的良好的制度环境、有效配合的政策金融体系、完善的担保体系、健全的分担机制、完善的服务体系等却严重缺失。农村金融环境的不断优化是农村金融体系自我发展、不断完善的有力保证。恶劣的农村金融环境,不仅制约了农村金融体系的完善,而且还阻碍了金融资源向农村地区的合理流动。政府作用的"缺位"和"失位",导致了农村金融发展的滞后,破坏了农村金融体系自我发展、自我完善的良性循环。

第三章　传统型农村金融机构改革与发展

传统农村金融机构是构成中国农村金融发展的主体机构。从过去的发展经验来看,传统金融机构对我国农村金融的发展做出了很大贡献。经过多年的发展,这些金融机构已经产生了明显的缺陷。本章主要从其经历的过程出发,对传统金融机构的现状与未来发展进行一定的研究。

第一节　中国农业银行

一、中国农业银行的产生和发展

中国农业银行的发展历程颇为波折,可谓是三起三落。中国农业银行的前身为 1951 年 8 月成立的农业合作银行,但 1952 年就在精简相关的机构中与中国人民银行合并,职能并入中国人民银行。在 1955 年 3 月,为了支援相关的农业合作化运动,国家再一次的成立了农业银行,正式以"中国农业银行"命名。由于中国人民银行与中国农业银行之间的工作不容易区分清楚,就造成业务很难顺利开展,所以在 1957 年时中国农业银行再一次与中国人民银行进行了合并。1963 年,为强化对农村资金的管理,政府又再一次批准建立了中国农业银行,其机构组织划分颇为分明,但是在 1965 年机构精简过程中,中国农业银行又再一次与中国人民银行合并了。直到 1979 年 2 月 23 日,中国农业银行才正式得以恢复。它的恢复有助于农村商品经济发展和经济体制的活络。随着金融改革的进一步深入,1994年中国农业银行剥离了绝大部分政策性业务。两年后,中国农业银行不再领导管理农村信用合作社,标志着中国农业银行转变为国有商业银行。2004年,中国农业银行第一次上报股改方案。2007年9月,中国农业银行选择吉林、安徽、福建、湖南、广西、四川、甘肃、重庆8个省(自治区、市)开展面向"三农"的金融服务试点。2009年1月15日,中国农业银行股份有限公司成立,于2010年7月分别在上海、香港挂牌上市。

二、中国农业银行简介

(一)中国农业银行资金来源

与一般商业银行相同,中国农业银行的主要资金来源包含存款、借入款和银行资本等。一般的商业银行在经营资产业务、负债业务的同时,还利用其在机构、技术、资金、信誉和住所等方面的优势,提供一些服务性的中间业务获得资金收入,如结算业务、信托业务等。中国农业银行还依靠投资获得一定的资金收入。与一般商业银行不同的是,中国农业银行承担着政策性任务,其资金一部分来源于政府拨款。

(二)中国农业银行的服务对象

中国农业银行的服务对象非常广泛,这与其兼营政策性业务和商业性业务有一定关系。首先,中国农业银行作为大型上市商业银行,以赚取利润为目标,其业务的相当部分都在城市中,故其服务对象是城市市民和城市的大中型企业。其次,中国农业银行又承担政策性业务。政策加强了对中小企业的贷款支持力度,中国农业银行在业务上也有所响应。例如,为响应国家深入文化体制改革的政策,农业银行投放文化及相关产业贷款余额达472亿元。这说明中国农业银行的服务对象还有政策性的支持对象。最后,中国农业银行还保持着服务三农的原始属性。例如,农业银行的地方支行仍然维持其支农的传统属性,致力于对三农个人产品、三农对公产品、县域中小企业服务等金融产品的开发。

(三)中国农业银行的资金用途

由于中国农业银行的规模偏大,所以其主要为农业产业化龙头企业、农业基础设施、农村城镇化建设等高端市场提供资金。但中国农业银行的资金运用也越来越趋向于微观化。具体表现在一些支行已利用自身植根基层的优势参与到农户小额信贷、个体户、养殖户等低端市场,以及县域地区乡镇企业、中小企业等中端市场。例如,某地农行资金投入的重心逐渐转移到县和县以上城市、城乡接合部、农村原有的大集镇、商贸集散中心和新的经济发展带,以信贷措施培育"名、优、特、新"产品,以资产为纽带发展一批跨地区、跨行业、跨所有制的大中型企业集团。

(四)中国农业银行的风险管理

中国农业银行贯彻稳健型风险管理战略,进一步健全风险管理政策制度体系。信用风险管理架构主要由董事会及其下设风险管理委员会、高级管理层及其下设风险管理委员会、贷款审查委员会以及风险管理部、信贷管理部、授信执行部和各前台客户部门等构成,实施集中统一管理和分级授权。

农业银行的风险管理对象包含信用风险,公司类业务风险管理,信用卡业务风险管理,资金业务风险管理,个人业务风险管理,三农业务风险管理等。以下重点介绍其中三类。

1.信用风险

此种风险主要集中于贷款组合、投资组合、担保业务等信用风险敞口。针对信用风险管理,中国农业银行适时调整和完善各项信用风险管理政策制度,对重点业务开展风险排查,清除潜在风险客户,实行限额制与名单制相结合的方式,促进信贷结构的调整和优化。

2.公司类业务风险管理

为应对此类风险,农业银行加强对信贷制度执行的监管并且强化贷后管理,推行贷后管理巡检制度;特别是针对不同情况,实行信贷授权差异化、微观化管理。对优势行业重点客户、重点项目、总行级核心客户以及重点城市客户,适度下调高风险业务审批权限。中国农业银行客户评级管理不断继续深入,通过优化评级政策、深化行业限额管理,提升组合风险管控能力。

3.三农业务风险管理

三农业务风险集中于农业银行的县支行,为了应对此类风险,中国农业银行加强三农风险管理组织体系建设,强化专人对县支行的风险垂直管控。通过建立健全三农风险管理政策制度,完善对三农客户分级、农户贷款分类等制度。由于三农风险与自然灾害密切相关,中国农业银行试图通过指导分行及时、积极、主动地化解自然灾害风险,践行灾害风险管理的有效机制。

(五)中国农业银行组织结构

中国农业银行组织结构如图 3-1 所示。

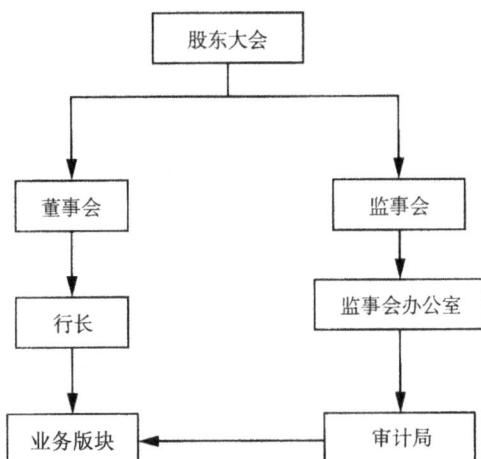

图 3-1　中国农业银行组织结构

与一般商业银行相同,中国农业银行拥有股东大会,而由股东大会选举产生董事会,监事会监督董事会。董事会推选高级管理人员,并下设各个部门,包括有战略规划委员会、"三农"金融发展委员会、提名与薪酬委员会、审计委员会、风险管理委员会(下面设有关联的交易控制委员会)。这些部门按其分工不同,有着不同的主要职责。

战略规划委员会的主要职责是审议中国农业银行的总体发展与战略规划,以及各个专项发展战略的规划和重大的投资以及融资方案,企业兼并收购方案和其他方面都能够影响中国农业银行发展的重大事项,并向董事会提出建议。

"三农"金融发展委员会是中国农业银行的特色部门,其主要职责是审议中国农业银行三农业务发展战略规划,三农业务的政策和基本管理制度,三农业务风险战略规划和其他有关三农业务发展的重大事项,监督中国农业银行三农业务发展战略规划、政策和基本管理制度的落实,对服务三农效果进行评估,并向董事会提出建议。

提名与薪酬委员会的主要职责是审议并监督执行中国农业银行的薪酬和绩效考核制度,就中国农业银行董事、监事和高级管理人员的选任程序、任职资格、薪酬制度及激励方案等向董事会提出建议,并对董事和高级管理人员的业绩和行为进行评估。另有审计委员会,主要职责是对中国农业银行内部控制、财务信息和内部审计等进行监督、检查和评价,并向董事会提出建议。

风险管理委员会的主要职责是审议中国农业银行的相关风险战略、相关风险管理的政策和程序以及相关的内部控制流程,此外还有对相关的高级管理人员的风险管理部门在风险管理等方面的工作进行相关的监督和评价工作,并向董事会提出建议。

关联交易控制委员会的主要职责是通过对中国农业银行的相关的关联方进行准确的确认,审议关联交易基本管理制度,以及对关联交易进行快速的审核和备案,并向董事会提出建议。

（六）中国农业银行的监管

中国农业银行的监管情况为：中国农业银行的总行受到中国银监会的监管；在地方层级，中国农业银行的支行受到银监会地方派出机构的监管。

监管工作大致包括以下几个方面。

（1）银监会负责制定有关银行业监管的各种规章制度和各项办法，并依据这些规章制度对银行业金融机构实施监管，维护银行业的合法、稳健运行。

（2）审批银行业金融机构及其分支机构的设立、变更、终止及其业务范围。

（3）负责进行编制全国银行的数据、报表，并按照国家有关规定予以公布。

（4）对银行业金融机构的高级管理人员进行任职资格审查。

（5）重视治理机制的建设和完善，促使其有效地防范和化解金融风险，进而加强对银行业金融机构风险内控的监管。

（6）对银行业金融机构实施现场和非现场监管，依法对各种违法违规的行为进行查处。

（七）中国农业银行的主要业务

中国农业银行的资金用途多样，其中对三农的支持始终是农业银行的一大特点。下面通过中国农业银行对农村中小企业和农户的贷款项目的介绍来对中国农业银行的主要业务情况进行概览。

自 2009 年以来，农业银行累计发放小企业贷款 14200 多亿元，连续三年达成贷款增量不低于上年、贷款增速不低于全行平均贷款增速的目标。截至 2015 年年底，农业银行为小微企业贷款余额超过 1 万亿元，受惠小微企业数目达 30 万户以上。同时，农业银行也发放惠农卡 1.74 亿张，建立服务店 65 万个，覆盖全国 75% 以上的行政村。

农业银行积极创新金融产品,根据小企业信贷需求"短、少、频、急"的特点,推出了"简式贷""智动贷""厂房贷"等产品,新发放小企业贷款中 40% 采用了"简式贷"产品,受广大小企业的欢迎。

1.简式贷基本介绍

简式贷主要是满足小企业客户生产经营中的周转性、季节性、临时性流动资金的需要。服务对象为单户授信总额 3000 万元(含)以下和资产规模 5000 万元(含)以下或年销售额 8000 万元(含)以下的企业客户。贷款额度最高可达 1000 万元,可充分满足小企业的周转需求。

简式贷办理流程如下:首先,客户提交书面借款申请及农业银行要求的有关资料,进行贷款申请。其次,农业银行进行贷款调查、审查和审批;经审查通过后,农业银行与客户签订合同文本、保证担保合同及借款凭证,办理抵(质)押登记、质物交付等手续。最后,进行贷款发放环节。

2.智动贷基本介绍

智动贷(小企业自助可循环贷款)是指中国农业银行在统一授信额度内,为客户核定一个可撤销的贷款额度,在此额度内客户可以通过营业柜台、网上银行、银企通平台等渠道自主、循环使用贷款的人民币贷款产品。与简式贷相同,单户授信总额在 3000 万元(含)以下和资产规模 5000 万元(含)以下或年销售额 8000 万元(含)以下的企业客户。该业务品种是由中国农业银行在 2010 年推出的一款基于网上银行、"银企通"平台等电子渠道自助办理提款、还款业务,提高中小企业资金使用效率且有效节省融资费用。智动贷自助可循环贷款的贷款额度根据客户提供的抵(质)押物价值和保证人的担保能力,结合客户自身因素在客户统一授信额度内斟酌增减。自助可循环贷款额度项下发生的单笔贷款最低起点为 5 万元,并且为 1 万元的整数倍。自助可循环贷款额度有效期限原则上不超过 1 年,最长不超过 3 年。额度项下发生的单笔贷款期限不得超过 1 年,到期日不超过核定额度到期日。

智动贷办理流程与简式贷略有差异:首先进行贷款申请,客户提交书面借款申请及农业银行要求的有关资料。其次,农业银行进行贷款调查、审查和审批。在通过农业银行审批后,银行与客户签订合同文本、保证担保合同及借款凭证,办理抵(质)押登记、质物交付等手续。最后是贷款账户设置以及贷款使用。

3. 商业银行业务

除涉农贷款业务外,中国农业银行还从事其他商业银行相同的业务品种,主要包括:

(1)人民币业务。中国农业银行主要从事传统的银行业务,包括吸收存款、发放贷款。该项业务已由早期局限于农业领域扩展为更广范围。除此之外,农业银行还从事中间业务,如办理国内贸易结算、票据贴现和信用证及其保证服务,等等。此外,农业银行还承担着代理证券发行的角色,从事金融债券的发行以及政府债券的发行承销和兑付等业务。当然,农业银行还从事一些渠道营销业务,如保险营销等。

(2)外汇业务。在外汇业务方面,农业银行的业务较为齐全,覆盖了外汇的存贷汇兑。此外,农业银行外汇业务体现了服务国际贸易企业的职能,推出了国际结算、外汇票据承兑及贴现等业务。为满足企业的外汇需求,推出了外汇的借汇、结汇、售汇以及外汇担保。为了满足广大投资者对外币理财项目的偏好,推出了外币有价证券(不含股票)的发行和代理发行的业务、外汇代客买卖等业务。

三、中国农业银行的改革与未来发展

(一)经营业务回归农村

农业银行的经营中心由农村转向城市,由于自身效率低下,不仅城市业务开展不顺利,而且在农村金融市场中也由于疏于经营,丧失了原有的优势和客户。客观上,农村经济的升级、社会主义新农村建设需要中国农业银行的参与。为此,中国农业银行应回归农村,加大对农村基层网点建设的投入力度。通过基层组织的建立,利用自身在资金、人力上的优势,夺回其在农村金融市场的份额。当然,根据市场机制,传统农村业务的收益低,不应成为商业银行主营业务。因此,作为商业银行,中国农业银行需要政府财政支持,完成其经营业务回归农村的过程。基于这种分析,经营业务回归农村是中国农业银行值得一做的事情。

(二)中国农业银行市场化改革特殊性

鉴于中国农业银行的特殊地位,其改革模式不能完全照搬一般商业银行的经营模式。应当看到,中国农业银行有别于其他股份制商业银行,因为它并不能完全摆脱政策性业务。它也不同于农业发展银行等政策性金融机构,因为它的业务并不全是政策性的。所以首先要给予中国农业银行恰当的定位。中国农业银行在承揽政策性业务时应定位为省级金融机构,因为在国家金融战略布局中,中国农业银行是起承上启下作用的重要金融纽带。对上承接政策性金融机构农业发展银行的业务,执行国家农业政策;对下支持县域经济发展和新农村建设。此外,涉及一般业务时,还需将中国农业银行作为县级金融机构的补充,以提供多层次金融产品和全面金融服务。

(三)创新金融工具

中国的农村金融市场缺乏金融创新。相对于其他传统型农村金融来说,中国农业银行无论资金实力还是员工的学历都是最高的。因此,农业银行有能力推出适合于农村情况的金融衍生产品。在创新金融工具时,有两种思路:一种是组合,即将我国农村金融市场中分散的金融需求聚集起来,通过对不同的金融工具进行组合,解决农村金融市场一般需求的问题。另一种是分拆,即将我国农村金融市场中的金融需求进行拆分,通过对不同的金融工具进行分割,解决农村金融市场一般需求的问题。例如,目前可以考虑将长期、大额、利率较高的商业贷款拆分为短期、小额、有一定利率优惠的农业贷款,解决农户短期资金需求的问题。

第二节 农村商业银行

一、城市化背景下组建农村商业银行的意义

城市化背景下,组建农村商业银行是市场导向的必然选择。随着我国工业化和城市化的纵深发展,经济发达地区的农村与城市必将融为一体,原有的农村信用社的机构设置显然不能适应这一转变的要求,将被综合化的商业经营模式取代。组建农村商业银行,正是为了适应城市化发展趋势,具有现实价值和长远意义。

农村商业银行(以下简称农商行)是一种新型的农业金融机构。它的诞生标志着金融管理当局对服务"三农"的新机制和新模式的积极探索。传统的信用社只能面向农村用户,主要经营贷款业务。而作为一种新型金融机构,农商行的业务经营范围将不再受服务地域和服务对象的限制。在服务对象方面,不再仅仅局限于农村用户,而是进行了极大的拓展。例如,现在中小企业遭遇融资难的困难,而规模较大的金融机构缺乏中小企业贷款产品,且融资成本高、效率低,无法满足中小企业的贷款需求。另外,由于自身条件的限制,农村商业银行在高端客户领域的竞争力严重不足,只能退而求其次,选择中小企业贷款作为主营业务。综上所述,向中小企业融资就成为农村商业银行的必然选择。而中小企业的融资需求也只能由农商行来满足。再比如,原有的农村信用社业务是不面向城市居民的,农商行的建立使农村金融机构也可以吸收城市居民存款,这无疑促进了城市资金回流到农

村,为农村发展提供资金支持。

成立农商行的意义还在于对农村金融机构的商业化改制。传统的农村金融机构,例如,信用社,经营机制较僵化,监督机制缺乏,抗风险能力弱。农村商业银行仿照现代商业银行的有关规则运行,建立"一级法人、统一管理、授权经营"的商业银行经营管理架构,引入严格的授信授权机制、信贷责任机制、成本效益机制、风险补偿机制,使激励与监督机制更加有效,其竞争力和抗风险能力得到进一步增强。

此外,成立农商行还有利于减少地方资金流出和增加支农资金。组建农商行后,由于银行的业务经营范围将不再受服务地域和服务对象的限制,所以其吸收存款的能力将会增强。传统的农村信用社由于体制问题,存在着只存不贷的现象。这造成了农村金融机构的资金流向城市的结果。组建农商行后,不但能防止农村的资金流向城市,还能使城市资金回流到农村,真正实现了资金支农的作用。

二、农村商业银行简介

(一)农村商业银行的资金来源

农商行的资金来源主要有以下几项。

首先是股权融资。例如,重庆农村商业银行已经开始在香港上市融资,并且业绩良好。一些农村商业银行还要引入战略投资作为新的资金来源。

其次是债权融资。除了发行普通的金融债券之外,一些农村商业银行还发行了次级债券。例如,广州农商行根据对核心资本净额的预计、监管当局银行资本充足率的监管标准以及自身业务的发展,拟发行金额不超过35亿元次级债。

再次是政府出资。为了将农村信用社改造成农村商业银行,在中央银行资金支持政策的激励下,地方政府积极出台配套政策,主动帮助农村信用社催收债务、进行产权改造和建立法人治理结构。农村信用社也不断加强自身经营实力,完善产权结构,完成了从信用社到农村商业银行的过渡。

最后是吸收存款。这是农村商业银行资金来源的主体,区别于以前的信用社,农商行的贷款不仅来源于农村地区,还来源于城市。

(二)农村商业银行的服务对象

在我国人口中,农民占了大部分,因此支持农业、农村经济发展和促进农民致富的三农政策历来是党和政府的工作重点。对于农商行等地方性金融机构,中央更是将其定位为"联系农民的纽带""支持农村经济和农业发展的主力军"。与其他金融机构相比,农商行实力相对较弱,要想生存和发展,就要走特色化经营之路。对于涉及面广、数量大的中小企业和农户,大银行限于主观和客观因素无法涉及,这就为农商行提供了巨大的生存空间。农商行的"三农"服务对象,虽然具有贷款规模小、管理成本高、利润较低等弱点,但也具有风险分散、定价能力强、便于控制等优点。近年来,农商行走出了农村开始布局城市网点。随之,其服务对象不仅限于农民和农村中小企业,同时还服务市民和城市中的中小企业。

(三)农村商业银行的资金运用

农商行的资金运用有其自身特点。首先,用途主要为小企业和三农。例如,北京市农商行开通了贷款绿色通道,此类通道为小企业专属,贷款额度小且手续简单,有国内知名担保公司提供贷款担保。另有农民专业合作社贷款,具有贷款类型广泛,担保方式多样、期限灵活等特点。又例如,江苏吴江农商行通过年初集中授信、分期滚动授信、年中临时授信相结合的办法,简化授信手续,满足农户及中小企业"随用随贷"的要求,并推出贷款、结算、上门、领现、延时服务等承诺,实行营业窗口全年无休。其次,贷款具有多样性、短期性、小额性、简便性的特点。

(四)农村商业银行的风险管理

因为是股份制商业银行,农商行的各项经营指标必须按照股份制商业银行标准执行。因此其风险管理制度也比照中国农业银行执行。但需要注意的是,与中国农业银行相比,脱胎于农村信用社的农商行的商业属性较弱,风险管理的水平也较低,内部风险管理体制尚不健全。鉴于上述原因,由于内部风险制度的不规范、不落实便会给农商行造成重大损失,这是值得注意的。

(五)农村商业银行的组织架构

农村商业银行的组织架构多样,不一而足。因此,下面仅以北京农村商业银行的组织架构为例,对农商行的结构进行简要介绍。根据现代股份制商业银行经营管理和职能分工的要求,北京农村商业银行结合实际建立了全新的组织架构。股东大会为最高权力机关,选举产生董事会和监事会;董事会受到监事会监管;董监事会间以董事会办公室作为连接纽带。董事会下设审计委员会、风险管理委员会、关联交易委员会、战略委员会、提名委员会、薪酬委员会。董事会选举产生经营管理层,负责运作农商行日常经营事务。由此可以看出,北京农村商业银行已经形成各职能部门分工协作,各负其责,既相对独立,又有机联系,初步形成市场化的商业银行运作机制和科学的法人治理结构。

(六)农村商业银行的监管

由于农商行属于地方性金融机构,其主管单位为银监会在各地的分局,但是,一旦农商行发生波及面较广、数额较大的金融违规案件,银监会也会介入调查。

例如,在 2009 年,北京农村商业银行曾爆出 4.6 亿元骗贷案。该案最早源于一起举报。一位想要办理住房按揭贷款的客户突然发现有人盗用自己的信息在北京农商行办理了假按揭,遂向北京农商行的主管部门北京银监局举报。北京银监局接到举报并核查属实后,立即责成农商行纠正并开展自查。由于涉及数额巨大,影响面较广,银监会和北京银监局共同组成的调查工作组进驻北京农商行进行调查。监管部门组建调查工作组进行彻查,并意图以此来推动北京农商行建立健全风险控制机制以及法人治理结构,重塑一个更加健康的北京农商行。

现在也有人提出,农商行不同于大银行,因此要建立健全差异化的监管制度,有必要在统一框架监管之下针对服务"三农"和小企业的特殊领域来构建差异化的体系。

(七)农村商业银行的业务和流程

农村商业银行对中小企业的信贷支持,首先是在贷款投向上,为中小企业在不同成长阶段的融资需求,提供相应的金融产品和服务,既有短期流动资金贷款,又有一年以上中长期固定资产贷款。其次是根据中小企业的不同融资需求制定相应的客户信贷政策。对质押物的拓展就是这样一种尝试,农商行积极开办专利权、商标权和其他物权质押;对拥有先进技术及良好市场前景的中小企业积极提供各种信贷支持。再次是从融资平台建设入手,不断扩大对中小企业的服务面。寻求各级政府、科技园开发区、行业协会等组织的支持,互相合作,搭建各类融资信用平台,通过平台建设扩大中小企业的融资面。例如,通过积极开展与担保公司的合作,不断将中小企业的融资服务引向深入。最后是农商行审批权限实行授权管理,加速审批效率,要适应中小企业迫切的融资需求。

1.农村工商业贷款

农村工商业贷款的发放对象是农村工业、商业企业发放的贷款,对贷款对象的要求是经营正常、信誉良好、具备履约能力,在农商行开立账户的农村工商企业。该种产品涵盖广泛,包括流动资金、项目贷款,贷款期限灵活,可采用抵押、质押、保证及组合担保等多种担保方式。

该贷款办理流程极为简单:第一步,农商行受理客户申请贷款,客户提交书面申请及相关资料。第二步,农商行对申请人及申请事项进行调查审查,对申请的客户按审批流程及权限审批。第三步,对通过调查和审查的客户,农商行与其签订借款合同,落实相关担保措施,在授信额度内,审核无误后,办理出账手续。

2.小企业贷款绿色通道

小企业贷款绿色通道是对经首创担保公司出具同意担保函,即"小企业担保贷款绿色通道项目同意担保通知书",由农业发展银行审核,贷款额度在300万元以下的贷款,农业发展银行通过小额贷款绿色通道加快完成审批程序。

该项产品的适用群体包括有流动资金贷款需求的科技型、流通业小企业和能够提供更多就业机会及税收的涉农小企业。产品特点是贷款额度小、审批速度快,适用于小企业紧急的小额用资需求。

3.新农村建设贷款

"新农村建设"贷款是农商行为借款人从事农村环境整治、旧村改造、资产量化、非营利性固定资产投资、一般基础设施建设和新农村"五项基础设施"建设等项目所提供的融资。这是为了贯彻党中央建设社会主义新农村的政策和适应社会主义新农村建设的新需要而设立的专项贷款,此项贷款有助于进一步推进农村经济体制改革。该产品的服务对象一般为乡镇、村农工商公司及全资子公司;专门成立的项目公司或与乡镇政府合作的房地产开发公司以及区县政府指定的融资主体。

在办理流程中,前几部分是与农村工商业贷款相同的,不同的是该项贷款增加了贷后管理环节。

该产品由行业协会负责筛选优秀企业并组建成立风险担保基金,由基金成员组成联保组开展联合保证担保,由农商行向符合条件的小企业提供发展所需资金的授信业务。基于企业自身担保弱化的事实,推出此项产品的目的是解决企业长期的融资需求。在产品运行的过程中,充分发挥行业协会的作用,进一步降低银行的贷款风险。

该业务办理流程是:经办行受理后进行调查,之后直管支行授信审批部进行审查,通过审查后,由直管支行审批(超审批权限的上报总行审批),贷款审批后各级资产风险管理部门负责贷款出账审核,贷款发放由经办行进行贷后检查。

三、农村商业银行存在的问题

当前,农村信用社改制为农村商业银行的工作取得了一定成果,但由于脱胎于农信社,农村商业银行不可避免地存在一些问题。

(一)农村商业银行存在着的政策方面的负担,政策扶持不到位

农商行是传统型的农村金融机构,但是承担着许多国家在支农、扶农方面的政策负担,在支持"三农"建设上都贯注了许多政策性的因素。但是,国家没有对农村商业银行制定一些扶持政策,使得农村商业银行没有得到政策优惠或优惠甚小,还承担着沉重的营业税、所得税等,高风险、高成本、低收益,同时农村商业银行要按照股份制商业银行的经营指标标准执行,农村商业银行只能在县域以下设立营业部,在县级以上的城市基本没有分支机构。这就使得作为商业金融机构的农村商业银行的权利两头落空:承担政策性业务而并未享受到政策性优惠,反而被当作商业金融机构严格监管。

(二)法制建设不完善,农村商业银行没有有效的法人治理结构

农商行按要求已经建立起一套现代银行治理体系,但是在现实的运作中还没有完全落到实处。它的建立、撤并还是改革,还

都体现出政府包办性质,反映出政府的意志,而没能显示合作金融的真正内涵。我国的合作金融还没有一套完整的法规制度,农村合作金融方面的改革缺乏权威的法律作为保障,难免造成改革的随意性与盲目性。按照现代企业的经营原则,银行的管理者要由股东来任命,但是目前农商行高管的任命权还有相当一部分是掌握在上级手中的。董事长候选人应该由董事会提名,但是省联社却有提名权,就是即使按章程由董事会选举或任命,也要报省联社核准同意。这就和真正的现代银行法人治理体系有差距,既导致农商行缺乏经营自主权,也不利于战略投资者的引入和银行的长远发展。

(三)农村商业银行在监管方面缺乏针对性

目前农商行更多的是依据一般商业银行的监管标准,缺乏对农商行特殊性的认识。农村商业银行在服务农村方面,传统信贷业务仍主要为其盈利途径,信贷规模的增长始终比盈余公积的增长得快,目前鉴于监管当局对农村商业银行资本充足率必须保持10％以上的明确要求,使得农村商业银行受到的资本监管约束越来越严重。

(四)农村商业银行面临着激烈的市场竞争

城市经济的高速发展吸引了众多金融机构,尤其是具有资金和规模优势的全国性商业银行的进入,使得金融市场竞争变得异常激烈。在北京、上海、广州等金融中心,内外资银行的介入使金融市场的竞争愈发激烈,农村商业银行的生存空间很小,这是有目共睹的。即便在一些二、三线城市,农商行的传统客户也在大面积流失。一些传统客户由于得到农商行的融资,规模有所扩大,而农商行的小规模经营便难以继续满足其资金需求。这些企业会转而求助于大型国有商业银行或全国性股份制银行,农商行便因此失去了发展的有利机会。

四、农村商业银行进一步改革的对策

(一)进一步改革农村商业银行的法人治理结构

要想取得改革的成功必须正确处理两个关系。首先是控股股东和中小股东的关系。这一关系需要通过股东多元化来实现。农村商业银行在实现相对控股地位的情况下,应尽量吸纳新的中小股东,提供治理激励。其次是正确处理省级信用联社与农村商业银行之间的关系,其目标是使农村商业银行享有完整的经营自主权。

(二)通过政策的支持和优惠为农村商业银行服务三农提供便利条件

目前的政策支持的重点与农村商业银行的经营实际不相适合,对其农村属性的片面强调无疑严重限制了农村商业银行在城市的发展空间。另外,作为中小银行,农村商业银行在与大银行的市场竞争中处于不利地位,因此农村商业银行又具有中小银行的特点。为了使政策支持落到实处,需要根据农村商业银行的自身中小银行的特点与农村地区的实际金融需求来进行有效的辅助和支持。例如,根据农村发展的实际,在资金、利率、税收等政策方面给予农信社以优惠政策,并用法律形式予以规范。所有这些都有赖于农商行准入条件的放宽,唯其如此,其规模、产权制度、业务性质等才能真正有所变革,才能更好地服务三农。

(三)鼓励农村商业银行实施跨区域发展,建设公平竞争的环境

跨区域经营是农村商业银行规模增长与业务扩张的结果,但也有利于金融资源的合理配置和地域性系统风险的降低。监管部门与地方政府要支持、鼓励农村商业银行跨区域经营,帮助解决由此产生的经营资源不足和风险防范等一系列问题。全国性

的金融基础设施建设,比如中小银行的资金清算与汇兑系统,也是跨区域经营的一个重要前提条件,是保障公平市场竞争的有力措施,要高度关注。

(四)为农村商业银行的融资创造条件

资金不足严重限制农村商业银行的发展。贷款集中度上升,金融风险不能得到有效分散,增加了农村商业银行的经营风险。政府一方面要给予农村商业银行财政支持,另一方面也应设法帮助农村商业银行自己解决资本金不足的问题。农村商业银行自身也应努力转变身份,通过发放金融债券和上市融资等手段参与到全国性金融市场竞争。实现这一目标的途径就是加强农村商业银行自身建设,改善农村金融环境。完善的农村信用体系建设和法律体制是农村商业银行有效融资的条件。由于农村商业银行还存在着地位不独立、容易为地方政府左右等特点,只有通过立法明确农村商业银行与政府的关系,才能维护农村商业银行独立经营的地位。因此,政府要通过立法,对农村商业银行的产权组织形式、融资渠道、经营模式、管理模式、职能作用等加以明确。

(五)农村商业银行应提升从业人员的能力素质

农商行应建立健全完善的聘任机制,按照公开、透明原则择优选拔人才。要增加用人选人的透明度,避免暗箱操作,为真正有能力的人才提供公平竞争的良好环境。银行应重视对在职人员的培养和培训,根据银行自身特点,建立起一整套的人才培养计划和实施方案,深入挖掘现有的人力资源。银行应建立激励机制,通过技能考核,将技能考核结果与绩效工资挂钩,激励员工学习的积极性,促进从业人员素质的提升。银行应建立与有关培训单位的合作机制,定期输送单位的业务骨干进入金融院校进行继续深造,以提高银行管理者的管理水平和业务能力。

（六）农村商业银行应加大创新力度，扩展业务品种，积极开展业务创新

由于农村商业银行脱胎于信用社，其业务比较简单、创新程度低。为了适应市场化的发展，我国农村商业银行应将业务创新作为银行经营利润的增长点。例如，北京农村商业银行在加大支农资金投放的同时，积极创新支农产品，改善服务质量。北京农村商业银行还正式取得人民银行、财政部批准的凭证式国债承销团成员资格。在开办代理销售凭证式国债业务的同时，北京农村商业银行的营业网点还提供配套服务，诸如凭证式国债兑付、挂失、查询、开立存款证明及质押贷款等相关业务。这极大地方便了客户，也为银行发展创造了良好的条件。

第三节　农村信用社

一、我国农村信用社的发展历程

农村信用社于 1951 年建立，共经历了三个阶段：第一阶段是改革开放前，这一阶段的农村信用社的性质定位并不明确，兼有合作金融组织和政府行政机构的双重性质。20 世纪 50 年代初期，农村信用社由中国人民银行统一管理，五六十年代其管理权先后下放至人民公社和贫下中农，70 年代重新由中国人民银行管理。第二阶段是改革开放以后至 2003 年改革前，政府针对其性质不明的问题，明确农村信用社应具有合作金融组织的性质。从那时起，农村信用社成了农村金融机构的基层组织，并受中国农业银行领导。1996 年，农村信用社又改为由中国人民银行直接领导，此时农村信用社的经营问题有所凸显。第三阶段为 2003 年改革后至今。在 2003 年，农村信用社在产权制度等方面有了新

的重大突破,明确农村信用社产权,完善法人治理结构,在管理权方面,农村信用社管理下放至地方政府管理,但由中国银监会统一监管。

二、农村信用社简介

(一)农村信用社资金来源

农村信用社的资金来源主要包括资本金、存款、金融市场筹资三个部分,此外,有的还包含合作社成员缴纳的股金。资本金是指企业在工商行政管理部门登记的注册资金。其中法定资本金是农村信用社注册成立时所需的注册资本最低限额。农村信用社起初具有封闭性,主要从信用社社员中获得资金,后随着经济发展,渐渐扩宽融资渠道,现在农村信用社的资金来源渠道已拓展至金融市场,与商业银行差异不大。

(二)农村信用社的服务对象

传统的农村信用社是由农民和农村的其他个人集资联合组成,以互助为主要宗旨的合作金融组织。所谓互助是在民主选举基础上由社员指定人员管理经营,并对社员负责。因此,农村信用社的服务对象主要为有融资需求的农村中小企业和农户,主要是合作社成员,业务手续也较简便灵活。

随着农村信用社的商业化水平不断加深,其服务对象逐渐转变,由农村扩大到城市,由中小企业扩大到大型企业,其服务对象已突破传统的会员领域。

(三)农村信用社资金运用

农村信用社能有效满足"三农"资金需求的频繁性和数额低的要求。此外,农村信用社的资金用途还包括实现自我发展。

在支援三农发展方面,农村信用社一般将贷款投向发展现代农业所必需的领域,如规模种植、规模养殖、农产品深加工企业、农业合作社、农业机械化等。而一些农村信用社对效益好、还款能力强的社员进行考察审批,最高贷款额度可突破 30 万元。

在实现自身发展方面,农村信用社通过增资扩股扩大自身规模和压降不良贷款扶持资金的使用。并且留存一定的机动资金,作为防范化解金融风险准备金。

（四）农村信用社风险监管

农村信用社的风险特征与商业银行相比,其主要体现在信用风险和治理风险上。

所谓信用风险是指贷款企业或个人未能及时足额偿还信用社贷款的可能性,它是金融风险的主要类型之一。从信用风险来看,农村信用社的贷款风险要高于银行。农村信用社的服务对象一般是普通农户,大多无力提供常规抵押品。为此,农村信用社采用替代性方式来确保借款者还款。例如,借款者的信用记录或者采取农户联保的方式遏制不良贷款的发生。

所谓治理风险包含以下几点:首先是委托代理风险。委托代理风险是指,信用社的所有人和经营人的利益并不一致,所有者追求的是公司利益最大,而代理人追求自身利益最大化,这必然导致两者的利益冲突。其次是股东之间的利益冲突。其中比较突出的是一股独大的现象,比如大股东利用其在公司的优势地位侵犯小股东的利益。从治理结构来看,对由社员出资构成的农村信用社中,社员股金所占比例很少。在农村信用社赖以运转的资本中,小股东农户社员的地位无足轻重。对于社员来说,他们的利益易受到大股东的侵害,其中比较突出的表现形式是关联交易。

（五）农村信用社组织框架

由于各地区实际情况不相同,农村信用社的组织架构也不尽相同,其组成大体如下。

社员代表大会由本社社员代表组成,是信用社最高权力机构。

信用社的理事会是社员代表大会的常设执行机构,它的主要工作包括:审定农村信用社的发展规划、经营方针、年度业务经营计划;聘任和解聘农村信用社主任、副主任;审议农村信用社的工作报告;批准内部管理制度以及各职能部门和分支机构的设置方案;拟定年度的财务预、决算方案、利润分配方案、弥补亏损方案以及其他重大事项的计划和方案,履行章程所规定的和社员代表赋予的其他各项职权。

监事会是信用社的监督机构,主要职权如下:派代表列席理事会会议;监督信用社执行国家法律、法规、政策;对理事会决议和主任的决定提出质询;监督信用社经营管理和财务管理;向社员代表大会报告工作;履行章程所规定的和社员代表赋予的其他各项职权。

(六)农村信用社的监管

中国人民银行总行和银监会负责农村信用社监管。可以看出,我国银行监管系统特别注重对于涉农金融机构的监管。对信用社的监管,也涉及以下两方面内容。

首先是加强对农村信用社资本金的核实。农村信用社的注册资本是抵御风险的重要凭借,但是现在某些信用社出现了注册资金不实的情况,这极大地限制了其抵御风险的能力。监管部门通过加强对农村信用社资本金的核实,更有效地落实农村信用社的注册资本,抵御潜在风险。

其次是加强对农村信用社不良贷款的监控,督促农村信用社降低不良资产。监管部门一般将银行信贷资产分为五类:正常、关注、次级、可疑、损失。所谓不良贷款主要指次级、可疑和损失类贷款。通过明确划分信用社贷款等级,可以增强农村信用社抵御风险的能力。

(七)农村信用社业务特征

区别于普通的银行机构,农村信用社的业务特点是服务三农,立足社区的银行,主要面对的客户是广大的农民。其业务以吸收存款发放贷款为主,还包括网上银行业务、电话银行业务,甚至按揭贷款业务都没有涉及或很少涉及。近年来,为解决微小型企业、个体工商户、小企业主和工薪族等创业与消费贷款难,一些农村信用社做了业务的拓展和创新。例如,四川省信用社推出"惠商贷""惠薪贷"两个系列产品,涉及商户信用保证贷款、房产抵押贷款甚至包括公职人员贷款。所谓商户信用贷款是指信用社以商户的信誉作为担保发放的贷款,除此之外,借款人不需要任何担保。所谓房产抵押贷款是指住房抵押贷款,是指借款人以拥有所有权的住房和其他财产作为抵押或质押,金融机构据以提供的贷款。所谓公职人员贷款是指面向党政单位在编公职人员发放的主要用于其创业、消费的信用贷款。这些产品的限额、期限以及还款方式都很灵活,可结合客户自身资金特点选择,向农村信用社提交借款申请后,在很短时间便可获得贷款,简便快捷、量身订制,极大地减轻了借款人的负担。

(八)农村信用社贷款

一个时期以来,三农贷款是社会热点问题。面对三农融资难题,一些地方的金融机构创新融资途径,成立专门机构,量身打造方案,支持其发展。例如,某些农村信用社成立了专门的农村中小企业金融服务中心,为农村中小企业的发展提供"一站式"金融服务。借款者还可根据自身需要,灵活选择信贷品种。不仅如此,一些地方的农村信用社还与行业协会或管委会签订战略合作协议,合作完成三农贷款项目。

三、农村信用社制度变迁及其影响

由于农村信用社定位不明,其经营状况受政策影响起伏不定。从 1979—1996 年,农村信用社由中国农业银行领导和管理,这两类金融机构的业务有交叉,它们之间一直存在着一些矛盾。1997 年农村信用社又由人民银行管理,至今由省级政府管理,银监会对信用社进行金融监管。在这个漫长的发展过程中,农村信用社的性质定位并不明确。它扮演过政策性金融机构的角色:例如,执行行政指令向乡镇企业发放贷款、对乡政府直接发放贷款等;又扮演过行政角色:例如,有的信用社曾作为地方政府的小金库;还扮演过金融组织的角色:有些信用社成了农业银行的基层机构。由于定位不明,农村信用社经营状况恶化。1989 年储蓄保值形成的额外支出,及接收合作基金会时带来的大量呆账,这些都形成了农村信用社的沉重包袱。进入 20 世纪 90 年代,农村经济环境严重恶化,大多数乡镇企业难以为继,农业产量增速放缓,农村信用社业务受到挤压。2003 年,在明确产权和管理权后,国家又给予农村信用社一定的资金支持,并有选择地实行浮动利率政策,提高农村信用社经营的灵活性。经过改革,农村信用社有了明显的改善。农村信用社的不良资产得到了妥善处理,股份制架构也已形成;信用社采用商业银行标准对资产进行分类,使风险管理制度化;明确了省级地方政府对所辖信用社的直接监管责任以及银监会的统一监管责任。

四、农村信用社的改革与未来发展

2000 年以来,以"明晰产权关系、强化约束机制、增强服务功能、国家适当扶持、地方政府负责"为宗旨,农村信用社进行了新一轮改革。

(一)因地制宜地明确法人治理结构

所谓法人治理结构是指公司内部股东、董事、监事及经营层之间的关系。虽然自 2003 年起,农村信用社开始改革,但由于历史积弊严重,一些方面还有待加强。产权关系的明确有赖于法人治理结构的完善。农村信用社改革不是"一刀切"式的改革,因为在农村经济发展程度不同的地区,农村信用社的发展状况也是不一样的,相应地,当地农户的需求也是不同的。我国农村经济发展不均衡、金融需求不一致。例如,在组织形式上,经济较发达地区的农村信用社可以进行股份制改造,而经济相对落后的可以继续实行乡镇信用社等体制。这样农村信用社可以因地制宜,选择适合自身实际的法人治理结构。

(二)政府资金支持促进改革

鉴于农村信用社的积弊,政府通过财政补贴、减税等手段帮助农村信用社处理不良资产以及进行股权改革。长期以来,我国农村信用社的大部分募股资金来源于农民,由于我国农民收入水平低,故而信用社的股权资金缺乏,且来源较分散。这种情况不利于农村信用社的现代公司模式的构建。因此,政府资金有助于改善信用社的经营模式,这一过程中农民成了直接受益人。

(三)改革可能造成政企难分

国家适当扶持、地方政府负责这一原则虽然明确了农村信用社的责任主体,但客观上造成农村信用社的金融资源几乎全部由省级政府支配。因此,在改革过程中,信用社独立的商业地位并未得到确认,反而由于地方政府负责,政企难分的情况会更加严重。这种情况具体表现在内部治理结构上,各部门负责人均由官方指派,有效的监督体制和制衡机制难以建立。

第四节　中国农业发展银行

一、中国农业发展银行的成立意义

由于在政策性业务和商业性业务不能做到完全分账户经营

的情况下,同一组织兼营政策性和商业性业务,会导致目标冲突,阻碍政策性业务的开展,因此,成立中国农业发展银行、建立我国农村政策性金融的意义不仅在于粮棉油的价格支持、流通组织的贷款和扶贫体系上,更重要的是在农业综合开发、基础设施建设、生态环境保护等方面的重要作用。中国农业发展银行成立的意义主要在于为农业、农村、农民提供信贷支持,有力促进农业和农村经济结构调整。

(一)农发行的成立为我国农村基础设施建设提供资金支持

我国农业基础设施相对落后,而农村又缺乏资金进行基础设施的更新和升级,这严重阻碍了农业产业的战略性调整。作为农业政策性银行,农发行的建立可以为科技含量高、市场潜力大的农产品加工项目建设给予信贷支持。例如,为农田水利、灌溉项目等农业基础设施建设提供融资支持。

(二)农发行为农业发展提供资金支持

粮棉流通体制改革业已完善,随着其市场化经营进程的不断加快,农发行的主营业务也相应转移。其中的一个重要业务是对农业龙头企业给予信贷支持,特别是对增收效果好、发展潜力大、信用高的龙头企业的信贷支持。此举的主要目的是对农产品的品种、品质进行结构调整,以提高其质量和商品率。同时,这一举动也是响应以科技为先导,推广开发名优特新产品,提高农副产品加工、保鲜技术及规模化生产能力的号召,进一步促进发展深加工和精加工基地,提高我国农产品在世界市场上的竞争能力。

(三)农发行的建立有助于对农业资源的保护

目前,我国农村生态环境的总体形势不容乐观,这极大地限制了我国农业的发展。生态环境改善项目,如土壤改良、防沙治沙、农田水利建设均是长期性投入。这些项目具有明显的正外部性,应有政策性信贷提供资金支持。作为政策性农业银行,农发行责无旁贷。例如,在继续推进西部大开发完善水土保护,以及退耕还林等生态环境建设方面,农发行的政策性资金发挥了重要作用。同时,在控制风险的情况下,满足企业需求,农发行也通过资金支持,促进龙头企业节能减排和发展战略的调整。

二、农发行风险管理

为了控制贷款风险,农发行在贷款的事前、事中、事后的流程都进行了严格的规定。农发行对贷款对象、贷款用途和贷款条件进行了规定。该行规定只有符合信贷业务条件的客户才可申请商业性流动资金贷款。

对贷款用途,农发行规定商业性流动资金贷款主要用于满足借款人的正常生产、经营过程中购进物资、支付运行成本和费用等流动资金性质的合理资金需求。在贷款条件方面,农发行商业性流动资金贷款的借款人有着严格的规定,除具备《中国农业发展银行信贷基本制度》规定的条件外,还在借款用途、从事借款相关行业的资质和能力、财务和信用状况、配合信贷调查及贷后管理、信用等级、自营进出口权特定外汇用途等方面对借款人有诸多规定。

为了控制风险,农发行还对贷款额度进行了限制。商业性流动资金贷款被纳入统一授信管理,将借款人实际信用控制在最高综合授信额度以内。在办理单笔贷款时,应在借款人的可用授信额度内,根据其实际资金需求确定具体贷款金额。

为了降低风险,农发行规定商业性流动资金贷款一般应采用担保贷款方式。并且信用等级在 AA 级(含)以上或满足总行特别规定条件的借款人,可发放信用贷款。中期的商业性流动资金贷款以及循环贷款均只能发放担保贷款。特别规定各级行应建立贷款风险分析制度,定期对辖内商业性流动资金贷款的风险状况、客户发展变化、风险防控重点等进行分析。

在贷款资金运用过程中,借款人的一些违规行为将被监控。

首先在借款人方面,擅改借款用途、经营或财务状况发生重大不利变化(财务指标超过了标准)、未能按照借款合同约定支付到期贷款本息、未按合同约定事先通知并经同意,而发生可能对其资产、资本、组织形式、生产经营等情况构成重大不利影响的行为和情况以及向农发行提供虚假财务报表或其他生产经营资料或无正当理由拒绝或阻挠农发行对其进行信贷检查监督等。

推行贷款风险重大事项报告制度,建立大额风险贷款跟踪监测制度,加强担保贷款监测管理,落实不良贷款跟踪约谈和通报制度,推进不良贷款问责,有效提升风险贷款监测预警水平。

其次,农发行还规定,首次跟踪检查和专项检查一般应形成检查报告。对贷后检查中发现的影响贷款安全的重要事项,检查人应及时汇报其部门负责人及行长,研究应对措施并形成专题报告,报上级行,必要时应报贷款审批行。

此外,农发行还进行了如下风险防范与化解措施,主要包括:停止发放贷款;要求借款人限期整改,并监督其整改情况;要求借款人提供或变更担保,且必须经农发行认可;按规定或约定向借款人收取加罚息、违约金等;提前收回贷款或收回向借款人提供的部分贷款;诉诸法律、政府协调、媒体曝光等手段促使借款人消除违约行为的合法措施。

三、对政策性相关农业银行的监管

中国农业发展银行的总行受到中国银监会的监管,各地区的分支机构则受到各地的银监局的监管。这其中包括银监会对开展业务的审批,例如,银监会批准农发行开办粮棉油产业化龙头企业和加工企业贷款业务;分支机构的设立审批,如前所言;对违规经营业务的查处,例如,省级银监局对农发行省分行营业部的违规经营行为的查处和监管。

四、农发行业务介绍

(一)农业发展银行的业务范围

在粮食流通体制改革之后,农业发展银行的业务范围不仅包括粮油收购融资,还包括开办农村综合开发等长期贷款,经营农村扶贫贷款的发放以及农田水利基本建设的资金投入。发展趋势是为所有涉农项目进行贷款,对农村大中型企业的融资服务以及对有发展前景及技术含量的中小企业的贷款服务。现阶段,中国农业发展银行的业务总结起来就是"一体两翼"。所谓一体,指的是传统业务收购与储备;两翼是指农业发展银行近年新拓展的两项商业性业务:农业产业化经营和农业农村中长期贷款业务;中间业务补充了以上三类业务,形成了多方位、多层次的支农格局。

(二)农业发展银行的业务发展及特点

自 2005 年以来,农业发展银行的新业务和传统业务均发展快速。截至 2008 年年底,共支持农村基础设施建设贷款 1235 亿元、农村基础设施项目 1550 个、农村龙头企业和加工企业贷款 1292 亿元。同时,传统业务也有很大发展,2006 年年末发放粮棉油贷款量比上一年增长 25%。

中国农业发展银行原是具有深厚政策性色彩的银行,但近年来逐渐过渡为以政策性为主、商业性为辅的金融机构。中国农业发展银行的商业性不仅体现在经营上还体现在管理上。首先其内部管理包括五个部分,即完善绩效挂钩考核体系、推广应用信贷管理系统、推进收入分配制度改革和岗位绩效考核、推行财会主管委派制和综合柜员制、启动职工持证上岗等制度。这些管理内容是农发行为适应自身业务商业化转换做出的一系列改革。由于近来农发行业务范围不断扩大,农发行的政策性功能被保留的同时又增添了一些商业性功能,这些功能体现在其涉农项目的融资业务中。

中国农业发展银行的商业性还体现在风险控制流程上。农发行的风险防范采取了分账管理方式。对于政策性贷款,由国家财政部门负责监管;对于商业性贷款,则按照商业银行的模式由银监会对其各项经营指标进行考核。

由此,农发行业务流程也被分离,形成前后台相互制衡的格局。前台负责客户营销和信用调查,后台则进行贷款审查和不良贷款风险控制。这种明晰的责任制度有助于农发行工作的开展。

(三)具体业务介绍

1.农产品收购贷款操作

针对农产品收购贷款操作的种种问题,农发行下发《关于严格规范粮油准政策性贷款管理的通知》,进一步明确了严格规范粮油准政策性贷款管理的基本准则。粮食收购资金贷款管理规范操作的规则包括:

规定各级行要贯彻国家各项粮食调控政策,确保粮食收购工作平稳顺利,避免因工作失误导致农民"卖粮难"。这一条是基于保障农民利益的宗旨制定的,目的是减轻农民负担,改善民生。

在此基础上,进一步加强贷款投向管理。21世纪头几年,粮食收购资金遭挤占挪用,并被投入房地产、中长期项目建设和证券期货市场等高风险用途的问题,农发行粮食收购信贷资金的安全无法得到保障。为杜绝上述行为,农发行提出必须做到专款专用,严禁挪用粮食收购信贷资金。作为配套措施,农发行规定贷款发放必须进入专户,而不得从基本存款账户或一般存款账户汇划和支付。发放调销贷款的,参与粮食购销的双方必须在农发行开户。

农发行不仅对贷款用途严格管理,还对贷款的发放过程进行了严格的规定,即必须按贷款条件发放贷款。粮食收购信贷资金只能够对具有收购贷款资格和条件的企业发放,近年来,农发行明显重视了客户质量,贷款对象中市级、省级龙头企业所占比例逐年上升,这条规定也说明了农发行高层对不良贷款的高度关注。此外,农发行对贷款过程的严格控制还体现在对贷款审批权限和核准过程的规范上。它规定必须按权限审批和核准发放贷款,严格禁止越权审批和核准发放贷款。

在粮食的认购过程中,农发行也做出了严格的规定。首先,要求必须核打码单等粮食收购凭证,根据粮食入库进度审核支付贷款。在购买粮食后,农发行提出必须严格执行定期查库制度,每 10 天至少核查一次,每个季度至少组织一次粮食库存全面集中检查,每半年至少组织一次县级支行间的交叉检查,每年省级分行至少组织一次辖内库存核查。而且严格规定各级领导要对本辖区开户企业粮食库存的真实性负责,责任明确到人。

在粮食销售方面,农发行规定必须"钱货两清、收钱出粮",这是为了防止由赊销形成的超期结算资金占用。具体规定粮食销售货款必须及时足额回笼。对于只在农发行融资贷款的客户,要求销售货款必须全额回笼;而从多家银行贷款的客户,其销售货款则被要求为按照不低于农发行的相关贷款及企业自有资金形成库存占其全部库存的比例来收回到农发行处。回笼货款不仅要收回本金,还要求必须收回利息,这是为了防止存款延迟收贷收息,阻碍粮食收购贷款的周转使用。

2.三农贷款项目

(1)农村基础设施建设和农业综合开发贷款业务。农村基础设施建设贷款,主要用于解决借款人在基础设施建设方面的资金需求。而农业综合开发贷款主要用于解决借款人在农田水利基本建设和改造、农业生产基地开发与建设、农业生态环境建设、农业技术服务体系建设等方面的资金需求。该项业务贷款对象要求较低,只要是合法的企事业单位或经济组织均可申请。

农村基础设施建设贷款和农业综合开发贷款的期限一般为 5

年,最长不超过 10 年。贷款利率等于或略低于同期中央银行规定的利率。农村基础设施建设贷款和农业综合开发贷款的贷款方式在确保风险可控的基础上,兼顾灵活性:既可采用担保方式,也可以对于优质客户采用信用贷款方式。这些充分体现出该项贷款的灵活性、政策性、优惠性的特点。

(2)农业相关的科技类贷款业务。中国农业发展银行所提供的农业相关科技类贷款,指的是按照国家的相关政策与规定,为了大力的支持农业、林业、渔业、畜牧、水利等相关领域的新品种、新技术、新设备、新产品等大范围的科技成果的快速转化以及向产业化改变而发放的相关贷款。

由于用途特定,其贷款对象被限制为从事农业科技成果转化或产业化生产的企业事业单位。贷款范围也被限定在属于《国务院关于印发〈国家中长期科学和技术发展规划纲要(2006—2020)〉的通知》明确提出的农业科技发展优先主题领域的科技成果的转化或者是产业化的相关项目,均可作为农业相关科技类贷款的支持范围内。相关贷款的期限设定,短期从 6 个月到 1 年不等,主要是用来解决借款人或当事人在实施农业相关的科技成果转化或者是产业化的流动过程中对于资金的急切需要。对于中长期的贷款期限一般设定为 1~5 年,此外最长则应该不超过 8 年,其目的主要是用来解决贷款人在农业生产活动中的相关产业化的包括固定资产性质(包括知识产权等)的中长期类资金的需求。

其贷款条件中具体规定了贷款对象的范围,便于操作。其中包括:列入国家或省级政府有关部门科技计划并经省级以上科技部门、行业主管部门或其指定机构鉴定的农业科技成果;通过国家或者省级政府有关部门组织评定,颁给科技成果鉴定证书、高(新)技术产品证书、科技成果推广证书、科技进步奖励证书等的农业应用科技成果;国家或者省级政府有关部门委托有关机构鉴定的特殊品质的农业科技成果;已经获得国家专利的农业应用科技成果;从国外引进并经国家或省级政府有关部门或其指定机构认定或推广的农业科技成果。

贷款利率大致为中央银行规定的金融机构同期、同档次利率。贷款一般采用担保(包括知识产权权利质押)贷款方式,但也兼顾灵活性,对由市(地)级以上政府财政部门或财力较强的县(市)政府财政部门承诺对项目或借款人还本付息的,可以采取信用贷款方式。

3.农业产业化龙头企业贷款业务

中国农业发展银行提供的农业产业化龙头企业贷款,是指依据国家政策规定,对农业产业化龙头企业发放的,用于包括流动资金以及技术改造、仓储等农用设施建设和生产、加工基地建设所需的中长期贷款。它的贷款对象被限定为经地、市级以上(含)人民政府或政府有关部门认可的,农、林、牧、副、渔业范围内的农业产业化龙头企业,均可为中国农业发展银行农业产业化龙头企业贷款对象。因为是中长期贷款,其贷款期限一般为 1～5 年,最长不超过 10 年。

贷款利率大致为中央银行规定的金融机构同期、同档次利率。贷款方式也兼顾了灵活性,为了控制风险,一般采用担保贷款;但也对信用等级在 AA 级(含)以上的借款人,采取信用贷款方式。

4.其他贷款

农业发展银行的其他贷款一般都应通过以下流程:贷款受理、申报、调查、审查和审批。

第一项是贷款受理。借款人办理商业性流动资金贷款,应向开户行提出书面申请。开户行按规定进行初步调查,并确定是否受理。该审查包括两方面:一方面是贷款人;另一方面是贷款品种。对符合信用评级的借款人,如果评级结果仍在有效期内,可直接使用该结果;如已超过有效期,则仍要进行评级。受理的借款人应符合贷款办法及具体贷款品种要求的条件,并具有合理的贷款用途和相应的偿债能力。

第二项是贷款申报。农发行受理借款申请后,应按照有关规定收集客户的相关资料并撰写初步调查报告,形成申报材料,进行申报。在整个贷款的申报流程中各部门应对申报材料进行审核,如认为贷款条件不成熟,应终止申报,并将申报材料退回。

第三项是贷款调查。负责贷款调查的部门应指定人员进行贷款调查。调查人应按照《中国农业发展银行流动资金贷款调查指引》和我行其他有关要求对借款人和贷款情况等进行调查,明确调查结论,形成调查报告。调查人应对调查材料的真实性与准确性负责,并对客户经营状况保密。

第四项是贷款审查。负责贷款审查的部门应指定人员对贷款进行审查。

审查人应根据相关制度对贷款申报资料和调查报告的完整性、合规性及贷款风险进行审查,形成审查意见。

第五项是贷款审批。商业性流动资金贷款应经有权审批行贷款审查委员会审批,符合低风险条件的贷款可不经审批。对按规定需报备的商业性流动资金贷款,应在审批后依程序履行报备手续。

五、中国农业发展银行的现存问题

(一)运行机制不完善

农发行的营运手段过于单一,仅贷款一种。事实上,担保、票据贴现等业务并未涉及。单一的营运方式使农发行自身缺乏创造资金的能力,不能实现资金上的自我循环。我国农业政策性金融机构对所经办的贷款缺乏管理的积极性,缺少控制成本、提高资金运行效率的激励。由此可见,农发行的信贷资产中出现了大量的不良贷款,经营常常出现亏损状态,资金未能有效利用,削弱了政策金融支农的作用。

(二)资金来源结构单一

农业发展银行的资金来源主要是向中国人民银行再贷款。虽然农发行也通过发行金融债券,适当降低在贷款融资比例,但一个不争的事实是再贷款融资仍然是农发行一条主要的资金来源。单一的融资渠道具有短期性的特点,而农发行贷款项目具有长期性,两者间的矛盾限制了银行业务范围过于狭窄,造成了农发行支农力度有限。发行债券融资是目前农业政策性银行最主要的资金来源形式。例如,在金融债券融资方面,融资期限大多在 5 年以下,还有一部分是 1 年以下。而农业政策性贷款一般是长期的,特别是周期较长的农村基础设施建设,周转时间一般都在 1 年以上。

(三)农发行经营机制不完善,缺乏必要的法律保障

首先,农发行尚未建立有政策性银行特点的法人结构。其次,其与政府及有关部门的关系尚缺乏相关法律法规的规范和约束。我国至今还没有一部政策性银行的法规,对资金的来源和使用情况未做出明确的规定。责权利的不明晰,加之自身经营机制不完善,使农发行面临一定的经营风险。

(四)业务发展定位不清

成立初期,农发行是完全的政策性银行,但近年来商业性业务范围逐渐扩大,但新业务的运作还不能完全基于市场机制。这主要是因为,农发行业务范围扩大后,相应的研究没有跟进,基层和员工对发展方向认识不清。由此,政策性业务和商业性业务被混淆,使银行的商业性业务承担了政策负担,这成为政策性银行发展的障碍。

(五)经营范围过窄,信贷服务规模偏小

尽管 2004 年以来,农业发展银行的经营范围不断扩大,但主营业务粮棉油的收购信贷仍占绝大部分。2007 年,农发行对粮棉油流通环节的贷款占到全部信贷资产的 95%,这显示出农业发展银行中商业性业务的辅助性地位尚未确立,信贷结构中政策性业务所占比重过大。在粮食的流通体制改革逐步深入的背景下,农发行的支农功能过于单一,相对应的是粮、棉、油等主要农产品购销主体日益多元化,这种矛盾使农业发展银行业务严重萎缩,贷款总额显著下降。不仅如此,单就绝对数来看,农发行所提供的贷款规模过小。农发行的主要任务是支援农业和农业发展,但其微小的信贷规模与我国庞大的农业产值、农产品贸易加工产值极不相称。农发行不仅在农业生产上作用有限,还在保障农民生活方面处于空白状态。受限于原有经营定位,农发行对农民生活的保障性金融服务不够重视。

(六)政策性银行的垄断地位

在粮棉油流通体制改革后,农业发展银行在政策性业务量逐渐萎缩的情况下,不断扩充对粮棉油加工龙头企业的商业性贷款,虽然商业性贷款的比重较小,但严重影响了商业银行的利益,扰乱了金融市场。这是因为,作为政策性金融机构,农业发展银行的资金主要来源于央行的再贷款。由于实证性贷款,条件极为优惠,所以这一融资渠道所占比重极大。而农业发展银行开展商业性业务,却使用政策性贷款,会导致市场竞争的不公。

六、中国农业发展银行改革与发展的思路

(一)明确农业发展银行的定位

我国的农村金融体系可以总结为"从政策性金融机构到合作性金融机构再到商业性金融机构最后到民间金融机构"的结构。原先的农业发展银行是传统的政策性银行,它已不能适应现阶段需求。农业发展银行必须向现代政策性农业银行转型。一方面,

要发挥其政策性银行的作用,要与国家宏观货币和财政政策相协调和农村金融体制改革相符合。另一方面,应按照商业银行的管理理念、经营模式来完成其支农职能。

(二)优化资产结构,提高资产质量

当前,农发行有必要改善现有资产结构、提高资金使用效率。比如,可以通过加强应收息的管理,提高对收息工作的重视程度,制定切实可行的考核办法,做到责任明确、奖惩分明;积极帮助企业促销清欠,大力改善相关企业的库存整体结构,以求降低库存成本,大幅增强顺价的销售能力;切合实际地做好相关粮食风险的基金等一系列财政补贴资金的监督与拨付工作,同时应督促相关的财政、粮棉等主管的部门及时并且分解拨付到达相应的购销企业中去,还能够及时并且足额地收贷和收息;督促与之相关的企业大力加快相关超期高价位的库存粮油的补贴与销售工作;同时积极地清收有些粮棉企业的其他不合理的资金占用情况,努力地挖掘企业内部的资金潜力;督促相关的各级财政部门、购销企业均按照相关规定及时并且足额地消化亏损的挂账,快速地归还农发行的贷款和本金;有效地防范相关企业的改制风险,以此来保证存量的资产安全;积极并主动地参与到企业相关改制方案的制定中来,做好各种债权的相关落实工作,以此来防止相关企业发生类似于逃废、悬空农发行债务的情况。

(三)加强农村基础设施的信贷力度

长期以来,农村基础设施建设和公共设施服务基本上靠农民自己和当地政府投入,国家投入明显不足。但应当看到,农业基础建设项目投资大、周期长、见效慢、风险高,地方政府不敢投入,农民无力投入,商业金融机构不愿投入,形成了巨大的资金缺口,这一缺口还是需要政策性金融予以支持。作为政策性银行,农发行为农村基础设施和生态环境建设提供资金对粮食安全、农业可持续发展、加快农村小康社会建设等至关重要。农发行的资金支持将有力地推动农村基础设施建设,诸如乡村道路建设、发展农村通信、完善农村电网、积极发展适合农村特点的清洁能源等,间接推动新农村建设。

(四)加强对农民、农业的扶持

虽然政府长期致力于对农业的资金投入支持,但财政支农资金难以满足农业和农村经济发展的巨大需求。农村经济发展的资金不仅严重缺乏,而且存在着支农资金支持结构不合理、支农资金地域分布不平衡等问题。比如,农民缺乏流动资金和购置设备的资金,难以扩大生产规模,提高生产效率;产品的开发、推广各环节都存在资金严重不足的问题;在项目开发初期,特色农产品的开发缺乏必要的启动资金和流动资金。在这些项目的开发初期,一般存在较大风险,商业金融机构都不愿介入,客观上需要农业政策性信贷资金对农业生产的重点品类和重点项目进行支持。另外,加快农业科技进步,走技术密集型、资金密集型道路,推进农业产业化经营,调整相关农业的生产结构,大力优化农业生产的相关布局,此外还应该做大相关的特色产品,做强相关的特色产业,以此来大力地促进农业的可持续发展,这些都迫切地需要相关政策性的金融机构给他们予以大力的引导和扶持工作。

(五)实现相关融资渠道的多元化

为了实现良性发展,农发行应拓宽融资渠道,强化筹资能力。首先应大力组织企事业单位存款,不断优化存款结构,降低融资低成本,努力吸收企业存款,管好开户企业的存款。其次,通过发行农业金融债券,从金融市场上筹集资金。特别是加强债券品种和发行方式的创新,提高债券发行的透明度,增强农发行债券的信用等级,不断提升其融资规模。不仅如此,还要积极利用境外筹资,参与国际金融机构和国际组织进行国际的贷款项目,特别是一些著名的国际金融机构对我国的农业项目贷款和扶贫开发贷款的相关业务。最后,可以将邮政储蓄的存款划归农发行使用,即将来自农村的邮政储蓄存款存入农业发展银行,用于拓宽融资渠道。

第五节　中国邮政储蓄银行

一、邮政储蓄相关的产生和发展

自从 1986 年恢复开始算起,邮政储蓄的发展共经历了三个阶段。

1986—1989 年为邮政储蓄发展的起步阶段。为充分利用城乡的邮政储蓄相对其他类银行来说具有点多面广的优势,在 1986 年由邮电部、中国人民银行接连并且联合发出了《关于开办邮政储蓄业务的联合通知》《关于印发开办邮政储蓄协议的联合通知》,这标志着邮政储蓄银行的正式恢复。自当年 4 月起,邮政储蓄开始在全国进行办理等业务,年底,邮政储蓄的总存款余额数仅 5.64 亿元,市场占有率仅为 0.4%。邮政储蓄银行自成立以来发展迅速。在成立的三年后,储蓄余额迅速的突破了 100 亿元,市场占有率也达到了 1.96%。位于该阶段的业务明显体现了邮政储蓄银行对中国人民银行的依赖,例如,代理人民银行办理储蓄业务、吸收的储蓄存款全部缴存人民银行、人民银行支付代办费等业务均体现了这一点。此时,邮政储蓄银行只存在存储功能而不具有贷款功能,农户一直都是邮政储蓄资金的有力提供者。

1990—2003 年 7 月期间,为邮政储蓄的快速发展阶段之一。自从 1990 年开始,邮政储蓄银行有了一定的经营自主性,它的业务也转变为了自办的模式,即邮政储蓄把相关的资金转存到人民银行中去,并且由双方最终通过协商来确定转存款的利率。在此之后的一段时间,邮政储蓄银行经历了一段十分快速的发展时期,并且储蓄余额也逐年的攀升,其中到了 2002 年,邮政储蓄的余额就高达

7000余亿元,市场占有率也达到了8.48%的高度,其中的农村储蓄存款余额数为2500余亿元,占到存款总数的34.1%。

2003年8月至今,为邮政储蓄的改革发展阶段。2003年8月1日,国家调整邮政储蓄转存款政策,邮政储蓄转存款实行新老划段,新增资金由邮政储蓄机构自主运用,还可以从事债券投资和协议存款业务,这标志着邮政储蓄机构由单纯的吸收存款,转向资产业务的市场化经营与管理。2004年5月,银监会颁布《邮政储蓄机构业务管理暂行办法》并开始实施,国家将邮政金融纳入银行业管理范围。2007年3月,中国邮政储蓄银行有限责任公司注册成立,进一步丰富和完善我国银行体系,加快推进我国社会主义新农村的建设。现在,邮政储蓄银行的市场定位是发挥网络优势,主营零售业务和中间业务,为城市和农村居民和企业提供金融服务。

二、中国邮政储蓄银行简介

(一)中国邮政储蓄银行的资金来源

中国邮政储蓄银行的资金来源大体可归为三类。

股本。就是邮政储蓄银行成立时,股东投入的资金,这个占比不大。

对客户的负债,就是个人和企业存入银行的资金,这是邮政储蓄银行资金的主要来源。它包括传统的活期存款和定期存款等业务,也包含办理结算业务的企业所存的资金、信用卡用户预存的资金等,还包括一些仿照商业银行开展的业务,诸如理财业务、托管业务、外汇业务等。

同业拆借。同业拆借是商业银行为了应付短时间资金不足而向其他金融机构的借款。作为商业银行,邮政储蓄银行也不例外。该项业务时间很短,占比很小,一般作为邮政储蓄银行的短期资金来源。

(二)中国邮政储蓄银行的服务对象

中国邮政储蓄银行的服务对象既包括企业和个人,也包括农户和乡镇企业。这一转变是由其业务范围的改变决定的。多年来邮政储蓄银行植根于农村和城市的基层,吸收了大量的个人存款。现在,邮政储蓄银行一改过去只经营个人业务的模式,服务对象拓展到企业,尤其是农村中小企业。

(三)中国邮政储蓄银行的资金用途与业务介绍

经过二十多年的发展,中国邮政储蓄银行逐步形成了以本外币储蓄存款为主要经营业务的负债业务,不断开展国内、国际汇兑和转账业务、银行卡业务、代理保险及其证券业务、代收和代付、兑付相关的政府债券、提供个人的存款证明服务及其他保管箱的相关服务等多种形式的中间业务,并开展了债券投资、大额的协议存款、银团贷款、小额信贷等相关的资产业务。从 2008 年始,中国邮政储蓄银行不仅办理个人金融业务,而且开展对公存款和对公结算业务,在全国 36 家分行全面铺开此种业务。邮政储蓄银行以发行第一张信用卡为标志,其他新业务的陆续推出,使城乡居民和企业享受到中国邮政储蓄银行所提供的更多的金融服务。

(四)中国邮政储蓄银行风险管理

邮政储蓄银行风险管理的指导思想是"适度风险、适度回报,稳健经营"。邮政储蓄银行通过建立风险组织架构、工作流程和运作机制,完善风险管理的全过程。从风险识别开始,在对风险评估、控制、监测等一系列过程中,运用信用、市场、操作和法规政策风险管理手段,保证全行营运资金的安全,并将各类风险控制在全行风险管理能力和资本实力可承受的范围之内定为全行风险管理的目标。

具体措施是:首先在省、地(市)两级分行设立独立的风险合规管理部门,对县、乡支行风险合规管理工作分别落实到部门和个人;其次是完善制度,以流程控制的理念为指导,将风险管理纳入流程控制过程中,建立三道风险管理防线,即业务部门、风险管理部门、内部审计部门防线,保证各项业务制度和流程的执行到位;最后是努力提高风险管理人员自身素质和管理水平,以提高储蓄银行整体应对新型业务风险的能力。

(五)中国邮政储蓄银行的组织架构

与商业银行相比较,邮政储蓄银行最大的优势在于点多面广。邮政储蓄银行在全国设邮政银行总行,各省区设二级分行,地市设支行,各县实行派驻制,由各支行派驻。各个邮政的相关营业网点(包含邮政储蓄的营业网点)的相关人员、财产的所有权,全部都要划归到邮政部门来所有,而邮政储蓄银行负责邮政相关金融业务的经营权属,并且实行邮政储蓄银行委托的相关邮政部门来办理相关的金融业务的代办制度。

(六)中国邮政储蓄银行的监管

目前我国实行的是分业经营,分业监管的金融监管体制,中国银监会对邮政储蓄机构实施监管和风险防范。不仅如此,银监会还成立了四个部门积极推动邮政储蓄银行组建。在地方层级,邮政储蓄银行会受到中国银监会地方分局的监管。从监管体制来说,邮政储蓄银行与一般商业银行无异。

(七)中国邮政储蓄银行业务及流程介绍

1.业务品种

在解决农村中小企业融资难问题的过程中,中国邮政储蓄银行逐渐研发和推广了下述产品,有效解决了中小企业融资难的问题。

首先是小额贷款,该种贷款主要为解决固定资产类担保物相对较少的广大商户、农户的贷款需求,降低借款人融资成本,更好地为农业生产和个体经营提供信贷资金支持。针对农业生产和个体经营所需资金"小、快、频、急"的特点,邮政储蓄银行设计了具有方便快捷、手续简便、无须抵押质押、还款方式灵活等优势的小额贷款产品。该产品能够满足农业生产和个体经营的急切的资金需求,贷款人一般 2～3 天即可获得贷款。该产品针对客户短期资金需求,期限小于 12 个月。通常农业贷款面临着借款人信用较低的难题,该种产品为了降低信贷风险,创新了担保方式,即由小组成员相互承担连带责任保证或一至二位有固定职业和稳定收入的人提供连带责任保证。对不同条件的信贷对象,其信贷额略有不同,对满足贷款条件,信用较好的商户,发放不超过 15 万元,而普通农户不超过 5 万元的小额贷款。

其次是"好借好还"个人商务贷款,该种产品是邮政储蓄银行创新中小企业融资产品和服务方式的又一重要举措,具有授信额度高、抵押方式灵活等特点,能够有效地满足广大商户、中小企业主的中长期资金需求。单笔授信额度高达 500 万元人民币,循环使用,随借随还,贷款最长可用 10 年。

再次是小企业贷款,针对中小企业"短、频、急、快"的资金需求特点,邮政储蓄银行专门推出针对中小企业的贷款项目。小企业贷款推出的目的就是为有效满足各类中小企业生产经营所需流动周转资金需求或固定资产投资需求。结合小企业信用较低、用资较急的特点,此种产品具有贷款手续简便、无须中介担保等特点。最为特殊的是该种贷款的循环使用功能。由于中小企业用资频繁,该种产品的贷款可以一次申请,循环使用四年,单笔金额最高可达 1000 万元人民币。这无疑减少了中小企业的融资成本,并且加速了中小企业的资金流转。

最后是根据各地区特点创新产品。例如,邮政储蓄银行结合四川省实际,加大产品、服务创新力度,先后开发了四川青年小额贷款、烟茶小额贷款、经营性车辆抵押贷款、林权质押贷款以及供应链融资等金融产品,更好地满足广大客户的资金需求,促进地方经济发展。

2.业务办理流程

贷款申请人的业务办理流程如下：申请人向当地邮政储蓄银行分支机构递交贷款申请资料，提出借款额度申请；之后，邮政储蓄银行经办行进行调查、审查与审批；通过审查后，双方签署相关合同，落实抵押登记手续后，便可发放贷款。

三、中国邮政储蓄银行在发展中所面临的问题

（一）治理结构缺失

邮政储蓄银行还没有建立科学完善的法人治理结构、内控机制和风险防范机制，这是当今农业金融机构的共同缺陷。从形式上看，邮政储蓄银行的法人结构是建立起来了，但邮政储蓄银行的治理结构很难得到明晰。这是因为邮政储蓄银行股权结构还没有从根本上发生重大改变。

（二）业务经营效率低下

与商业银行相比，邮政储蓄银行中间业务与国有银行差距很大。由于吸收资金、运用资金途径单一，邮政储蓄银行吸收存款量较小且资金运用能力缺乏。

（三）金融创新能力不足

因为邮政储蓄银行从业人员的金融业务素质相对较低，故而邮政储蓄业务整体经营水平低下，缺乏金融创新。这种情况主要表现在长期以来邮政储蓄主要从事邮政储蓄与邮政汇兑两项业务，其他业务很少开展，金融创新能力较弱。

四、中国邮政储蓄银行的改革与未来发展

(一)邮政储蓄银行应明确治理结构

为减少或避免委托人与代理人之间的冲突,按照现代企业制度的要求,选举产生各职能部门的负责人,建立激励和约束相结合的运行机制。为了防备治理结构本身存在的问题,邮政储蓄银行应建立监督体系,完善各项业务的风险管理体系。

(二)定期考评促进从业人员素质的提升

邮政储蓄银行从业人员文化水平相对较低,基本金融业务素质相对较差。为了改善这种情况,邮政储蓄银行需要出台条例鼓励从业人员深造,同时定期组织职员接受培训,使他们牢固掌握金融业务知识和技能。从业人员金融业务素质的提高,有助于邮政储银行的金融创新,为农村金融市场提供灵活多样的金融工具,更好地满足农户不同层次的金融需求。

(三)出台政策加强农村资金的流动性管理

邮政储蓄银行在农村地区"只存不贷"的经营模式客观上导致农村资金大量外流,直接影响农村经济发展。由于农村的弱势地位,农村资金外流,农业经济部门的产量受到影响,利润会下降,而按照市场经济体制,资金是追逐高利润的。这样的恶性循环使农村经济更加羸弱。

要真正抑制农村资金外流,仅仅改变邮政储蓄银行"只存不贷"的经营模式是不够的,政府应积极干预,加大财政支持力度,引导邮政储蓄银行增加贷款额度,促进农村经济发展。农村资金的增加有助于提高农村经济部门产量和利润,资金的逐利性会使资金回流至农村,这就会形成一个良性循环,由于邮政储银行具有服务基层的特点,农村地区民众可以从这一良性循环中直接获益。

第四章　新型农村金融机构改革与发展

随着农村经济的发展,国家和地方批准设立了一些新型的农村金融机构,缓解农村金融缺口地出现。从当前的农村金融机构发展来看,新型农村金融机构主要有村镇银行、农村资金互助合作组织以及依法成立的贷款公司。

第一节　村镇银行

村镇银行是指经中国银行业监督管理委员会根据相关的法律和法规批准,由境内的或者境外的金融机构、境内的一些非金融机构的企业法人以及境内的一些自然人出资,在广大农村地区设立的银行业金融机构,该机构主要是为当地的农民、农业和农村经济发展提供全面的金融服务。

2006 年 12 月,针对当时广大农村地区金融服务严重缺乏,信贷市场基本被垄断的状况,中央各部委联合出台一系列放宽农村地区金融机构准入机制的相关政策,这一系列政策将会促使以村镇银行为首的新型农村金融机构的试点扩大到全国 35 个省(自治区)。2010 年底,设立村镇银行 349 家;截至 2011 年 5 月末,全国共组建 536 家村镇银行,其中开业 440 家,筹建 96 家,而且大多数村镇银行已实现了盈利或分红。

为了更好地解决农村人口的金融业务需要,村镇银行应运而生,这种全新的金融组织机构,它的成立与发展都是进一步搞活我国农村金融市场的重要尝试。村镇银行为农村金融的发展注入了新的力量,对深化农村金融改革来说是一个难得的创举。村镇银行的加入使得农村金融市场的竞争性大大提高,而且为闲置的农村资金找到了投资的新出路,有效弥补了农村目前信贷资金供需的巨大缺口。不过,村镇银行毕竟是商业性银行,其有着天然的逐利本性,为公司和股东创造最大的利润始终是其根本目标。因此,虽然在短期内村镇银行对农村经济建设起到了推动作用,但是恐怕不能长久地从根本上解决农村金融发展所面临的一系列问题。

一、村镇银行的催生环境

自新中国成立以来,围绕着如何能对广大的农村群众提供优质金融服务,我国在政策上、理论上和实践中都在不断地探索与尝试。进入 2000 年后,我国的农村金融基本框架已然确立,各界对于构建竞争性、多元性的农村金融市场这一理念也达成了共识,但是真正地一点一滴地去改革发展还是非常艰难。随着农村经济的飞速发展,专门的金融服务需求越来越强烈,关于贷款需求的多样化、贷款审批的简洁化、贷款利率的低廉化等呼声越来越高。在这种客观背景下,新世纪以后国有商业银行大量撤出农村无疑使农民和中小企业的信贷困境雪上加霜,只能依靠有限的农村合作社苦苦支撑。逐步增加新型农村金融机构,开放农村金融体系已是大势所趋、人心所向。

2005 年 5 月,中国人民银行"只贷不存"小额信贷机构的试点打响了开展新型农村金融机构改革的第一炮,之后,2006 年的中央 1 号文件又明确地为诸如多种所有制的社区金融组织、小额信贷组织、农户资金互助组织提供了存在的政策保障。2006 年 12 月 20 日,中国银行业监督管理委员会签发《关于调整放宽农村地区银行业金融机构准入政策更好支持社会主义新农村建设的若干意见》(简称《意见》),这个《意见》中,农村地区银行业的准入门槛被进一步地降低。

《意见》为鼓励各种资本能够主动地进入农村金融中,明确地提出了多种途径以供选择,包括对原有金融机构进行重组和改革,建立小额贷款公司,肯定了原被划分为非正规金融的一些民间金融组织。同时,《意见》更是突破性地提出"鼓励各类资本到农村地区新设主要为当地农户提供金融服务的村镇银行"。之后银监会在2007年1月29日发出《村镇银行管理暂行规定》等6项政策,同年3月份,银监会首次批准国内6个省进行试点,10月,试点地区扩大到31个省市。2007年年底,湖北随州曾都汇丰村镇银行作为我国首家外资村镇银行挂牌正式成立。这些对于农村经济发展中资金外流、中小企业融资难的现实改善具备重大的意义。

二、村镇银行的制度条例

《意见》之后,银监会于2007年三月签发的《村镇银行管理暂行规定》为村镇银行的设立提供了可参考的政策依据。同年三月,吉林东丰诚信村镇银行、吉林磐石融丰村镇银行、四川仪陇惠民村镇银行正式挂牌营业,这为进一步完善村镇银行的建立制度提供了研究和实验的对象。村镇银行,其本质仍然是银行业相关金融机构,是相对独立的企业法人,以安全性、流动性、效益性为其经营的原则,自主经营,自担风险,自负盈亏,自我约束;应当严格遵守国家的法律、相关行政法规,严格执行国家的金融方针和政策,依法接受银行业监督管理机构的监督管理。这些和其他的银行都是一样的,只是村镇银行的村镇二字规定了其业务区域和主要业务方向。

《村镇银行管理暂行规定》中对其有明确的表述:"需在农村的地区设立,并且主要是为当地的农民、农业和农村经济的快速发展提供更加优质的与金融相关的服务",从这个意义上来看,村镇银行和普通的银行又有不同之处。

（一）设立条件与设立程序

村镇银行可以由境内的非金融机构企业法人、境内的相关自然人、境内外的相关金融机构出资。并且发起人或者出资人中间应该至少有 1 家与银行业经营范围相关金融机构；同时在县（市）设立的村镇银行，他们的注册资本不能够低于 300 万元人民币；此外在乡（镇）设立的村镇银行，他们的注册资本不能够少于 100 万元人民币；注册资本为实收货币资本，且由发起人或者是出资人一次性缴足。村镇银行的最大股东或者说是唯一股东其本身必须为银行业的相关金融机构，最大的银行业金融机构股东的持股比例不能够少于村镇银行的总股本金额的 20%。其他的诸如在章程、管理人员与工作人员、营业场所方面的要求与普通银行一致。另外，依照《中华人民共和国公司法》，村镇银行的组织形式是可以多样化的。村镇银行可以根据需要，在县域的范围内设立相关的分支机构。设立分支机构不应受到拨付营运资金比例及额度的限制。由此可见，村镇银行不仅设立门槛较低，而且经营上更加灵活，更受到民间资金的青睐。

依据银监会的规定，设立村镇银行应该分为两个阶段，分别是筹建和开业。

村镇银行递交筹建申请，由银监分局或所在城市银监局受理，审查并决定。筹建村镇银行，申请人应提交下列文件、材料：筹建申请书；筹建人员的名单及简历；筹建的工作方案；可行性研究报告；出资人或发起人的基本情况及除自然人以外的其他出资人或发起人在最近 2 年经审计的会计报告；出资人或发起人是境内外金融机构的，应该提交他们的注册地监管机构出具的书面意见；中国银行业监督管理委员会所规定的一些其他相关材料。村镇银行的筹建期限最长是从批准之日起之后的 6 个月内。

银监局从收到完整的申请材料之日起或者从受理之日起要在 4 个月以内给申请人做出批准或者是不批准的书面决定。筹建期内如果达到了开业条件，申请人就可提交开业申请了。村镇银行如果申请开业,申请人则应该提交以下的文件和材料:开业申请书;章程草案;筹建工作相关报告;法定验资机构所出具的相关验资证明;营业场所的所有权或者使用权的相关证明材料;公安、消防部门对营业场所所出具的安全以及消防设施合格的相关证明;对拟任职董事和高级管理人员的任职资格申请书;中国银行业监督管理委员会规定的一些其他相关材料。

其中,对于申请村镇银行董事及高管人员的任职资格,拟任人除了应该满足银行业监督管理机构所规定的基本条件,此外还应该满足以下条件:

村镇银行的董事长及高级管理人员应该具有从事银行业相关工作5年以上,或者是从事与经济相关的工作8年以上(其中包括从事银行业的相关工作2年以上)的工作经验,并且应该具有大专以上的(含大专)学历;村镇银行的董事应该具有与其能够开展工作相适应的经验、知识及能力;与此同时,村镇银行的董事以及高级管理人员的任职资格需要经过银监分局或者是所在城市的银监局的核准方可。银监分局或者所在城市的银监局从受理之日的30天内应做出核准或者是不予以核准的书面决定。

村镇银行的开业申请,应该通过银监分局或者是所在城市的银监局受理、审查并且决定。银监分局或者所在城市的银监局从受理当日起2个月的时间内应该做出核准或者是不予以核准的书面决定。通过核准允许开业的村镇银行和它的分支机构,获得相关的金融许可证,并凭金融许可证向工商行政管理部门办理登记,领取营业执照。

(二)股权设置和股东资格

例如,村镇银行设立条件要求,其出资人可以是境内非金融机构企业的法人、境内外的金融机构、境内的自然人,对于村镇银行的各类型股东形式《村镇银行管理暂行规定》同样也做出了十分详尽的规定。机构类的股东包括境内非金融机构企业法人以及境内外金融机构,对他们共同的要求是必须具有一个相对稳健的财务状况,此外同时具有一个良好的公司治理机制和相对十分健全的内部管理制度。作为一名自然人股东,则更应该强调的是个人良好的声誉和其入股的资金来源是否具有合法性。以上这些要求将十分有助于村镇银行的稳健、良好的经营,此外还可大大地减少他们在经营上遇到的风险。《中华人民共和国公司法》规定了村镇银行的股权设置需注意的事项。

其中,最大的银行业金融机构股东所持股份比例不能够少于村镇银行总股本额的 20%;单个的自然人股东和相互关联方所持股的比例不能够高于村镇银行总股本额的 10%;最大的股东或者是唯一股东必是银行业的金融机构;任何的单位或者自然人持有的村镇银行股本额占到总额 5% 以上的,应该让当事人报银监分局或者是所在城市银监局通过审批;单一的非银行相关金融机构或者是单一的非金融机构企业法人与其他相关联方的持股比例不能够高于村镇银行的总股本额的 10%。以上这些股权的设置要求充分保证村镇银行是由银行业的金融机构所控股管理,这将会大大地有利于相对更加专业化的经营和管理。

村镇银行在向相关工商行政的管理部门所登记之后,需要向所有认缴股本的股东签发记名的股权凭证,以此作为股东所持股份以及之后享受分红的凭证。村镇银行的股东不允许虚假出资和私自抽逃出资。不能够接受村镇银行的股份作为质押权标的,村镇银行的相关股份可以依法进行转让、继承以及赠予。与此同时,从村镇银行成立的 3 年内,发起人或者是出资人所持有的股份不能够进行任何转让或质押。村镇银行行长、副行长以及相关董事所持有的相关股份,在他们任职的期间内不能够进行转让或者质押。实际收到的资本有所变更后,必须同时相应地变更他们的注册资本。

从目前的情况来看,九成以上的村镇银行都有企业法人或自然人参股,基本上完成了"各类资本到金融服务不足的地区"的政策目的。

三、村镇银行的经营管理

(一)资金来源

村镇银行本质上是商业银行,因此具备充足的资金来源是开展业务的基础。村镇银行的资金来源主要可分为两类,即资本和负债(存款类和非存款类)。资本属于内部化资金来源,负债则属于外部性资金来源。但是,不管是资本还是负债,村镇银行都存在着很大的吸储困难。

1.吸存难度大,个人存款来源不足

存款是村镇银行最重要的资金来源,其规模的大小直接决定了村镇银行业务的多少。根据存款人的不同,存款可以划分为个人存款与机构存款。村镇银行在实际经营中,普遍有着吸收个人存款难的问题。其原因如下。

(1)成立时间短,缺乏公信力。村镇银行是新型农村金融机构之一。普通民众对其缺乏了解,持有怀疑态度,不能在短时间内认同和接受。与商业银行、邮政储蓄银行、信用社等原有金融机构相比,村镇银行还是一个陌生的面孔。农村居民对于把钱存在村镇银行不放心、不踏实,这种心理造成了村镇银行吸储困难,资金周转不灵的问题。

(2)村镇银行就是为了解决经济欠发达的广大农村地区金融服务短缺而生成的机构。所以大部分村镇银行所处的地缘环境都在经济上是比较恶劣的。由于经济欠发达,村镇银行周围民众与企业的闲置资金较少,这种现状在客观上制约了村镇银行的吸储能力与存款规模,也就间接地掣肘了村镇银行贷款等职能作用的发挥。

(3)村镇银行分支机构少,不能比其他银行在传统业务上提供更便捷的服务。村镇银行设立时间比较短,资金实力有限,无法连续快速地扩大自己的网点分布。因涉及转账、取款、查询等

传统业务,所以居民在选择存款的金融机构时,网点的多少是其考虑的重要因素,因此,村镇银行在这一方面缺少竞争力。部分储户表示,其将存款存入村镇银行,只是为了取得村镇银行的优惠贷款。

2.未纳入银行大额支付结算系统,机构存款有顾虑

村镇银行在竞争个人存款上落下风,在竞争机构存款的过程中同样不占优势。吸收机构存款也就是对公业务,村镇银行普遍不具备央行大额支付系统行号,即未被纳入央行的资金结算体系内。这其中的缘由是众多的,比如,要想与央行大额支付系统连接就必须支付昂贵的系统开发费用。于是村镇银行便很难满足机构储户关于资金快速安全结算的需要,机构资金自然弃村镇银行而去。

3.非存款型负债资金来源受限

商业银行除了存款外还可以主动去负债,通过主动负债从各个金融市场中融入资金,比如同业拆借。然而,鉴于村镇银行未能纳入央行大额结算体系之内,使其在同业拆借的过程中困难重重,在体制和技术上都有着很多麻烦。另外,村镇银行没有发行、交易金融债券的权限,因此村镇银行通过主动负债来融通资金的途径非常狭窄。

4.资本来源不足

资本金对于银行来讲可以起到支柱性的作用,充足的资本金才能使银行正常开展业务,同时资本金也是监管机关重点要求的指标,是广大储户判断银行实力和公信力的基本标准。资本在商业银行中的会计账目表示为成立银行时的原始资本与营业之后积累的资本公积和留存收益等。

由于村镇银行在准入时资本要求的不合理,村镇银行在吸收原始资本的能力就暴露出极大的弱势。根据银监会现行规定,村镇银行发起设立时,单一的境内银行业金融机构所持有股份的比

例不能少于五分之一,单一的自然人所持有股份比例和单一的其他非银行企业法人以及其相关联方的总计所持有股份比例不能够高于10%。村镇银行针对不同股东的持股比例限制,阻挡了具有较强资金实力的单个自然人、单一非银行类金融机构和单一非金融机构企业法人向村镇银行投入资本。在大部分经济欠发达的农村地区,不存在数量众多的有强劲资金实力的个人和企业,而单一个人或企业又不能大比例投资,自然导致村镇银行原始资本来源不足。

另外,村镇银行作为金融市场的新型机构,公信力弱,经营经验不足,导致运行成本高,客户忠诚度不高,收益较低,无法获得足够的利润,也就无法有效增加会计账目上后续的资本供给和留存收益,使整个资本金长期保持在一个较低的水平上。

(二)服务对象

村镇银行和其他商业银行最大的不同主要体现在他们的贷款业务所面向的贷款对象上,村镇银行在缴纳足额的存款准备金之后,他们的可使用资金应该全部都用于当地的农村经济建设,这些方面应该按照《村镇银行管理暂行规定》来进行。村镇银行所发放的贷款首先应该充分地满足县城内农户和农业以及农村经济的发展需求。在明确已经满足当地的农村资金需求后,他们富余的资金才可以投放到当地其他的产业中去、购买涉农债券或向其他金融机构融资。因此,村镇银行的市场定位主要在欠发达地区,针对农户和微小企业发放小额贷款,参见表4-1。

表4-1　村镇银行的主要业务及相关信息

银行市场定位战略个数	产品	客户	主要竞争地
1	小额农村贷款	普通农户	农村
2	专业农户贷款	种、养殖户	农村
3	微小企业贷款	个体工商户、乡镇企业	农村及县城

根据《村镇银行管理暂行规定》,村镇银行是由境内或者境外的一些金融机构,境内的一些相关非金融企业的法人,以及境内的相关自然人出资,并且是在广大的农村地区设立的,主要是以提供为当地的农民、农业和农村经济实现快速健康发展的相关金融服务的银行业金融机构。服务"三农"是村镇银行的根本宗旨。不过,即便在如此明确的规定下,村镇银行仍然在实践经营过程中逐步地出现了偏离其宗旨的趋势。

因为村镇银行毕竟是"自主经营,自担风险,自负盈亏,自我约束"的独立的企业法人,其出资者还是会以利润最大化作为其经营的终极目标。

在这种"本能"的驱动下,村镇银行必定会在经营过程中逐渐地向最有收益的业务范畴靠拢。而农村地区的经济活动周期长、收益微薄,自然风险较大,受政策影响严重,并不是追求利润的首选业务。在这种情况下,村镇银行很难"从一而终",在利益驱使下,村镇银行很可能将经营的重点从农村经济建设中转移出去,形成一定的"农转非"现象,最终导致服务三农的创立宗旨渐渐落空。

(三)资金运用

村镇银行具备普通商业银行的所有基本业务,包括经营发放短期和中期以及长期的贷款,办理国内的金融结算,承销部分政府的相关债券,吸收公众存款办理的票据、承兑以及贴现服务,从事相关代理发行、相关代理兑付,并且从事相关行业的拆借,此外还从事银行卡的相关业务、代理应收付款项、代理相关的保险业务和经银行业的相关监督与管理机构所批准的其他的相关业务。与此同时,村镇银行还可以代理相关的政策性银行、商业性银行和证券公司、保险公司等其他金融与机构的相关业务。

(四)风险管理

按照国家有关规定,村镇银行应该建立资本的补充以及约束机制和审慎以及规范的资产分类制度,充分做好计提呆账的准备,准确地划分所有资产的质量,做好及时的冲销坏账的准备,真实客观地反映经济成果,与此同时应该确保资本的充足率在遇到任何情况下都不能够低于8%,此外资产损失的准备充足率不能够低于10%。村镇银行同时应该建立并且健全一整套的内部控制制度以及内部的审计机制,此外提高风险的识别与防范的能力,对内部的控制与执行情况进行检查和评价,并对银行内部相关控制的薄弱环节进行纠正和完善,按照相关的规定确保依法、合规的经营。与此同时还应该建立并且健全相关财务以及会计制度。有条件的村镇银行,可以适当地引入外部审计制度。

不过,就目前村镇银行的现状来看,风险控制质量不容乐观。因为村镇银行的定位主要是服务于经济欠发达地区的农民和中小企业。也就是说村镇银行主要的客户是经济上非常薄弱的一个群体。因为广大农民和农村中小企业的资金实力和经营能力不是很强,且易受自然环境、政策环境的影响,其自身把控风险能力很差。这也就造成了村镇银行巨大的潜在信贷风险。

再者,自改革开放以来,我国为改善农村经济,不间断地出台各种惠农、扶农政策。这些政策虽然给农民带来了巨大的福利,但是也给一部分文化素质不高的农民群众造成了错觉。一些农民和农村中小企业将村镇银行和普通的农业扶助混为一谈,将村镇银行的贷款错误地理解为政府的补贴,还贷意愿薄弱。在个别教育水平极不发达地区,金融环境极为恶劣,一些借款人完全没有基本的贷款道德与相关法律意识,欠债不还,签字不认,以逃债、赖账为家常便饭甚至谋生之道,在这样的风气下,村镇银行作为金融市场的新成员,处理方法、经验和防范意识都显得十分不足。

(五)组织架构

村镇银行的相关组织机构及其职责应按照《中华人民共和国公司法》的相关规定来依法进行执行,并且应该在其章程中得以明确体现。根据其决策与进行相关管理的复杂程度、业务的规模大小以及提供相关服务的特点来设置一些间接和灵活的相关组织机构。对于行长、董事会、其他的独立董事、各个专业相关的委员会等的设立情况在《村镇银行管理暂行规定》中并没有很严格的规定。这就在一定情况下为村镇银行的治理结构创新和多样化提供了很大的操作空间,他们既可以采用较为传统的在董事会所领导下的行长负责制,同时也可以采用相对更加扁平化一些的管理模式,实现完全由他们根据其业务发展等级来做决定。

与此同时,村镇银行还要建立与自己业务特点、规模能够充分适合的相关的薪酬分配制度,健全正向的激励与约束机制,此外还能够培育出与当地的农村经济发展相互适应的企业文化。这不仅涉及村镇银行内部管理团队的建设,而且对于来自于外部的村镇银行与农村地区的相互融合提出了较高的要求。

(六)监管

村镇银行在开展业务的时候,需要依法地接受相关的银行业监督管理机构的监督与管理。银行业的相关监督管理机构会制定控制村镇银行审慎经营的相关规则,这是在依据国家相关法律、行政与法规的情况下进行的。与此同时,相关监督与管理机构还需要对村镇银行的风险管理、资产损失的准备充足率、资本充足率、资产质量、风险集中、关联交易等诸多的方面实施持续、动态的监督与管理。

(七)信贷

村镇银行的信贷方式灵活多样,主要以小额度贷款为主,体现了对农民和中小企业信贷支持的政策性倾向。按照相关的规定,村镇银行对待同一个借款人的贷款余额不能够高于其资本净额数的 5%,同时对待单一的集团或者是企业客户的授信余额不能够高于其资本净额数的 10%。另外村镇银行还可以建立授信机制,依据具体情况确定出具体客户的授信额度,在额度之内,村镇银行可采用一次授信、分次授信或者循环贷款的方式进行放贷。

村镇银行虽然小，但是毕竟是独立法人，在简化信贷流程，加快决策效率，放贷政策自主调整权利方面要明显胜过其他商业银行的分支机构。栾川民丰村镇银行微贷部对于10万元以内的贷款，3个工作日内做出决定；10万～30万元以内的贷款，4个工作日内做出决定。融丰村镇银行将农民申请贷款的审批时间压缩为少于一周，而且手续也很简便，银行会根据农民所提交的相关资料（土地情况、生产用途等）进行直接的审批，一般情况下贷款额度在2万～3万元，都不设上限，会视农户土地的实际经营状况决定。与此同时为了能够控制贷款风险，融丰村镇银行要求必须实行5户联保，此外，融丰村镇银行还打算和农业生产下游的粮食收购企业以及上游的种子化肥提供单位开展相关的合作。由后者提供担保，这两种担保均无须实物抵押。另外，由于现行规定，城乡信用社贷款利率浮动上限为基准利率的2.3倍，下限为基准利率的0.9倍。其他金融机构（包括村镇银行）的人民币贷款利率上限放开，浮动下限为基准利率的0.9倍。因此村镇银行的贷款利率调整幅度还是非常宽泛的。总体比较来讲，村镇银行的利率水平比较低，在这一点上很好地抑制了民间高利贷的发展。湖北咸丰常农村镇银行的1年期贷款月利率比其他金融机构要低10%。

四、关于村镇银行的思考

村镇银行作为全新的一种农村金融机构，其创立和发展对农村经济都是非常有益的尝试。虽然各级监管机构对其做出了详尽的规定和引导，但是由于其产生时间较短，在实践的过程暴露出一系列的问题，还需要我们更进一步的探索和研究。

（一）村镇银行的设立对农村金融的发展具有积极意义

第一，深化了农村金融改革。改革开放以来，我国农村的金融改革步伐从未停止,农村的金融服务水平显著提高,但是相对于城市而言,农村的金融现状仍明显处于落后地位,由于种种原因,农村金融改革的道路上出现了障碍。这与当今农村日益膨胀的金融服务需求和国家利农政策引导下蒸蒸日上的农村繁荣经济是极不协调的。商业银行在农村地区的大举裁撤,信贷资金的严重短缺,多样化贷款方式的不足都掐住了我国农村经济进一步增长的咽喉。值此时刻,推出低门槛,贷款灵活,服务多样化,手续间接的专门服务于三农的村镇银行是农村金融改革进程中又一创举,必将促进我国农村金融改革更好、更快的发展。

第二,有利于农村金融市场竞争性的构建促进农村金融市场健康、有效发展,培养具备积极竞争环境很重要。农村信用社在农村金融市场上的垄断地位已经客观形成,仅仅围绕着如何在农村信用社之间构造竞争机制,实际效果非常微弱。尤其是中西部地区的农村信用社,其经营绩效并未得到根本的好转。村镇银行的引入,给农村信用社造成了一定的压力,这也是其改进的动力,两种机构在竞争中齐头并进,业务水平和服务效果以及经营绩效都得到了明显的促进。

第三,在一定程度上缓解了农村信贷供需缺口。在相当长一个时期内,农村的信贷资金渠道只有农村信用社一个,但是农村信用社处于缺乏竞争的环境下,加上其体制上的一些原因,运营效率并不高,根本满足不了广大农民和中小企业的贷款需求。近年来,国有商业银行又大规模取消处在农村的营业网点,农民的贷款来源更加枯竭。村镇银行的出现改变了这一现状,因为村镇银行在创立时即被界定为"在农村地区设立的主要为当地农民、农业和农村经济发展提供金融服务的银行业金融机构",所以村镇银行的资金是专门服务于所在地农民贷款需求的"专款",有效地弥补了农村信贷资金的供需矛盾。

第四,为民间资金开辟出一条正规投资途径。我国的民间资金长期以来保持着抑制的态度,而且在广大经济欠发达地区,当地群众为了发展经济而衍生的庞大资金需求又客观存在着,于是民间资金在政策高压下依然"顶风作案",通过各种方法,以隐蔽的"灰色"身份介入大量的地下金融活动。这种扭曲的发展方式必然是多方亏损的后果。在政策、法律风险下,为得到相应的风险报酬,导致借款者的借款成本非常高,这既不利于资金需求群体的风险控制,也不利于金融资源的最佳配置,甚至会由高利贷而滋生社会的不安定因素,同时干扰了我国正常的经济秩序。村镇银行的设立和股东要求明确提出"可以由境内外金融机构,境内非金融机构企业法人、境内自然人作为发起人或出资人",民间资金终于有了可以投资的实体,能够正大光明地加入金融业务中来。

(二)村镇银行能否解决农村金融的全部问题

农村金融问题错综复杂,在世界范围内以农业为基础的国家中都是一个棘手的难题。因此,在这一方面的改革并非一朝一夕,须抱有谨慎探索的态度,任重而道远。对于我国这样农业人口众多的国家,村镇银行的引入,对于解决农业地区金融机构网点覆盖率低、金融供给不足、竞争不充分等问题的出发点是好的,但是绝不会一劳永逸。村镇银行不是慈善机构,也不是政府机关,作为商业性的经营主体,其逐利的本性对其是否能够坚定不移地长期服务于三农是个潜在而严峻的挑战。

村镇银行在设定上的门槛较低,在县(市)和乡(镇)设立的村镇银行,要求的注册资本仅分别不得低于 300 万元和 100 万元,这就在一定程度上决定了村镇银行所面向的客户群体为农村经济中较低层次的金融服务需求者。但是农村经济本身是多元的,也包含了诸如兼业经营的农工商户、有较大规模的种养殖户等资金需求规模较大,金融服务要求更高端的人群和企业。单一的市场定位和经营模式只能解决农村经济的部分困境,放眼全局,村镇银行的定位和发展方向还需要进一步的论证。

第二节 农村资金互助合作组织

农村资金的互助社是由银行业监管机构批准,由乡(镇)、行政村的大部分农民和农村的小企业主们自愿入股组成的,其目的是为社员们提供相关的存款、贷款和结算等金融相关业务的社区互助性银行业金融机构。农村资金的互助社是独立企业法人。农村资金互助社普遍都实行由入会的社员自主并且相对民主的管理,以求最大化的服务社员为宗旨,谋求社员共同利益。

一、催生背景

2004 年 7 月,梨树县闫家村 8 户农民成立了农民资金互助合作社,从此开启了各地农民自发性组建农村资金互助社的风潮。中央通过详细的考察、谨慎的论证决策,终于在 2005 年出台《关于 2005 年经济体制改革意见》,该意见中首次提出"探索发展新的农村合作金融组织",紧接着,在 2006 年又出台文件,号召各地"引导农户发展资金互助组织"。同年年底,证监会将农村资金互助社列为新型农村金融机构,确定了农村资金互助组织的法定地位。次年 1 月,银监会相继出台了《农村资金互助社管理暂行规定》(银监发[2007]7 号)这一金融规章和《农村资金互助社示范章程》。从始至终,农村资金互助合作社从民间转向正规的过程都伴随着政府的大力扶持和积极引导。

二、设立条件

银监会规定,设立农村相关的资金互助社前提是必须要有 10 名以上符合规定社员条件要求的发起人;在乡(镇)设立的农村资金互助社,其注册资本不能够低于 30 万元人民币;在行政村一级设立的农村资金互助社,其注册资本不能够低于 10 万元人民币,要求的注册资本必须为实缴资本,此外还必须有符合相关任职资格要求的经理和理事以及具备相关从业条件的工作人员,其中理事长、经理应具备高中或中专以上学历,在他们上岗前还应该通过相关的从业资格考试。有符合要求的营业场所,或者是安全防范设施和业务有关的其他设施的农村资金互助社不允许设立分支机构。

三、经营管理

(一)资金来源

农村资金互助社的资金来源限制条件比较多,他们只允许吸纳社员的存款,并且可以接受社会上向其捐赠的相关资金以及是向其他的银行业相关金融和机构融入的相关资金,不允许向非社员吸取存款。其中农村资金的互助社在其接受社会上的其他捐赠时,应该由来自于属地的银行业相关监督和管理机构对捐赠人的身份以及资金的来源进行合法性的相关审核,只有满足审慎经营条件的互助社才有资格从银行业的相关金融机构中融入资金。诸多的限制虽然使得融资规模较小,缩窄了农村资金互助社的业务范围和服务能力,但是对于其经营风险也起到了一定的控制作用。

(二)服务对象

农村资金互助组织是农民和当地中小企业集资创立的,依据银监会的规定,资金互助社在乡(镇)建立的,注册资本不低于 30 万元人民币,在行政村建立的,注册资本不低于 10 万元人民币。可以说门槛相当低,一定数量的手头有闲置资金的农民群众就可以自发组建。有限的个人闲置资金聚集起来,形成法定规模后,主要为入股的社员,也就是农村资金互助组织的出资人服务,社员出资后,当需要资金时,可以向互助社贷款,按期还本付息,而其他的社员则可以按期分配所得到的利息。因为农村资金互助组织就存在于农民与农民之间,是由当地农民和中小企业一手组建,为自己服务,所以最贴近农民,最能及时地解决农民的融资困难。尤其是对于那些贷款具有小、散、急特色,还有那些经济情况较差,没有足够抵押品的农民来说,农村资金互助组织方便快捷,犹如及时雨一般。

(三)资金运用

农村资金互助社的资金主要用于发放社员贷款,在满足了社员的贷款需求之后确有富余的方可存放于其他的银行业金融机构中,也可以用来购买国债或者是金融债券。而在向其他的银行业金融机构注入资金之前,应当事先征得理事会、监事会的同意,并且农村资金互助社不得向非社员发放贷款及办理其他业务。

互助社利率采取灵活的市场定价,根据民间借贷利率、农村金融机构贷款利率、本社信用建立情况和期限等,本着覆盖成本、保持可持续发展和有利于竞争与合作的原则,确定贷款利率。例如,百信农村资金互助社现执行 3 个期限利率,即 3 个月为 9%,6 个月为 10.44%,1 年为 11.52%。

农村资金互助组织属于微利型企业,并不把利润最大化作为经营的首要目标。该组织的设立就是为了提供一个闲散资金聚集的平台,将闲散资金集合为社员解决资金需求,经济利益永远不是第一位的。

农村资金互助社经属地银行业监督管理机构及其他有关部门批准后可以办理结算业务,并按有关规定开办各类代理业务。

(四)风险防范

农村资金互助社是由某一地域内农民和中小企业自发组建的,有着一定的地缘、血缘关系作为基础,成员之间相互了解,关系较为紧密。因此,与面对所有人经营的其他金融机构相比,它具有一定的信息优势、担保优势、交易成本优势，对农村资金互助社防范风险提供了莫大的好处。

当然，资金互助组织在成员相互了解，相互联系的天然优势基础上，还要通过各种制度和机制上的规定来进一步缩小风险。

（1）社员信用过滤机制。社员入社需由互助社成员介绍信用程度，培训小组经过集体考核信用进行过滤。对信用较差的给予否决，理事会把好社员入社第一道信用关，基本保证了入社社员的信用程度。

（2）财务杠杆控制机制。社员贷款最大杠杆率设定上限，即社员最高贷款不得超过自有股金的有限倍数，并要符合审慎监管要求。

（3）激励和约束机制。社员贷款如果按期归还，应该给予作为信用保证人在贷款利息上一定的奖励；相反，如果社员违约将会降低信用保证人的信用等级，并且停止其股金的分红，同时停止其贷款权力。

（4）保证社员申请的贷款必须获得本社成员的信用保证并且能够承担相应贷款的连带责任。

（5）重大灾害的共担机制。互助社对于不可抗拒的重大事故将造成的借款人无力还款，通过借款人本人的申请、社区评定小组的推荐以及理事会与监事会一起决定，将申请提请社员大会共同表决，从而可以得到减息、停息、免息或者是能够核销贷款。

（6）借助保险分摊风险机制。对项目自然风险较大并有一定规模的贷款，需要申请保险。

当然，农村资金互助组织作为农村金融市场的新成员，在实践的过程中不免暴露出一定的风险控制漏洞。首先，不能做到严格的岗位分离。农村互助合作社的规模较小，工作人员有限，难免出现不相容职位由一人兼任的现象，如有的部门因会计人员缺少，"印、押、证"就没有坚持三分管，重要岗位不进行定期轮换，给内部人员对公司产生不利行为以可乘之机，这对风险监管是很糟糕的信号。

其次,内控制度在农村资金互助组织中执行的不够严格。因为农村资金合作组织是由当地(多数是经济欠发达地区)农民自发组建,其工作人员普遍学历较低,专业水平和业务素养不高,在很多应该予以高度重视的内控制度与原则上容易打马虎眼、走过场,使得风险管理效果大打折扣。一些现行的内控制度也只能是一纸空文,完全落不到实处,形同虚设。

(五)组织构架

农村资金互助社实行社员的民主、自主管理。例如,百信农村资金互助社的基本组织结构为三会一层,即由全体 32 户发起人来共同组成社员大会,这是互助社的最高级别的权力机构;同时由社员大会来选举产生理事会与监事会,其中理事会来负责日常的经营管理与决策,监事会则负责日常经营管理的监督以及直接对社员大会负责;此外互助社还设有专门的经营与管理层,实施经理负责制度并由经理具体来开展相关业务。社员大会最主要是起到权利控制的作用,对于十分重大的决策和事项必须通过召开社员大会或者是临时大会来进行表决,或者是向社员发函来征询意见(如本互助社的利率调整等);理事会主要是负责民主的决策作用,以及对于重要的人事调整、经营计划、制度建设等进行民主的决策;监事会有独立的监督权力,向社员大会负责;经理负责日常的经营管理,设会计、记账、出纳和业务员各一名,负责具体业务操作。

(六)监管

农村资金互助社为社区互助性的银行业金融机构,因而其应受银行业监督管理机构监管,银行业监督管理机构对其资本充足率和资产风险状况进行差额监管。农村资金互助社的监管有着特殊性。银行为营利性的金融机构,通过存贷款利差来获取收益,同时注重风险的控制,在贷款审批时强调审慎性。但是农村资金互助社就有所不同,它是社员互助的金融机构,不对社员外办理业务,由于内部的封闭性,监管不到位是很正常的。这就应该对农村资金互助社的监管(不论是外部监管还是内部监管)提出更高的要求。

目前对农村资金合作组织的管理办法并不科学,存在诸多需要完善的地方。根据《农村资金互助社管理暂行规定》,农村资金合作组织的注册资本达到 10 万元人民币就可以设立。这样的微型金融机构,如果按照现行的,比照正规商业银行设定的监管方法来要求,那么农村资金合作社相对应的组建成本与操作成本都会超出其盈利能力,容易导致其持续经营困难,客观上抑制了这一新型农村金融机构的发展。

另外,监管主体不够确定。在《关于村镇银行、贷款公司、农村资金互助社、小额贷款公司有关政策的通知》中规定,中国银监会和中国中央人民银行都有监管农村资金互助社的权利和责任。但是同时出现两个监管主体,非常容易出现监管缺位和监管冲突的现象。两个监管主体都分别有各自的监管要求和监管方法,之间缺乏衔接与互补,容易导致有些方面无人监管、有些方面标准不一的局面,令被监管对象无所适从。

再者,监管手段与技术比较落后。《关于村镇银行、贷款公司、农村资金互助社、小额贷款公司有关政策的通知》中要求,农村资金互助社要按照银行业监管机构的规定及时向当地银行业监管部门报送监管报表。但是,受目前农村资金合作组织通信传输条件的限制,中国人民银行相关分支机构现阶段暂以传真方式逐级将农村资金互助社相关数据按季报送到中国人民银行调查统计司。由于做不到和监管机构的中央部门联网,监管机构无法有效地对资金合作组织实施实时监控,虽然监管人员忙于监管资料的收集和层层上报工作,但是这样的监管方式效率很低、误差很大,而且人为因素多,可操纵性很强,往往等发现被监管机构的违法违规行为时,损失已经造成,不能达到防范风险这一监管的首要目的。

农村资金互助社最主要的业务特点就是手续简便、贷款时间灵活。基本上可以做到随到随借,无须商业性银行或者信用社若干道审批流程。之所以农村资金互助社能够将贷款过程如此简化,主要有三点原因。首先,农村资金互助社组建的目的即为服务于社员自己的资金需求。农村资金互助社的资金可以说是取之于社员,亦用之于社员,资金在组织内循环,因此在资金调剂方面非常方便。其次,农村资金互助组织的社员之间都是比较熟悉的,因此才能聚在一起实现这个资金融通平台,社员基本上都是当地的农民,知根知底,有着充分的地缘联系,信息不对称程度非常小,因此违约风险就大大减小,资金使用效率非常高。再次,就是当农村资金合作组织运行起来后,人们将可以看到它给入社社员带来的信贷便利:社员通过贷款解决了资金困难,增加了收入,同时又将本金和一定的利息返还给资金互助组织,让其他会员也得到了经济上的回报,可谓参与者多赢的机构。人们据此便会主动地参加进来或者组织更多的合作社,使得资金的流入量更加充足,社员的贷款需求也就能更快地得到满足。

四、农村资金互助社的优势

(一)填补了农村合作金融的缺失

进入 21 世纪后,国有商业银行纷纷撤离农村金融,将设立在农村地区的营业网点一减再减,而农村信用社也逐渐走向商业化道路,与农村合作金融渐行渐远。由此,农村合作金融出现了短时期的真空,这与农村经济飞速发展对资金的强烈需求是极不相称的。农村资金合作社的出现弥补了农村合作金融的缺失,以其贴近农民生活,经营方式适应农民信贷的特点而赢得了农村金融市场。

(二)促进了农村商业银行资金回流农村机制的建立

商业银行之所以会在 21 世纪大规模撤出农村金融,主要的原因之一就是不能适应农村信贷单笔数额小、交易成本高、信息严重不对称、抵押和担保普遍不足的特征,在无法有效控制信贷风险和经营成本的背景下,不得不放弃农村金融市场。而农村资金互助组织借助强大的地缘关系,在熟人、乡邻之中建立,大大削弱了信息不对称带来的违约风险,是比较可靠的一种金融机构。于是部分商业银行便将自己的大额资金分发给农村资金互助组织,同时也把识别风险、防范风险的任务交给农村资金互助组织,这样既扩大了农村资金互助组织的资金来源与规模,又为商业银行重新回到农村开发出了一条间接渠道。

(三)有效打压了农村非法金融的发展

在农村等广大的经济不发达地区,高利贷、非法集资等非法金融很活跃,一方面严重干扰了我国的正常经济秩序,另一方面也反映了农村地区民间资金苦于寻求投资出路的现状。农村资金互助社的建立有效地将民间资金引导至服务三农这一正规渠道上来,也就在一定程度上抑制了非法金融的进一步蔓延。

五、农村资金信用社的不足

(一)管理人员素质不高,培训力度不够

我国的农民文化水平普遍较低,很大部分不能符合正规金融机构管理人员的专业要求。即使在全国经济最发达的地区,如北京,它周围的农村资金互助社也不能为员工提供足够专业培训,导致员工的知识储备不够,业务素质亟待提高,基本上没有风险防控意识,对实际工作中存在的风险不够重视,也没有对策。这对农村资金互助社下一步的做大做强是一个瓶颈。

(二)现有的农村资金互助社大都存在融资少、融资难的现象

农村资金互助社吸收社员的范围一般都比较狭窄,大多以所

在的行政村为单位组建,因此资金来源十分有限。而农民中较为富裕的人在需要贷款时,更多地会选择农村信用社,因为农村信用社可调动的资金规模大,可以更好地满足他们的需求。农村资金互助社在有限的吸收资金范围内又失掉了这些高收入群体,只能吸收经济上较为困难的农民的资金,这些农民本就缺少资金,哪里又能找出闲置资金作为农村资金信用社的入会投资呢?再者,目前大部分加入资金互助社的会员并非以让自己的闲置资金获得资本升值为目的,而主要就是想获得贷款,如此一来,贷多存少,农村资金互助社的资金运转必然会出现问题。

(三)高昂的经营成本加重了资金互助社的运行困难

对于金融机构来讲,流动性风险是所有风险的核心,也是防范的主要对象,因为其他的种种风险最终都会以增大流动性风险、危及机构资金链的方式对金融机构实施破坏。由于农村资金互助社和其他大型金融机构不挂钩,无法通过同业拆借、中央银行贴现等操作来缓解自己承担的流动性风险。在这种情况下,农村资金互助社唯一的办法就是缩减贷款规模,将流动性风险及信贷风险减小到可控制的程度。如此,农村资金互助社的利润降低,单位资金的经营成本大大提高,而且其自身的规模虽然小,但是依照监管规定,仍需配备一定的人员、设备、场所,使得农村互助社运行困难,得不偿失。

(四)农村资金互助社缺少与正规金融机构的对接及政府的支持

在农村资金互助社的试点阶段,没有相应的政策指引,大型商业金融机构还不便于为资金互助社提供融资安排与交互性业务,另外,中央虽然对农村资金互助社给予了大量的政策性扶持,但是在税务和财政拨款方面还很不够,农村资金互助社还比较弱小,需要政府予以更强力度的呵护与宣传。

六、与村镇银行的比较

村镇银行和农村资金互助社都是国家重点支持的农村新型金融机构,它们有着一定程度的共性,同时又具备各自的优劣势。

(一)村镇银行与农村资金互助社的共同点

经营方式灵活,业务效率高。农村资金互助社和村镇银行都是在由当地农民和中小企业自发组建的金融机构,有着一定的地缘关系作为其运营的基础,在突破信息不对称的问题上有着独特的优势。而且,它们都能根据市场和客户不同层次的需求推出具体化、特色化的金融服务品种。面对农民贷款小、散、急等特点,大大简化手续和审批环节,为客户节省了大量时间,提高了自己的业务效率。

资金来源严重不足,不能支持未来的发展。资金来源紧张是农村资金互助组织和村镇银行共同面临的困境。村镇银行设立时间短,没有足够的公信力,客户的认同度差、认知度弱,客户大多不放心到村镇银行去存储。而农村资金互助社采用会员制,封闭经营,将固定地域外的大量资金排斥掉了,而加入互助社的社员又普遍收入状况恶劣,存入少,贷款需求多,让农村资金互助社的发展难以为继。

相应的配套优惠政策仍然严重缺乏。作为新型农村金融机构,村镇银行至今仍与其他商业银行脱钩,被排除在中央银行结算体系之外,没有存款准备金账户与国内结算账号,这让村镇银行处于孤立无援的地位,很难和其他商业银行进行转账、跨行取款、结算、拆借等正常金融业务。而监管机构的一些规定使得农村资金互助组织发展非常掣肘,过于详细和严格的审批手续大大增加了农村资金互助组织的运营成本。

(二)村镇银行的优势

有相对更正规的经营管理体制。不论是在公司的治理和监管方面,还是在机构的设立、管理方面,村镇银行有着比农村银行互助社更加严格的规定。如村镇银行要求发起人或者是出资人中至少有一家银行业金融机构;而农村资金互助社发起人只要求有 10 名以上符合规定的社员即可。按照《中华人民共和国公司法》的相关规定,从公司治理的管理机制上来说,农村资金互助社还只是一个互助性的金融组织,在操作中有着更多的自主空间,同时也就带来了更大的内控风险。

员工素质相对较高。农村资金互助社理事长、经理应具备高中或中专及以上学历,上岗前应通过相应的从业资格考试。村镇银行的董事长以及中高级以上的管理人员都应该具有大专以上(含大专)的学历;此外凡是从事银行业相关工作在 5 年以上的,或者是具有从事着相关的经济工作在 8 年以上(其中是从事与银行业相关工作应在 2 年以上)的工作经验。

业务内容更加全面。村镇银行的业务范围基本包含了正规商业银行全部传统业务,另外,还可以代理保险公司、证券公司业务,可以说是"全能银行"。而农村资金互助组织的主营业务只有放贷,而且仅对社员放贷,对外基本不存在业务往来。农村资金互助社不得向非社员吸收存款、放贷款及办理其他金融业务,不得以该社资产为其他单位或个人提供担保。如果在满足社员资金需求后确实仍有富裕的才可以把富余资金存入商业银行吃息,除此,也只有购买国债和金融债券了。

(三)农村资金互助社的优势

更贴近农民的利益。农村资金互助组织是由所在地当地农民自发组建的,集腋成裘,聚沙成塔,农村资金互助组织在汇集了社员富余资金的同时也将农民团结在了一起,使单个农民这样的弱势群体凝聚为一个有力的主体,将来在与外界进行交易的过程更有主动性,更有竞争力。农民为自己的利益做出有组织的争取。而村镇银行毕竟是股份制的商业性银行,本质上已然使利润最大化。为了股东的利益服务,虽然有一系列规定和政策主导其为三农服务,但在利益的驱使下,村镇银行还是慢慢会转向更有利润的投资项目。目前,许多村镇银行已经悄悄对农民中的大户和有实力的企业出现了一定的倾向性。

具备相对更低的操作成本和信贷风险。农村资金互助组织的社员都必须是当地的农户。彼此熟人熟脸,知根知底,信息不对称所带来的风险和预防该风险的成本大大降低。因为农户之间,居所临近,生活交集大,互相监督也方便。在新社员入社时,必须征得其他社员的同意,这样就有效地将携带风险较大的农户排除出了组织,另外,如果发现某些社员逃债或者不按规定使用资金,致使农村资金互助组织蒙受损失,那么其他的社员就会对违约社员"另眼相看",并且,将违约社员的无信品性广泛传播,这对违约社员在当地的生活环境,甚至其下一代都有极其恶劣的影响,这种源于地缘的惩罚是非常严重的。而村镇银行虽然也有一定的地缘基础,但是和农村资金互助组织相比,信息不对称的困境,有效抵押物的缺乏都令其运营成本和所承担的信贷风险都明显更大。

第三节　贷款公司

贷款公司,又称小额贷款公司,是由境内商业银行或农村合作银行全额出资的有限责任公司,是专门为县城农民、农业和农村经济发展提供贷款服务的非银行业金融机构。其以安全性、流动性、效益性为经营原则,实行自主经营,自担风险,自负盈亏,自我约束,并可根据业务发展需要,在县域内设立分公司。

一、设立条件

银监会规定贷款公司注册资本不低于 50 万元人民币,为实收货币资本,由投资者一次足额缴纳。设立贷款公司分为筹建和开业两个阶段,并对不同阶段的行政许可程序及时限要求进行了规范。其中,贷款公司的筹建申请,由银监分局或所在城市的银监局受理,由银监局审查并决定。银监局自收到完整申请材料之日起或自受理之日起 4 个月内做出批准或者不批准的书面决定。贷款公司的开业申请,由银监分局或所在城市的银监局受理、审查及决定。银监分局或所在城市的银监局自受理之日起 2 个月内需做出核准或者不核准的书面规定。贷款公司可以不设立董事会、监事会,但是必须建立并且健全经营管理机制和监督机制。贷款公司的经营管理层需由投资人自行决定,报银监局分局或所在城市银监局备案。投资人可以委派监督人员,也可以聘请外部机构履行监督职能。

二、经营管理

贷款公司“只贷不存”,其营运资金为其实收资本和向投资者的借款。贷款的投向主要是用于支持农民、农业和农村经济发展,并且应该坚持小额、分散的借款原则。我国最早的贷款公司为 2005 年 12 月 27 日同时成立的山西平遥晋元泰小额贷款公司和山西平遥日升隆小额贷款公司,其注册资本分别为 1600 万元和 1700 万元。

(一)资金来源

贷款公司的资金来源于投资者的实缴资本和向投资者的借款。由于贷款公司不属于银行业金融机构,只是境内商业银行或农村合作银行全额出资的有限责任公司,因而贷款公司不得吸收公众存款。

(二)服务对象

贷款公司坚持为农民、农业和农村经济发展服务,即贷款的投向主要用于“三农”。

(三)资金运用

在相关贷款公司资金的运用等方面,大部分的贷款公司也仅仅是限定于办理诸如贷款相关业务、办理相关票据的贴现和办理资产的相关转让业务以及因为所办理的贷款业务而派生出的相关结算事项。贷款公司在发放贷款时应该坚持小额、分散的原则,从而提高贷款的受益覆盖面,这样也可以防止贷款过度集中。依据银监发〔2007〕6号《贷款公司管理暂行规定》,对于同一借款人的贷款余额不能够超过资本净额的10%,对单一集团企业客户的授信余额不能够超过资本净额数的15%,此外必须确保资本的充足率在任何时段不能够低于8%,资产损失充足率不低于100%。

小额度贷款公司以市场化为经营原则,贷款的利率上限是开放的但是也不能够大过相关司法部门所规定的贷款利率上限,此外它的下限则是由人民银行所发布的贷款基准利率的90%,浮动幅度依照市场需求来独立自主的确定。

(四)风险管理

贷款公司在经营中所面临的风险主要包括信用风险、市场风险、流动性风险、操作风险和法律风险等。

信用性风险是指借款人或交易对手因不履行还款责任而形成的潜在风险。贷款公司既是为服务三农而设立,那么其主要客户都是收入微薄的农民,农民经济基础普遍偏差,以农业收入为主要经济来源,特别易受自然灾害和政策变动的影响,抵抗风险能力很弱,又缺乏足值的抵押品或担保,不能按时还贷的可能性客观存在,这都使得小额贷款公司不得不面临信用性风险。

市场风险是指市场利率或价格(如汇率,商品/股票价格)向不利方向变动时对机构产生的风险。根据《贷款公司暂行管理办法》规定,贷款公司的贷款利率的波动区间为中国人民银行所公布的同期同档次贷款的基准利率的0.9倍到4倍之间。中国人民银行的利率水平变化将会影响到贷款公司的贷款利率及收益情况,尤其是在近期我国通货膨胀率较高的情况下,在央行频繁地调整存贷款基准利率的形式下,利率的波动和变化加剧了小额贷款公司的利率风险。与此同时,在我国利率市场化改革步伐加快的情况下,利率的市场化波动会进一步影响到其经营状况。

流动性风险是指债务人在其债务到期时因债务人无力将其资产转化为现金而无力偿付的风险。贷款公司的原则是"只贷不存",公司的主要资金来源只有股东的出资,绝对不能触碰吸收公共存款这条高压线。因此小额贷款公司的流动性好坏只依赖于贷款人归还贷款的概率和速率。据统计,我国的贷款公司有90%以上都不能够维持相对持续的运营,都需要在一定的程度上依靠外部来不断注入新的资金(外部资金包括由发起人出资的自由资金、国内外的捐赠资金、政府所扶持投入的资金等,实际上这些资金的来源都是非常匮乏的)。例如,浙江省首家获批的贷款公司——海宁的宏达小额贷款股份有限公司在开业还不到一个月期间,贷出贷款额就已经达到了4000多万元。此外,浙江温州的第二家小额度贷款公司——永嘉县的瑞丰小额度贷款股份有限公司在开业的第一天就贷出了高达2900多万元的贷款额。贷款公司的出资人有限,其他资金流入渠道更是狭窄,而贷款需求却源源不断、数量庞大,贷款公司如不能从商业银行筹措到资金,那么它对解决农村金融市场资金余缺的问题上发挥的作用将十分有限。

操作风险是指不完善的信息系统、交易时出现问题(涉及服务或产品的问题)、违反内控规定、欺诈或不可预见的自然灾害对一家机构造成的不可预计的损失。在经营过程中,风险主要表现为人员因素中的操作失误、违法行为、越权行为和流程因素中的流程执行不严格。目前,贷款公司的业务人员本来就不多,专业技能又比较差,许多人根本之前就没有接触过金融业务,在操作中不能预判风险,极易产生违规操作,诱发操作风险。另外,不少小额贷款公司由于规模的限制,没有严格配备专门的风控工作人员,没有建立明确的内控制度和措施。在缺乏内部监管的环境之下,防范风险无异于纸上谈兵。

法律风险是指因不能强制执行的合同、法律纠纷或不利判决而对机构的经营或财务状况产生干扰或其他负面影响。眼下小额贷款公司在我国尚且处于探索阶段,只有政策定位,缺少完备的法律定位,这使得其在金融机构中有实无名,或者是有名无份,处境十分尴尬。首先,贷款公司应该是通过当地政府批准设立的,并且需要是在有关的工商管理部门进行过登记的企业法人,即使是没有取得金融许可证。我国的《贷款通则》中就规定了贷款人必须是经由中国人民银行所批准的经营贷款相关业务,对于那些持有中国人民银行所颁发的《金融机构法人许可证》或者其他诸如《金融机构营业许可证》,由于因为两者之间的差异带来的矛盾使贷款公司在经营起来容易触发一定的法律风险。其次,从贷款公司所提供的业务来看,因为只提供贷款业务将使它区别于其他的商业银行,而且它不适用于《商业银行法》。但是贷款业务本质上又是一种金融行为,区别于一般的有限责任公司,也不能完全适用于《公司法》。

针对以上各种风险,贷款公司在贷款时实行"三查"制度。首先是贷前调查。贷款公司信贷员受理借款人申请后,必须对借款人的资格和条件进行审查,并形成的可行性调查报告。其次是贷时审查。应该严格的遵照分级审批以及审贷分离的贷款管理机制,贷款公司在贷款调查基础上,审查人员应该对于调查人员所提供的申请材料开展严格的核实、评定,此外要复测贷款风险度,并且提出相应的意见,按照所规定的权限进行报批并且予以相关的记录。最后还要贷后检查。贷款公司应及时对借款人所执行的借款合同的情况以及借款人目前的经营情况和保证人和抵(质)押物的情况进行持续的监控和分析,及时发现早期预警信号,并积极采取相应补救措施。

另外,贷款公司应按照有关规定,建立审慎规范的资产分类制度和拨备制度,准确进行资产分类,充分计提呆账准备金,确保资产损失准备充足率始终保持在 100％ 以上，全面覆盖风险。准备金大体分为三种：一般准备金、专项准备金、特种准备金。一般准备金年末余额应不低于年末贷款余额 1％。专项贷款损失准备金是根据贷款分类结果，按每笔贷款损失程度计提的用于弥补专项损失的准备。特种准备金是在公司遇到特殊情况或者特殊业务时而临时划拨的准备金。

贷款公司还应建立信息披露制度，按要求向公司股东、主管部门、向其提供融资的银行业金融机构、有关捐赠机构披露经中介机构审计的财务报表和年度业务经营情况、融资情况、重大事项等信息，必要时应向社会披露。

（五）组织构架

贷款公司成立董事会，由大股东任董事长。由董事会任命具备一定专业的股东或相关人士为总经理，统筹管理贷款公司的具体事务。参照一些商业银行的职能部门划分，各家贷款公司在行政层面上的机构设置虽不尽相同，但大体上是一致的，主要由董事会、总经理、贷款管理委员会和客户经理调查部组成。

（六）监管

贷款公司从公司性质上属于非银行金融机构，从一般意义上讲，不应由银行业监督管理机构监督管理，而应同其他公司一样由工商行政管理部门监管。但由于贷款公司是由境内商业银行或农村合作银行全额出资的有限责任公司，它和投资者均由中国银监会和地方银监局实施并表监管，因此，中国银监会及其派出机构对其资本充足率、不良贷款率、风险管理、内部控制、风险集中、关联交易等实施监管。

（七）业务特征

贷款利率方面，贷款公司没有确立固定的利率，而是根据市场需求，结合客户从事产业、贷款期限、客户质盘等要素确定利率。

贷款期限方面,主要尊重客户所经营项目的资金需求量,综合考虑其是否有担保方式以及还款能力来确定。一般根据客户从事的经营项目周期来确定。

放贷方式快捷简单,特别是针对农户的贷款,只需要一张申请审批表、一张借款合同和一张借据,就可以完成全部的贷款手续,除非特殊的情况,一般从接到贷款申请,到发放贷款,基本上都会在 1 个工作日内完成,最多也不会超过 2 个工作日。

第五章　农村非正规金融支持体系建设

农村非正规金融是农村金融的一个重要组成部分。这类金融形式难以观察,但是却大量存在。对于农村经济来说,这种金融形式往往起到非常重要的应急作用,一部分将要破产的农业企业可以得到挽救。但是这种金融形式往往也对我国正规金融的发展产生了危害,积存了大量的金融风险,危及我国农村正规金融的安全。

第一节　农村非正规金融概述

一、农村非正规金融的组织形式

(一)民间自由借贷

1.民间借贷的含义

民间自由借贷是指双方之间自发的直接借贷,是从古至今最为普遍的一种非正规金融行为。民间借贷,历史源远流长,逐渐从实物借贷过渡到货币借贷。早期的民间借贷形式主要以借物还物为主,如西周时期农奴之间的"有无相贷"以及农奴在灾荒年间向领主借粮以维持生计。后来,农业经济地发展越来越快速,整体社会经济环境也发生了变化,越来越频繁的交易导致了货币的出现,从此,民间借贷也过渡到了以货币借贷为主的阶段。但是时至今日,实物借贷仍然在民间借贷中占有一席之地,是民间借贷中,尤其是农业相关借贷中非常重要的一部分。目前的民间借贷处在一个以货币为主,实物为辅,各种形式并存的多元化格局。

2.民间借贷的分类

按利息高低的不同,民间借贷可分为无息借贷、低息借贷和高利贷。由于民间自由借贷多发生于亲戚朋友和熟人之间,有一定的情感因素在里面,而且发生频率高,金额又不大,具有互相帮助的性质,因此多为无息借贷。当然有息借贷的形式也相当普遍,在非正规金融产生初期的奴隶制社会,奴隶主阶级就以偿还更多粟粮为条件向农奴放贷,农奴必须额外偿还的这部分粮食即具有利息的性质。有息借贷分为低息借贷和高利贷。低息借贷的形式是介于无息借贷和高利贷两者之间的借贷形式。民间低息自由借贷的利率遵循一种有弹性、有限制的浮动利率机制,按照供求机制由双方协商决定,普遍来讲,在某一时期都会形成一个随行就市的市场利率。

民间借贷的利率一般要高于国家规定的官方利率,我国最高人民法院颁布的《关于人民法院审理借贷案件的若干意见》中规定:民间借贷的利率可以适当高于银行的利率,但规定民间借贷利率不得超过银行同类贷款利率的四倍。由此判断,低于官定利率四倍的民间借贷不属于高利贷的范畴。

高利贷的形式在民间借贷中也比较常见,但是其行为在我国现行法律规定中属于非法性质。高利贷放贷者目的明确,就是为了收取高额利息,赚取暴利。而借入者则是因特殊原因急需资金而不得已借贷。尤其是在中国古代和近代时期,奴隶主、封建主、官僚、富商等大多以高利贷的形式盘剥借贷者,贫困农民作为主要的借贷者,很多都因还贷而家破人亡。除了高利贷历史的劣根性,在当今社会中,高利贷往往与黑恶势力相挂钩,由高利贷引发的恶性事件对和谐的社会环境与良好的经济发展造成了负面的影响,增加了社会的不稳定因素。

时下在我国,高利贷虽然在全国各地都不同程度存在,但整体分布呈现哑铃型,经济比较落后地区和经济较为发达地区更活跃一些,不管在我国的法律还是政策上,高利贷形式的民间借贷都是而且会一直是严厉打击的对象。

此外,还有将民间自由借贷分为白色借贷、灰色借贷和黑色借贷的,分别可对应上述互助性质的无息借贷、投资性质的低息借贷和目前被认为非法的高利贷。

3.民间自由借贷的特点

(1)无组织性

民间自由借贷一般是在借贷双方之间直接进行,很少存在成型的组织和操作程序,明确的、成规模的中介结构数量极少,大部分交易没有固定场所,发生交易的时间和频率都有着很大的偶然性。借贷活动的具体情况一般只有双方当事人清楚,因此监督人员如不花费大量的人力物力深入调查,那么基本不可能掌握其具体的运行状况。

(2)多样性

和其他正规或非正规金融机构或组织相比,民间自由借贷的融资目的呈现明显的多样化特征,很多是用于生活所需,具体的融资目的五花八门,几乎无所不包,婚丧嫁娶、修屋建房、医疗费用、子女求学等。另外还有部分用于生产、投资,尤其在经济发达地区,民间借贷被投入到生产投资的比例要高于贫困地区。整体来看,民间自由借贷的融资目的相对比较复杂。

(3)借贷金额一般比较少

这主要是由借贷目的多样性和借贷与生活的紧密相关性造成的。民间自由借贷的目的具有多样性,许多只是为了解决生活的一时之需,因此借贷金额一般较少,最少的仅有几元、几十元。这种小额借款在我国广大农村地区非常普遍,不过在沿海等经济较为发达的地区,一些乡镇企业为满足生产经营所需,借款也有上百万元的,但是由于缺乏组织性,借款活动具有偶然性,因此与银行贷款,加入合会等形式相比而言,规模仍然不算很大。

(4)利率具有差异性

在自由借贷中,决定利率高低的因素有很多,如经济发展水平、风俗习惯、借贷双方的关系以及借贷用途等,不像商业银行和其他正规金融机构那样具有较为统一的标准。在不同的地区、不同的借款者之间利率相差悬殊,不过总体而言还是体现了风险定价的原则。对于风险较高的借款用途,利率较高,如用于投机炒股等;对于风险较低的借款用途,利率较低,如用于农业生产。对于比较熟悉的借贷者,所定利率较低甚至不收利息,如亲属之间的借贷;对于不是很熟悉的借贷者,所定利率相对来说就可能很高,最起码要超过银行利率。

(5)借贷活动发生的范围较为狭小

民间自由借贷多发生在亲朋好友之间,即使是陌生人,中间也必须有双方共同的熟人介绍并做出信誉保证,而相对于这些范围之外的借款者,由于信息不对称的程度较高,放款者很少予以考虑,所以范围狭小。这样可以降低贷款活动的风险性,借款者碍于情面,或为保持自身在特定范围内良好的信誉等原因而尽量避免违约事件的发生。这种借贷活动中的亲缘和友情纽带加大了违约者的失信成本。所以在一定程度上具有道德的硬约束性。

(6)借贷合约具有不规范性

由于民间自由借贷多发生在亲朋好友、熟人之间,借贷双方都互相相信,且考虑情面因素,借款合约一般都不是具有法律效力的正式借款合同,大多数甚至都是没有书面凭证的口头协议,而且大多为缺乏担保或抵押措施的信用放款。一旦出现还款纠纷,放款者很难得到法律保护。

近年来,随着农村商品经济的发展,农村民间自由借贷也呈现出了一些新的特点。如:借款数额较以前大大增加;借款范围有所突破,因为中介保证机构和程序渐渐增多,借贷交易已不限制在以往亲友之间的狭小范围;借贷手续更为完善,借贷双方法律意识越来越强。

(二)私人钱庄

私人钱庄又称"银背""捐客"等,主要指目前农村中以中介人身份收集区域内农村民间资金供需信息并且以低进高出的资金借贷形式赚取利差的地下私人金融组织。

1.私人钱庄的组织形式

私人钱庄一般是一些机构化或半机构化的私人中介组织,大多为家族企业,具有一定的管理模式,以自有资金为担保,利用自己对特定区域内资金信息的掌握将资金低息借入高息贷出;也有一些是以协会或基金会的名义存在,基本上都是由一些合作性的组织机构演化而来。前些年在我国温州等地的农村地区盛行的"老太太银行"就是一种比较典型也比较简单的私人钱庄形式。这种组织形式的私人钱庄一般由一些文化水平不高的老人及中年妇女作为资金信息的收集者,附近地区的资金余缺者都在此处备案,然后由这些公认的资金中介人按收集的资金供求信息进行配比,以低进高出的方式放贷,从中赚取利差。

2.私人钱庄的主要业务

私人钱庄主要从事资金的存贷业务。存款来源主要为农村私营中小企业的营业资金和农户的闲散资金。私营企业一天的营业时间通常较晚且资金流动性强,商业银行等正规金融组织有时难以满足它们的存取款的灵活性,而且私人钱庄的存款利率较高。因此部分农村中小企业和农户愿意将资金存入这些私人钱庄。私人钱庄借入的资金一般也主要是贷放给农村私营的中小企业及个体工商户,以满足它们临时的、小额、分散的资金周转需要。

3. 私人钱庄的利率

私人钱庄的存贷款利率主要由市场上资金供求情况和贷款项目风险的高低等因素来决定。资金供不应求则利率较高，供过于求则利率较低；资金投向领域风险高则利率较高，反之则利率较低。私人钱庄的利率水平一般会高于银行利率而低于民间自由借贷中有息贷款的利率。

4. 私人钱庄的特点

(1)组织形式比较规范

私人钱庄一般都拥有固定的营业场所，如果行情好，生意火爆还会招聘一定的工作人员，这使得其经营更具规范性。私人钱庄通过有组织地广泛吸纳存款，对外发放贷款赚取利差收益，主动寻找业务、联系业务的环节多，在自发性、偶然性与随意性上都不如民间自由借贷。另外，私人钱庄的规模也比自由借贷更大，有相当多的单笔大额交易发生。

(2)经营具有不稳定性

私人钱庄这种非正规金融组织在法律上并不被认可，甚至在政策上是被明令禁止的。自新中国成立以来，政府对其进行过多次全国性大规模的清理和压制。在这种背景下，其经营活动只能以"地下形式"进行，与政府的监管"打游击战"。国家对非正规农村金融的政策导向对其有重大影响。当政策对其不利之时，私人钱庄在数量和业务上都会大幅萎缩，而当"风头"过去，政府对它的监管有所松动时，便又迅速膨胀开展起来。另外，由于私人钱庄主要是吸收附近地区农村私营企业和农户的资金，因此非常容易受到当地农村经济发展情况的影响。当地农村经济发展良好时，资金借贷活动就会较为活跃，私人钱庄的生存空间就会变大；而当地农村经济萎靡之时，农民的借贷动能与还款能力不足，私人钱庄的业务也就会随之萎缩。

（3）经营方式灵活

私人钱庄的交易活动更加简单便捷，在存贷方式、存贷期限、存贷金额等方面可以由客户与钱庄两方面商量定夺，有很大的浮动空间，而不像商业银行那样有严格的贷款条件、耗时漫长的审批过程与烦琐的一道道手续，私人钱庄存放贷常常仅落实在一张书面合同中即可，甚至只是一张借条。如此的工作特色可以更好地满足农村中小企业、工商个体户、小型店铺与普通农户对资金个性化的要求。

（三）民间集资

民间集资是指资金需求者通过一定的手段直接从民间筹集资金的金融活动。民间集资在我国 20 世纪 80 年代较为盛行，发起者有个人、私人组织，甚至还包括政府，融资用途有些是为了生存经营，有些是用于公益福利。

民间集资形式多样，如以适应农村剩余劳动力较多的情况而发展起来的"以劳带资"，股份制企业通过发行股票、债券向农民和中小企业融资的"入股集资"，在股份制尚未发展起来时出现在企业之间或企业与个人间的入股联营、保息分红的"联营集资"，在经营承包制中承包人向发包人缴纳的风险押金，乡村政府组织的行政集资等。

民间集资为筹集到所需的资金，一般会向出资者承诺较高的利息，然而这里就蕴含着很大的支付风险。在投资的项目不能收到预期的利润或者由于各种突发情况无法进行下去的时候，民间集资行为就会立刻崩溃。在 20 世纪 80 年代民间集资盛行之时，就出现过非常多的逃债、赖债甚至组织者携款潜逃、"人间蒸发"的案例，使大量的投资者血本无归。这些失败的民间集资中还不乏以集资为名，行诈骗之实的大案，造成了民间资本借贷的连锁倒闭效应，影响极为恶劣。

二、我国农村非正规金融的规模

2005年年底,央行的统计数据认为,目前我国非正规融资规模在1万亿元人民币以上,地下融资规模与正规途径融资规模之比平均达到28.07%。2014年,《经济参考报》报道我国非正规金融规模已经超过5万亿。近些年虽然没有明显的统计数字,但是从房地产市场、其他社会经济运行的情况可以看出,我国非正规金融的规模可以想象。

我国的非正规金融主要发源地在农村,尤其是沿海地区的农村,如浙江省、福建省、广东省等。从1986年开始,农村民间借贷规模已经超过了正规信贷规模,而且每年以19%的速度增长。在经济相对发达的东南沿海城市,企业之间,特别是民营企业之间的直接临时资金拆借或高于银行固定利率性质的民间借贷数量巨大,仅2000年企业之间直接拆借或借贷的金额就高达800亿~1000亿元人民币。

根据中国人民银行温州中心支行2014年发布的《温州民间借贷市场报告》显示,2013年,温州民间借贷规模将近3000亿元。温州全市中小企业资金来源总额中,来自国有商业金融机构的贷款仅占24%,其余76%全部来自非正规金融。温州市和台州市两地的民间资本已达5000亿元左右,整个浙江省的民间资本超过8000亿元。如果将福建省、广东省等沿海地区民间资本的总量加起来,全国民间资本的总量将超过10000亿元,相当于一家国有商业银行的规模。

三、我国农村非正规金融的特征

非正规金融地域性强、深入民间、手续简单、机动灵活,便于吸存和放贷,究其原因,在当地的技术条件下,社区性强的非正规金融业对中小企业、个体工商户的信息远比国有金融要充分。非正规金融的这些特性使其成为国有金融的有益补充。从以上列出的非正规金融的几种主要形式来看，不仅活动方式呈现多样化，而且基本上都是处于正规金融管理机构的控制和掌握之外的，有关这些活动的数量和开展范围也没有明确的统计数字，现有的研究成果基本上都是以实地调研报告的形式存在的，致使对非正规金融发展状况的总体把握面临诸多困难。尽管如此，非正规金融活动的日益广泛开展仍是一个不争的事实。

第一，越是资金供给不足的地区，非正规金融发展越快。如农村地区（金融机构营业网点少，农民贷款难）相对城市发展快，沿海地区（民营企业需要的大量资金得不到满足）相对中西部地区发展快。

第二，随着金融管制的放松和利率市场化的逐步实施，民间融资利率下降，并有一部分民间资金纳入正规金融体系。以非正规金融最活跃的温州为例，以往，温州民间借贷利率一般是一分左右，也有少量在八厘或一分二、一分五之间，温州实施利率浮动改革后，非正规金融组织的贷款利率从以前的一分降到八厘左右，有的甚至降到了六厘，大大低于前些年的水平。同时，非正规金融有萎缩的趋势，一部分民间资金纳入正规金融体系，企图以较小的利率损失换来较高的资金安全。

第三，旧的形式不断消失，新的、更高级的民间融资形式不断产生，显示出顽强的生命力。随着民营企业的快速发展，一方面大批民营企业融资难，另一方面大量的民间资本闲置或低效率运转，这种资本配置错位的矛盾刺激了新的非正规金融形式的发展，标会、地下钱庄的地位下降，不规范的私募基金、灰色的一级半市场等快速滋生。这些新的形式可以在更大范围、以更快的速度，获得更多的资金，以满足民营企业大量的资金需要。时至今日，在机构覆盖面、服务领域以及资金实力等方面，非正规金融都已成为促进我国经济发展与金融深化的一支重要力量。

第四，利率灵活。著名经济学家茅于轼表示，利率就是资金的价格，而资金的价格随着市场波动而波动，利率也是按照一般市场规律,供过于求就要降价,供不应求就要涨价。我国相关法律规定,农村非正规金融利率最高不能超过中国人民银行规定的利率的4倍,从中可以看出农村非正规金融的利率较高、变化范围较大、变动较为灵活。在通货膨胀的影响下,真实利率往往被低估,不能真实反映出金融市场上的供求状况。非正规金融利率为多层次的并且一般高于正规金融给出的利率,不但能真正反映出金融市场的供求状况,而且能满足不同的金融活动的种类和对象的利率需求。利率的灵活多变和借贷期限的共同商定,充分发挥了利率的杠杆作用,调动了经济主体参与金融活动的积极性,并能够有效地调整和控制资金的流量和流向,极大地发挥了非正规金融资源的作用。一旦农村非正规金融的融资源头充裕或是农户和微型企业对资金的需求不是那么的迫切,利率就会随之降低。

第五,潜在风险大。从农村非正规金融自身的角度来分析,我国农村非正规金融制定契约的基础是通过各种渠道来实现对信贷对象的诚信信息的获取,对抵押品或是中小企业的财务信息并没有像正规金融机构那样严格的规定,其仅仅建立在道德和诚信等内在制约因素的基础上,加之游离在国家正规金融体制之外,没有相关法律制度的约束,很容易发生金融违约行为,诸如地下钱庄老板卷钱逃跑,即潜在受信贷主体的金融违约风险。从受信贷对象的角度来看,由于农村正规金融设置了抵押物及信用评价等级等条件,使自己的金融需求得不到满足,他们只能选择承担较高的信贷成本,向农村非正规金融寻求信贷帮助。当受信贷对象所获取的金融资源收益大于道德谴责和高信贷利率所带来的成本时,其很可能就会违约并转而向地区较远并且信息不充分的其他非正规金融机构进行金融活动(即潜在的受信贷对象金融违约风险)。农村非正规金融机构一旦消除不了金融违约行为带来的风险,就会引发一系列的社会问题,诸如因广大储户的利益受损失而引发的群体暴力性事件。目前,在农村非正规金融机构中的风险都是潜在的、隐蔽的,例如,小额贷款公司在资本金充足的情况下放贷的利率比同期银行基准贷款利率高出 4 倍；有的公司甚至至少有两套账，负责人利用公司的名义用自己的资金发放贷款，而通过这些渠道发放的贷款，是难以体现到账面上的，也是有很大的风险的。

第二节　农村非正规金融存在的根源浅析

由于正规金融的供应远远难以满足农村金融的需求，苛刻的贷款条件和烦琐的贷款手续也常使收入微薄、教育程度较低的农民群众望而却步，此时各种非(准)正规金融便应运而生。与传统的非正规金融组织形式相比，市场经济体制下我国农村非正规金融形式更加多样化。

农村金融体系中，如果正规金融不能有效地发挥服务功能，非正规金融则可弥补其缺陷，且具有一定的制度优势。

一、非正规金融是符合农民基层的效率较高的金融组织形式

非正规金融来自民间，是自下而上发展起来的，具备深厚的历史沉淀，它能存在至今，就说明其有着正规金融所难以达到的功用。非正规金融被广大农民群众所熟悉，具有广泛的社会基础。农村非正规金融借贷行为通常处于封闭的社区内部，依靠地缘、亲缘、传统人际关系，分布较为分散，虽然表面上不成体系，但是这种发生在较小范围的金融交易，具有信息传递速度快，交易费用低和方便快捷的优势。非正规金融机构往往对一个固定的群体放贷，而且向其成员重复放贷，加上借贷双方在地域和人际关系上都不疏远，因而更了解借款人的信用和收益状况，从而有效规避了信息不对称带来的道德风险和逆向选择。由于借款者和贷款者之间因长期和多次交易而建立起的相互信任和合作关系，借款者的违约成本很高，违规者会因遭到社区排斥和舆论谴责而付出高昂代

价,不仅其很难在未来继续融资,而且对其生活环境和在所在地的生存成本都会产生极其不利的影响。如此一来,非正规金融的地域性的约束力很强,成员之间合约的履行率也就很高。交易的关联性使信贷关系更容易建立,非正规金融组织的存续也就更长久。再者,非正规金融组织与借贷者之间的信贷交易,往往是他们在土地、劳动或产出市场上的交易的关联交易,贷款标的物非常明确,容易确认,因此信贷风险被进一步缩小。

二、促进了农村经济的繁荣

新世纪以来,各大国有商业性银行及相关正规金融机构在利润的驱使下纷纷裁撤在农村的营业网点,针对三农的贷款也被严格管制,规模上大幅缩水,农村金融市场成为我国金融体系中的"孤岛"。而在这种背景下,非正规金融的及时出现与强势发展大力支持了农民和农村中小企业在生产经营、投资壮大过程中急需的资金,有效地填补了正规金融的空白,为我国农村经济的持续增长做出了自己的贡献。

三、缓解了农村金融市场上资金供需的巨大缺口

由于农业活动属于微利行业,受自然气候与政策环境影响巨大,收益小、风险高,同时,从事农业活动的农民群众和中小型企业经济基础普遍处于社会下层,还债能力不能保证,而且对金融服务的了解匮乏,不能有效地判断投资风险,也不能很好地适应正规金融机构的业务流程和经营理念。非正规金融以其方便快捷、灵活多样的服务方式,为农户和农村中小企业提供资金支持,扩大了他们的融资信贷门路,从而对资金供求矛盾起到了一定的缓解作用。

正规金融有各种繁杂而严格的审查审批手续,而非正规金融较少有规范格式的合同,更多的是依靠借款人的自律。非正规金

融比正规金融更为方便、灵活、快捷、多样的特点恰好符合了那些急需资金的农村中小企业、私营个体户等经济实体所面临的季节性强、数额小、周期长、风险大的现实情况。再有,非正规金融还可以接受正规金融无法接受的许多非常规贷款抵押,如土地使用权抵押、劳动抵押、未收割的青苗抵押、活畜抵押等。

四、为农村金融市场创造更具有竞争性的局面

随着非正规金融的迅速发展,各种非正规金融组织以各自的经营手段吸引了大量的居民储蓄,在很大程度上分流了国有大型商业银行及相关正规金融机构所能掌控的资金规模。国有商业银行再也不是一家独大,加上第四章所介绍的新型农村金融机构,商业银行与农村信用社垄断农村金融市场的格局已经打破,进入了一个以农村信用社为主,商业银行、新型农村金融机构以及非正规金融组织为辅的"一超多强"时代。这无疑给正规金融机构施加了改革进步的压力和动力,促进了正规金融的健康积极发展。

正规金融和非正规金融已经在农村地域展开了各个层面的竞争,基本上是"你进我退、你退我进"的形势,非正规金融这种对正规金融机构的倒逼行为,有效地促使正规金融机构挖掘内部潜力,转变经营意识,改革传统管理体制,改善业务经营方式,提高服务质量和水平。同时,正规金融市场化改革也加快了非正规金融的经营行为的组织化、正规化与阳光化,在业务技术上也更加科学化、规范化、先进化。非正规金融的引入和正规金融的正面应对,使这两大类金融组织形式在竞争中不断提高,形成良性互动,最终的受益者还是广大的农民群众和蒸蒸日上的新农村建设,另外,此举对未来建立和完善农村金融体系也有着借鉴和实验的作用。

第三节　非正规金融的问题与监管

一、农村非正规金融的问题

(一)利率水平相对偏高

非正规金融,特别是农村非正规金融争执的焦点是利率问题。国家的信贷利率是根据国民经济发展水平和速度,经过宏观调控指导意见制定的一种执行利率,而非正规金融利率是市场化的,由融资双方协商确定。现实中,相对于国家控制的官方正式金融的普遍低利率,农村非正规金融呈现高利率的特征。由于我国农村地区官方正式金融的信贷供给不足,非正规金融便会适时产生——提供融资便利以满足高涨的信贷需求。但是,相对于分散而总量很大的民间融资需求,规模较小的民间信贷供给显然是杯水车薪,这就必然导致信贷供给的垄断,并进一步导致高利率的产生。从全国情况来看,利率水平在 20%～40%。同时,农村地区在地理位置、交通、信息方面的现实状况决定了农村非正规金融市场处于彼此相分割的状态,资金、信息难以自由流动,从而无法通过竞争来降低利率,市场垄断程度进一步强化,导致农村非正规金融的利率水平普遍偏高且地区间差异很大。

(二)信用活动不规范

农村非正规金融活动一般基于共同的亲缘、地缘和业缘关系,融资双方比较了解,与融资相关的信息极易获得,能相对有效地克服信息不对称的问题。但这种狭小的信用圈只是农村非正规金融在一定社会历史条件下的选择,随着农村经济的发展和农村资金缺口的持续增大,农村非正规金融组织必然会逐步向外部拓展信用圈。信用圈的扩大则会加重借贷活动中的信息不对称问题,导致农村非正规金融中的相当一部分信用活动不规范。而且,农村非正规金融机构没有经过正规引导、培训,基本处于自发、随意运作状态,无规矩难以成方圆,尤其在金融这种特殊行业,需要从业者具备金融业特殊的知识、技能等要求。因而,它们也不会按照金融业正规要求(准备金比例、资产负债比例、风险防范管理措施等)运作金融业务,央行也无法对其实施有效指导、监管。此外,非正规金融机构纯粹以获利为目的,为增加流动资金,不提取存款准备金和呆账准备金以抵御风险,使得其经营风险进一步加大。

(三)内部经营管理不规范

由于农村非正规金融长期处于政府监管视野以外,在经营管理上没有科学的手段来确保还款来源和贷出资金的安全性,因此,面临着较大的经营风险。农村非正规金融业务管理中常常采用口头约定或者简单履约的方式,特别是在亲属、朋友和乡邻间的友情借贷和低息借贷,完全依靠个人的感情及信用行事,几乎没有任何手续,或者只是简单履行一下手续,仅凭一张借条、一个中间证明人即认可借贷行为,这种形式显然缺乏对借款对象的审查和借款用途的有效监督。近几年,虽然农村非正规金融业务越来越多地开始采用书面形式,担保和抵押也逐步增加,但所占比例并不多,多数业务处理仍然是延续原有的简单化模式。而且,大部分非正规金融机构缺乏现代科学的管理方法,仅凭经验对贷款人进行管理。由于没有建立规范的内部控制制度,没有严格的财务管理及审计稽核制度,而且非正规金融机构大多不提取存款准备金和呆账准备金以抵御风险,其经营风险极大,特别是在借款人遭遇突发性事件和重大政策变更时常常出现问题。另外,农村非正规金融组织的管理模式具有典型的家长制特征,其经营运作必然过分依赖于家长的经验和权威,不利于民主化、科学化管理的导入,在没有监督机制规范的情况下,可能会导致整个组织经营不畅,甚至遭受破产。合会中会首违背合会规定,携款逃跑,转移、藏匿会款就是家长制管理失败的最好例证。

(四)运行机制不规范

1.机构组织方式不规范

农村非正规金融的组织方式与正式金融存在明显的差异,多数没有办公场所、没有专门的机构和人员,未在工商部门注册,这种组织上的特点即通常学者所谓的农村非正规金融草根性的一个体现。农村非正规金融组织上的不规范一定程度上是节约成本的体现,与规模大、人员杂、机构多的官方金融相比,这正是农村非正规金融针对农村金融业务成本高的一种灵活选择。然而,农村非正规金融组织中的注册问题、办公场所问题、组织成员问题也需要引起注意。一旦经营行为出现问题,资不抵债,局中人常常选择逃跑的方式规避法律的制裁,不利于保护存款人的利益和剩余资产的处理。

2.日常经营运行不规范

农村非正规金融在日常的经营中也存在明显的不规范问题,集中表现为业务操作中不规范的信贷投向,如高息揽存,盲目贷款。从大量案例中发现,随着经营规模的扩大,由于没有科学的经营方法,多数的农村非正规金融会出现信贷经营的问题,最终导致资金链断裂和破产。特别是由于缺乏对每笔贷款贷前、贷中、贷后的严格审查,农村非正规金融机构往往难以知晓借款者的信誉,更难以控制贷款用途。加之信贷结构的不合理,使得发生风险的概率越来越高,破坏性也越来越大。

3.防范风险手段不规范

农村非正规金融组织在规避信贷风险时,采用的方法一般是提高利率水平,以高利率约束风险的发生,几乎没有采用提取存款准备金和呆账准备金的风险管理方法。而当借款者出现还款危机时,贷款者和所有者常常会选择采用暴力等非正常的方式私下解决纠纷,却很少会求助政府和法律的力量。事实证明,由于缺少科学的风险管理手段,农村非正规金融经营不规范通过量的积累实现质的蜕变,风险也由隐性转变为显性,进一步引发一系列的经济矛盾和社会问题。

(五)难以得到法律的保护

农村非正规金融组织面临的最严峻的问题可能就是它们在法律上处于不利地位。作为诱致性制度变迁的产物,非正规金融活动缺乏法律、政策依据。虽然非正规金融在我国古代就已经存在,但新中国成立以来政府对其活动经历了由禁止、打击到默认而不提倡的过程。国务院1986年1月7日颁布的《中华人民共和国银行管理暂行条例》规定:"个人不得设立银行或其他金融机构,不得经营金融业务""禁止自办金融机构经营金融业务"。根据这些规定,一些民间自办的钱庄等金融组织被先后取缔,部分民间的"合会"(尤其是其中规模较大的那些)也被定性为违法犯罪活动而遭到严厉打击。然而,不可否认的是,农村非正规金融在扩充农村生产经营资金、活跃农村金融市场、提高金融效率,尤其是促进民营企业发展等方面起到了积极作用。目前,农村民间金融已引起相关部门的重视,但依然没有得到我国法律的认可,因此,它的一切金融活动就失去了法律基础,其合法权益也难以得到法律的保护。

非正规金融组织之所以得不到法律的保护,并成为取缔的对象,主要是因为以下几方面原因:首先,体制内金融与非正规金融之间存在利益冲突,即非正规金融组织可能与体制内金融部门争夺金融资源,以致削弱国家对金融资源的控制,进而影响国家对体制内经济的金融支持。在国家对国有企业预算软约束的体制根源没有消除的情况下,国家必须集中大部分金融资源,以低于非国有经济从国有金融体系中获得金融资源的价格给予补贴支持国有企业,从而弥补因国有企业效益日益下降而造成的财政收入不足。这就需要通过国有金融系统对金融活动的垄断,从不断增长的居民储蓄中获得大量的"准财政收入"来维持经济增长和社会稳定。其次,非正规金融的利率较高,一些不法分子在利益驱动下可能会利用非正规金融组织进行违法犯罪行为,破坏市场经济秩序,严重影响社会稳定。我国浙江、福建等地的"倒会"事件便是例证。最后,非正规金融活动游离于国家的监管之外,监管当局对其风险较难控制,其市场所实现的资金配置有时与国家的宏观经济政策目标相冲突,可能对正常的金融秩序造成冲击,影响央行货币政策的实施,进而不利于政府的宏观调控。

二、加强针对农村非正规金融的监管

(一)农村非正规金融监管的现实意义

我国非正规金融的历史较之正规金融更为久远,中国金融史上传统的金融机构实质就是非正规金融。在无担保、无限责任公司等传统金融环境下所从事的金融活动,其所处的环境与非正规金融的环境差异不大。当前,我国非正规金融活动主要集中于农村或是城郊结合地,其交易双方多是熟悉或半熟悉的人,无须信用担保和抵押物。与之相伴而生的常有"高利贷"、非法集资、倒闭,甚至有金融诈骗等违法活动。这种现象的存在,对农村金融监管提出了挑战。放任这种现象的蔓延和扩展,势必会影响农村正规金融的发展,同时也不利于农村非正规金融的发展。

非正规金融能够在农村发展,有其一定的生存土壤。非正规金融的生存壮大,是同现行的农村金融体系和农村金融机构的不完善相伴随的。

首先,国有正规金融在农村金融市场中呈现收缩态势,为农村非正规金融的发展提供了空间。长期以来,国有商业银行在农村地区进行贷款时,也同城市金融一样,强调贷款的安全性,一样要求提供贷款的抵押和担保,而这对农村资金需求者来说是困难的;正规商业银行出于利润追求的考虑,为了节约成本,提高利润,一般把业务网点放在城市,大力撤并和收缩在农村的营业网点,这样一来,农村地区资金的短缺为非正规金融发展提供了可能。

其次,政策性农村金融机构其业务范围有限,仅仅是在农产品收购方面有一定的作用,这是由政策性金融在农村市场的定位所决定的。农村政策性金融服务半径有限,不可能提供足够多的农村金融服务,因而,农村政策性金融离支持"三农",建设社会主义新农村的重任还有很大的距离。

最后,农村信用社并非真正意义上的农村合作金融组织。这也使得农村信用社难以担当农村金融市场的栋梁。

上述农村金融市场的现状,无疑使得农村非正规金融有其生存和拓展的空间。正是农村正规金融的有限作为(甚至是无所作为)导致了农村正规金融的匮乏,为非正规金融在农村金融市场中的迅速发展提供了平台和可能。

从农村非正规金融的特点可以看出,农村非正规金融能够生存扩大,从其自身来看,也有其有利之处。比如合会、民间借贷、私人钱庄等农村非正规金融机构融资速度快、信息费用能够适应农村资金需求者的要求、利率具有弹性(可大可小)、资金利用率高、手续简便等,这些优点在农村地区有着很大的市场。

（二）农村非正规金融的法律地位

溯及我国金融法律,可以看到农村非正规金融所处的法律地位是尴尬的,甚至是相互矛盾的。整体来看,对于非正规金融机构的存在并无明确、具体和细致的法律规定,仅在一些相关法律中有一些粗略的规定。如在《合同法》第一百九十六条规定:借款合同是借款人向贷款人借款,到期返还借款并支付利息的合同。而在一些法律或司法解释中,又有相反的规定,如早在1998年7月,国务院颁布的《非法金融机构和非法金融业务活动取缔办法》等相关法律法规中,曾提出了"未经依法批准,以任何名义向社会不特定对象进行的非法集资"的类似表述,这一条款实质上使得非正规金融仍旧处于非法或是半合法的地位。到了2002年1月31日(当时银监会尚未成立),中国人民银行出台的《关于取缔地下钱庄及打击高利贷行为的通知》,更是明确提及"近年来,在部分农村地区,民间信用活跃,高利借贷现象突出",在这一通知中明确提出要取缔地下钱庄及打击"高利贷"行为。到底何为借贷,何为集资?这二者之间的界限如何确定和区分,其实有时是比较模糊的。一方面,在《合同法》中明确规定了民间借贷行为受到法律保护,最高人民法院在有关司法解释中确认了民间借贷利息在不高于银行同期贷款利率四倍的范围内都受到法律保护,确认了公民与非金融企业之间的借贷属于民间借贷,只要双方当事人意思表示真实即可生效。因此,约定有息借贷但不超越司法解释所定范围的"高利贷"并不违法,一个企业向一个公民或者多个公民借贷也属于合法民间借贷。而另一方面,非正规金融由于没有充分的法律保护,因而,较之于正规金融受到现行立法的保障来说,其在农村金融市场中处于相对供给不足或是半公开的状态,这种法律上的地位不平等,也导致了非正规金融所处的地位只能是非法或半合法的地位。因而,农村非正规金融监管也就自然处于一种非常棘手的地步。

既然法律没有明确农村非正规金融的合法地位,而现实中非正规金融又有其一定的积极意义,这就使得金融监管部门处理起非正规金融来,多是处于一种事后监管的状态。没有问题了,可以默许其生存发展;出了问题了,紧急跟上。金融监管部门也想对农村非正规金融进行有效监管,但囿于非正规金融活动的隐蔽性和半合法性,使得金融监管部门在非正规金融活动出现事故之后才急急忙忙地进行监管,这个时候,所进行的金融监管多数已经上升至刑事处罚或是民事赔偿阶段,难以从事前监管方面提供有力的金融监管,近年来国内数起非正规金融案例能够说明这一点。比如2004年福建省福安市出现的民间标会崩盘事件,金融监管部门更多的是事后监管,更多的是处在清理相关债务、处理双方债务纠纷,以及追究当事人的法律责任等方面。这种事后监管的状态,使得金融监管难以起到事前防范的作用,金融防火墙的防范机制存在极大的漏洞,因而,在农村非正规金融监管方面需要从法律层次上加以规范和明晰。

(三)非正规金融的信用与金融监管

从金融监管角度看,对于非正规金融的监管同正规金融的监管在信用度方面的要求是不一样的。正规金融为了防范风险,一般会对资金使用者的信用度进行详细严格的调查,这种在信用度方面的认可是同正规金融在风险防范方面的要求一脉相承的。多年来,在中国人民银行的努力下,我国建立了城市居民和企业的征信评估系统。但在广大农村来说,农民的征信评估系统还没有建立起来,甚至对农户和农村企业连续盈利方面的情况都难以提供完整的信息,在这种情况下要进行资信采集是有一定难度的,如果非要进行,势必会加大资信调查的成本。这无疑提高了农村金融市场的运行成本,甚至会出现由于资信调查成本与违约追偿成本之和大于追偿标的额的现象,使得农村正规金融难以立足,最终选择到城市发展。

由于正规金融在农村金融市场中处于信息不对称的地步,正规金融要想在农村金融市场中立足,其支付的信息采集成本要远远高于非正规金融。加之,我国农村金融市场地域广大,如果出现违约事端,正规金融机构进行追偿的成本(如交通费用、交易成本等)也是非常大的。正规金融在农村金融市场中失去的机会成本大于其沉没成本,这种正规金融在农村市场中的高昂代价成为制约正规金融进入和开拓农村金融市场的桎梏。

"存在即是合理",从理想的角度来看,非正规金融能够数千年存在自然有其合理性。非正规金融在资金需求者信用度方面的优势,成为它有别于正规金融的一个优势,它弥补了正规金融机构信贷不足的弊端,使社会闲置资金得以充分利用,是在法律无明确规制的情况下生存和发展起来的。因此,在农村非正规金融监管中需要对资金使用者的信用度进行灵活的监管。要把这一方面的工作交给非正规金融中的资金供给方,由供给方对需求方的经营状况、还款能力、道德品质和资信状况等方面进行详细审核,发挥非正规金融交易双方在特定群落和地域中相互熟悉的优势,这有利于解决农村正规金融在农村金融市场中信息不对称、信息成本高昂等方面的劣势,自然能够降低非正规金融风险的发生。

政府金融监管部门对于非正规金融的监管要从大的方面进行,而不应当是在细枝末节方面进行。由于农村非正规金融是在国家法律没有明确认可的情况下出现的,因此,它先天就有排斥国家法律、躲避法律规制的特点,它天然地同黑社会、洗钱、暴力等联系,这也是其隐蔽性或半公开性的缘由。非正规金融的二元性,决定了它的风险解决机制是有别于正规金融的。一旦依赖"人缘"难以解决这些纠纷时,就可能出现采取暴力和非法手段处理纠纷的情况发生。因此,非正规金融往往又会同黑社会、暴力等非法手段相伴随,这也成为非正规金融监管中比较复杂的问题。

(四)非正规金融监管的完善

对于非正规金融的监管不能完全采用"堵"的方式,还应当注意采用"疏"的方式。农村非正规金融的存在恰恰是正规金融和半正规金融发展不到位造成的。就像北京部分公交不发达的小区有许多非法"摩的"在运行,单纯采用禁止的办法也许无济于事,如果在打击非法"摩的"的同时,能够提供优质的公交服务,非法"摩的"自然也就没有市场了。同理,在加强对农村非正规金融监管的同时,还必须提供满足农村经济社会需要的正规金融和半正规金融服务。当前国家已经注意到了这个问题,2006年银监会按照"低门槛、严监管"原则,开始引导各类资本到农村地区投资,设立村镇银行、贷款公司和农村资金互助社等新型农村金融机构,并先行在吉林、四川、内蒙古、青海、甘肃、湖北进行试点;2007年以来,银监会陆续出台了《农村资金互助社管理暂行规定》《村镇银行管理暂行规定》《贷款公司管理暂行规定》，以及一系列行政许可实施细则文件，将农村地区银行、金融机构纳入政策试点范围，并将 6 个试点省份扩大为 31 个省（区、市）。关于这方面的金融监管问题还需要在实践中不断积累经验进行探索。

虽然银监会倡导的设立村镇银行、贷款公司和农村资金互助社等新型农村金融机构的实际效应还有待检验，但是国家允许及提倡在农村施行多种模式的非正规金融形式的开放性政策思路，对于促进我国非正规金融的快速发展及得到有效规制是有启发意义的。

这种通过允许银行业金融机构"低门槛"进入农村市场来实现降低交易成本的思路，也是与农村非正规金融兴起的成因相契合的。若这种模式能够成为我国非正规金融的主导形式，那么走出农村非正规金融的监管困境就不远了。然而，规范非正规金融的制度设计还有一个漫长的过程，要肯定的有两点：一是扩大资本运行与增值的途径，多元化的投资方式必定会引导更多的民间资本流向正规化的金融体系；二是给予农户和农村企业对融资方式的多元选择的空间，以弱化其对非正规金融的依赖性。

今后在完善农村非正规金融方面，需要探索的工作可以从立法、行政等方面进行。比如在加强立法方面的完善，可探索如何建立一个允许非正规金融机构运作的规则框架，以使民间借贷的风险最小化。比如可以制定一些法律赋予非正规金融的合法性，规范它的运作程序，像我国台湾地区把民间借贷的运作程序进行了修正，写入了"民法"，其目的不是禁止民间借贷，而是维护民间借贷的正常运行，减少金融风险。从税法方面，可考虑对非正规金融机构税收加以优化和完善，可以通过税收和金融备案来了解民间融资的信息。这方面的研究还有很多，如何制定合适的税率，可以根据不同的情况来确定，对效益不同的机构，应考虑不同的税率。

对非正规金融机构进行适当的监管和引导，使非正规金融机构规范化，当它们发展到一定的程度，可以考虑让它们同正规金融机构的合作,使它们在正规金融机构的规范和引导下,发挥一定程度的吸收存款的发挥,这样才能促进非正规金融机构的可持续发展。促进非正规金融机构和正规金融机构的合作,可以利用非正规金融机构的信息优势来降低正规金融机构对农户信息的搜寻成本,同时非正规金融机构也可以充分利用正规金融机构的资金,来弥补自身的资金缺陷,从而更有效地满足农村金融市场上的资金需求。此外,政府对那些发展比较好的非正规金融机构从资金、服务内容等方面加以扶持,比如政府可以直接把一部分农村的基本设施建设贷款或者扶贫开发贷款拨给运行和管理得比较好的非正规金融机构,完成对农户脱贫的启动资金的支持。

综观世界上许多国家(包括发达国家)都不同程度地存在着非正规金融。在发达国家,金融市场比较完善,正规金融占据主导地位,但非正规金融仍是满足不同社会需求和促进国家经济发展不可或缺的,这是因为非正规金融可以为正规金融难以顾及的资金需求提供帮助。正因为农村非正规金融扮演了正规金融所不能够扮演的社会角色,因此,对其一方面要进行监管以防范金融风险的发生,另一方面要妥当引导其为新农村建设服务。

第四节　规范非正规金融的路径选择

在农村发展中,特别是农村工业的发展中,资金已经成为一个重要的制约因素。农民进入非农产业往往得不到有效的资金支持,特别是小企业和家庭企业在起步或遇到资金周转困难的时候,也得不到资金扶持,这大大制约了农村经济的发展。在解决农村资金不足的问题上,有两种方式可以选择:一是加强正规金融的服务,对现有农村金融机构进行改革,增加信用社的贷款和储蓄能力;二是发挥非正规金融的作用,促进有序的非正规金融市场的形成。农村非正规金融作为一种内生的制度安排,其产生和发展有其客观必然性。它在弥补农村资金供求缺口、促进个私经济发展等方面起到了积极的作用,但在一定程度上也扰乱了农村金融秩序,增加了社会不稳定的因素。因此,有必要合理引导和规范农村非正规金融,将其纳入可监控的范畴,通过有效手段降低非正规金融的风险。

一、明确非正规金融的地位,营造良好的社会环境

非正规金融的市场空间实际上取决于正规金融的市场空间,因为实际的金融需求是由经济活动所决定的,对金融系统来讲,这个需求是外生的,正规金融无法满足的需求,必然由非正规金融来满足。对非正规金融的认识,有一点应该澄清,即非正规金融不等于非法金融,尽管现在的法律政策对非正规金融仍然采取相对严厉的态度,但在法律禁止和正规金融已经占据的市场之间,非正规金融仍然有广阔的空间。从制度经济学的角度看,非正规金融也是一种有效的制度安排,而且具有自发性,在应对正规金融难以解决的信息不对称等问题时,非正规金融有自己的独特优势,可以有效降低交易成本。尊重非正规金融,客观认识非正规金融,注意学习和研究非正规金融,依法对非正规金融进行合理的引导和管理,可能更有利于正规金融和非正规金融的竞争和良性互动。目前,我国农村金融领域二元结构比较明显,从规范我国农村非正规金融的法律法规来看,非正规金融与正规金融的关系是紧张的,而不是互补的,主要表现在:一是对农村非正规金融一律限制甚至禁止。这种一刀切的方法显然是不合适的,从发达国家的经验看,即使在经济发展到了一定水平,大银行、股票市场、二板市场等正规的金融安排与其他正规和非正规的金融机构、金融安排都是同时存在的,其服务于不同特点的不同对象。所以,对于农村的金融安排要考虑到我国的经济和农村发展水平。二是人为地将正规金融与非正规金融对立起来。这种思想和做法本质上是对非正规金融的一种歧视。要放弃用正规金融一统农村金融的设想,正确认识正规金融与非正规金融对农村经

济发展的互补作用。要有条件允许非正规金融的合法化,为发展农民自主参与的各种非正规金融,提供良好的环境条件。从国外的经验来看,美国、日本等发达国家都曾通过使非正规金融"合法化"的方式来规范非正规金融,并取得了较好成效。要积极鼓励正常的农村非正规金融活动,给非正规金融以合法的空间,以使规范意义的信用合作拥有温床和土壤。

二、疏堵结合,加强民间借贷的市场管理

首先,要大力搞好宣传工作,让群众了解民间借贷活动必须严格遵守国家法律和行政法规的有关规定,遵循自愿互助、诚实守信的原则。

其次,制定符合当地特色的关于非正式金融市场的地方性法律、法规。金融监管部门要在对民间借贷活动深入调查的基础上,尽快制定《民间借贷管理办法》或《民间借贷管理条例》,承认非正规金融的合法地位,以弥补该方面的法律空白,并制作一份规范的民间借贷协议,规范民间借贷行为,限制民间借贷涉入范围,明确民间借贷双方的权利和义务,以减少纠纷。

再次,对于各种不同组织形式的非正式金融应该分别加以对待。对于非常久远的民间自由借贷,除高利贷要依法严厉打击外,其他形式的自由借贷在政策上要继续加以鼓励,要尊重民间的自愿互助,发挥其对正式金融机构服务不足的补充作用,同时要引导其逐步走向规范化,要尽量减少借贷合约中口头契约数量,增加书面契约的数量。对于"钱庄"等类似性质的并且扰乱农村正常金融秩序的非正式金融要坚决予以取缔。合会之类的非正规金融组织,原则上是中国文化传统的组成部分,不能禁绝。为防范风险,可以规定一户家庭一月所入会金额之和不得超过一定金额,所获会金总额不得高于一定金额,以减少倒会可能性。对于民间集资,要根据不同情况具体分析。对于农村公益性集资、互助合作办福利集资,如村民共同出资修路、修水利等出资形

式,应予以鼓励;对于一些乡村企业内部职工入股集资、专项集资、以劳带资等生产性集资,可采取不鼓励也不限制的政策;对于一些打着合作开发名义而进行的非法集资,如一些地方出现的借种植、养殖、项目开发、庄园开发、生态环保投资等名义的非法集资,要按照有关法律法规严厉打击;对于纯营业性集资,同样要予以严厉打击。

最后,建立和健全农户、农村中小企业信用制度。

(1)完善我国征信体系。把民间借贷中的农村中小企业、农户及其他借贷人的信用纳入整个征信体系,使我国征信体系得以完善,从根本上改善我国的银行信贷环境。2001年以来,温州市由政府大力推动,联合各有关部门和金融机构,打造"信用温州",建立企业信用信息平台;目前,浙江省也正在全力推进"信用浙江"的建设;而上海市近年来在个人征信试点方面也取得了成功的经验。

(2)建立信用评级机构,把通过征信体系收集来的信息进行分析和处理,并根据信用评估标准对借款人进行信用认证与评级,完善信用管理体系,保护守信者,处罚违反信用者。

(3)建立信息管理公司,把这些信用资源集中起来,大力发展社会信用基础,切实搞好居民信用纪录等,为银行更好地介入民间借贷打好坚实的信用基础,并做成电子档案可随时备查,做到社会资源共享。

一方面,要建立起有效的监测制度。通过统计局农调队或农村金融监管组织定期采集民间借贷活动的有关数据,及时掌握民间借贷的资金量、利率水平、交易对象,为有关部门制定宏观政策提供数据支持,并相应地将民间借贷行为纳入宏观调控体系。另一方面,可在民间借贷活跃地区设立相应管理机构,为借贷双方当事人在借据合同的规范性、利率的法律有效性等方面提供咨询和指导,并对因借贷引起的纠纷进行调解。

三、强化正规金融机构的服务功能,增强竞争力

(一)增加营销观念,提高服务质量,加大营销力度

非正式金融与正式金融间具有较强的负相关性。正规金融机构投入的增加不但将直接压缩非正规金融的生存空间,而且通过两者间市场份额的消长形成强大的示范效应,引导非正规金融自觉将行为置于制度约束之下。如温州地区的信用社在民间借贷的冲击下,实行浮动利率,与民间信用开展竞争,不仅改善了业绩,也使得当地的民间借贷利率下降。

所以,商业银行要更新市场营销观念,民间借贷的存在与发展,已经证明了农村中小企业和农户并不是"无肉的骨头",开发中小企业和农户等客户群体也是创新特色金融产品的一个重要举措。因而要从思想上认识到解决民营企业融资问题的重要性,跨越所有制的局限性。开展多样的投资理财咨询服务,改善服务质量,推出金融新产品,增强在金融市场的竞争力。

农村信用社转变观念,抓住"地利""人和"的优势,坚持在支持经济发展过程中防范和化解金融风险,不断加大信贷投入力度。让信贷员成为真正的营销员,改坐门"等贷"为"送贷"上门,稳定已有的"黄金"客户,争取民间借贷领域的优质客户,把信用社办成真正的合作金融组织,建成自主经营自我约束的法人实体。批准信用社组织高于基础利率一定比例的存款,激励农村资金用于农村,减少资金外流,降低资金矛盾。要创新贷款保全方式,推广信用村建设、农户联保等措施,切实保障信贷资金安全。

商业银行和信用社要充分利用已有的投融资有利条件,适当介入民间融资领域,化解民间融资的金融风险,用金融工具为社会公众提供保值增效服务,在社会公众中树立金融部门的良好形象,聚集金融品牌效应,为日后商业金融服务的崛起奠定基础。

(二)简化手续,提高信贷效率

适当简化贷款手续,在额度内,随贷随取,缩短贷款审批时间,特别对那些资信好,实力强的贷户要千方百计满足其资金需要,全面提高工作效率。要加强硬件建设,满足不同层次的借贷需求,掌握、预测借款人还款能力,摆脱对担保、抵押的过度依赖,与非正式金融展开有效的竞争。

(三)建立适合农村经济发展的金融中介机构

建立信用担保公司,专门为民间借贷提供担保,解决中小企业抵押、担保难的问题。在比较发达的地区还可成立信用中介管理公司,为个人与个人、个人与企业、企业与企业之间借贷,提供必要的法律咨询和保护;积极鼓励民间力量兴办中小企业信用担保机构,扩大担保资金来源,提高担保行业的竞争力,促进中小企业信用担保的规范、健康和可持续发展。

(四)加快利率市场化改革

当前除考虑逐步放开农村信用社贷款利率,确保农村金融机构的利差能抵补成本和风险外,还要适当扩大县级国有商业银行存贷款利率浮动幅度,通过利率杠杆调动商业银行支持中小企业和农业发展的积极性。2015年10月,中央银行规定商业银行和农村合作金融机构不再设置利率浮动上限。利率市场化改革迈出了坚实的一步。通过市场化利率改革,使资金在同等条件下在正规金融与非正规金融之间合理分布,用市场手段优化资金这一稀缺资源的配置。

总之,非正式金融在一定程度上填补了正规金融对农户及一些乡村企业金融服务上的空缺,促进了农村金融组织的创新和农村金融市场的开拓,对农村经济的发展起到了一定的推动作用。随着市场经济的发展和金融改革的深化,社会融资的组织化、机构化是大势所趋,传统民间借贷在全社会融资结构中的边缘化不可避免,继续长期地依赖非正式金融市场解决农村中小企业融资困境也是不现实的。应该通过引进现代化金融工具逐步替代、改造和提升传统的民间借贷,避免农村中小企业融资对非正式金融的路径依赖,调整社会融资结构由自发向自觉转变,提高融资效率,促进金融发展。此外,同样重要的是,无论正规金融制度还是非正规金融制度,它们要在中国农村经济社会中发挥应有的作用,归根结底取决于广大农户利用这些金融制度的能力。因此,通过有效途径和采取适当政策尽快增加农户实际收入是提高中国农村金融服务水平的关键。

第六章　农业保险的发展模式与体系构建

与传统农业相比,现代农业在发展的环境、条件,生产的内涵与外延等方面都发生了较大的变化。加速促进传统农业向现代农业的转变,是农业自身发展的要求,同时也是国民经济发展的需要。虽然现代农业的生产能力和发展条件都有较大的改变,但是它受到日益严重的风险影响。为促进农业基础的稳定,加速农业现代化进程,应该建立与现代农业发展相适应的现代风险管理机制,而农业保险正是新型农业风险管理机制的重要组成部分。

第一节　农业风险与农业保险

一、农业风险困扰现代农业

现代农业的生存条件和发展基础有了很大的改善,但是,现代农业由于专业化、集约化、市场化程度的不断提高,新的经营风险和传统农业固有的风险相互叠加,使农业的风险状况越来越复杂。

(一)农业风险的种类

农业被看作是一个高风险的行业,主要在于农业面临的风险种类多,风险承受能力脆弱。具体来说,农业风险包括以下几个方面。

1.农业自然风险

农业自然风险是农业活动面对的主要风险。农业自然风险可分为农业气象风险、农业地质风险、农业环境风险等类型。农业气象风险在三类风险中最为突出,干旱和洪涝是危害最大的农业气象灾害。农业自然风险是农业经营中的主要风险,本课题研究主要集中于农业自然风险管理。

2.农业市场风险

农业的市场风险主要表现在两个方面:一是农业的决策风险,二是农产品的价格风险。农产品的供求弹性较小,因此农产品极易受到价格波动风险的影响。农业的市场化、国际化程度越高,农业经营者面临的市场风险就越大。伴随我国农业市场化进程的推进,农业的市场风险不断增大。

3.农业技术风险

农业的技术风险表现在技术开发风险、技术推广风险和技术市场风险和技术使用风险。科技成果有其自身的特殊性,如地域性强、可控性差、转化周期长等。这种特殊性的活动能否产出成果是不确定的,具有因技术条件达不到要求而失败的可能性。对农民来讲,农业的技术风险主要表现为技术的使用风险。

4.农业体制风险

农业体制风险即由于经营管理体制不能适应农业生产发展需要而产生的风险。农业经营制度、农业组织制度和农业管理制度等体制要素属于生产关系和上层建筑,具体的农业经营管理体制落后于还是超前于农业生产力的发展状况,都会形成对农业生产的不利影响,如果这种状况不能得到及时纠正便会产生体制风险。对农民而言,最主要的风险源于不稳定的政策环境。

5.生物风险

生物风险主要是指由各种有害生物和物种的侵害造成农业损失的可能性。近30年来,烟草霜霉病两次洲际流行,导致欧洲、北美洲烟叶产量损失达数亿美元。橡胶叶疫病流行后,摧毁了整个拉丁美洲优质橡胶的生产和种植。地中海实蝇曾造成欧洲许多国家 50% 以上的水果损失,仅美国加利福尼亚州就曾一度造成 12.5 亿美元的经济损失。据美国、印度、南非向联合国提交的报告称,它们每年由外来有害生物造成的直接经济损失分别为 1500 亿美元、1300 亿美元、800 亿美元,损失惨重。据报道,我国主要农作物病虫鼠害达 1400 余种,每年损失粮食约 5000 万吨,棉花 100 多万吨;草原和森林病虫鼠害每年发生面积分别超过 2000 万公顷和 800 万公顷。

(二)农业风险的特征

1.不确定性

不确定性是所有风险的基本特征,但农业风险的不确定性尤为明显。农业受自然力的控制,而自然气候变化多端,远远超出了目前人类社会的预测和控制能力。农业同时又受到社会因素的制约,如市场、制度、政策等。就农业活动的全过程而言,农业生产周期较长,农业生产者和经营者的可控性很差,具有相当大的依赖性和从属性。这些因素都导致农业风险具有高度的不确定性,给农业风险管理带来极大挑战。

2.系统性

就某种风险的外延而言,可以将其分为系统性风险和非系统性风险。从农业产业风险来看,农业风险更多地表现为系统性风险。例如,不利的气象风险、农产品价格风险、制度风险、农业技术风险等,这些风险影响的对象将是整个农业产业,对特定的农业生产者或经营者而言,在相当程度上是风险的接受者。因此,农业风险的系统性特征非常明显。

3.相关性

农业风险的系统性特征决定了其高度相关性的特点。一次风险事件将造成为数众多的农业风险单位相同或相似的经济损失。例如,一次旱灾或涝灾将造成大范围的农业减产。农业风险的高度相关性也是农业风险的特殊性,风险的高度相关性使风险单位之间一般难以相互调节,共渡难关。同时,众多农业风险单位在同一风险事件中产生经济损失,使农业风险极易演变为巨灾风险,并造成巨灾损失,给农业和国民经济带来巨大影响。

4.区域性

我国地域辽阔,各地气候和自然资源条件差异明显,农业生产经营对象不同,人口密度也较为悬殊,经济发展基础和水平各异,承灾能力不尽相同。因此,农业风险呈现区域性的特征。总体说来,西部地区农业面临的主要自然风险为干旱、雪灾、地震,其次为沙尘暴、滑坡、泥石流及山洪。其中,干旱最常见,最具威胁。此类地区自然灾害直接经济损失的绝对值较小,但由于经济欠发达,直接经济损失率(即灾害直接经济损失与国内生产总值之比)为中等或较大,抗灾能力较弱。中部地区主要灾害是干旱、洪涝、地震、冻害、风雹、农业病虫害,其次为滑坡、泥石流和森林自然灾害等。中部地区地处我国大江大河的中游地区,洪涝灾害损失风险最为明显。东部沿海地区主要灾害为洪涝、干旱、台风、风暴潮,其次为地震、冰雹等。此类地区自然灾害直接经济损失的绝对值较大,但由于经济较发达,直接经济损失率为中等或较小,抗灾能力较强。总体上,我国南方容易遭受水灾;北方通常干旱少雨,常常为旱灾所困;沿海地区则往往遭受台风和暴雨的袭击。

(三)农业风险生成趋势

1.农业风险的不确定性和复杂性增强

随着现代立体农业、高新技术农业以及农业产业化的推进,农业生产与经营风险的不确定性因素日益增多,而且各种风险因素相互交织、相互影响,使农业的风险变得越来越复杂,农业损失的不确定性逐渐增大。例如,自 20 世纪 70 年代基因重组技术问世以来,农业转基因工程得到迅速发展。但是,这项农业新兴技术也带来新的技术风险:一方面,在转基因生物环境释放过程中,一些科学家已经发现了少数转基因植物在环境中能够对生物多样性与环境产生不利的影响;另一方面,转基因生物的风险具有较大的不确定性,并且危害效应的查明需要较长的时间。因此,转基因生物的安全问题备受国际社会的关注。转基因生物可能改变传统农业风险的特点,同时也可能产生一系列新的农业风险。

2. 农业巨灾风险损失压力越来越大

我国是一个农业大国,同时也是一个多灾的国家,素有"三岁一饥,六岁一衰,十二岁一荒"之说。在过去的 2200 年间,共发生过 1600 多次大水灾,1300 多次大旱灾,愈到后来,灾害次数愈多,时间间隔愈短。农业的巨灾损失风险将呈不断扩大趋势:一方面,由于温室效应造成的气候异常,自然灾害风险呈上升趋势;另一方面,农业集约化和产业化程度的不断提高,也必然增大单位风险事件的农业损失程度。

3. 农业风险的扩散和传播加快

现代农业的国际化和市场化程度日益加深,这必然刺激农业风险在全球范围的迅速传递和扩散,增加风险管理的难度和加大农业损失的程度。例如,农产品供求失衡导致的价格风险、外来有害生物入侵导致的生物风险等呈现加速扩散态势。有关资料显示,目前我国已查明的入侵生物高达 450 种,国外传入我国的有害生物在 20 世纪 70 年代有 1 种,80 年代有 2 种,90 年代上升到 10 种,从 1997 年开始每年达 2 种,而且扩散速度很快,发生范围不断扩大。

二、农业风险的综合效应分析

农业作为一个基础产业,严重的农业风险及灾害损失的发生,将给农业及国民经济造成综合的经济效应和社会效应。正视这些效应的存在,有利于树立正确的农业风险管理意识。

(一)农业风险的经济效应

经济效应是指灾害的出现和损失的发生,影响生产、投资与消费行为。巨大的农业风险存在及损失的发生,一般容易导致社会贫困人口增加,社会福利减少,还会影响技术进步和经济增长率的提高等,这种影响既有短期的,也有长期的。

1.影响农业生产要素的合理配置

农业风险的威胁,影响农民的投资和决策行为,农民获得信贷的能力大大下降。农业风险是发展金融市场的障碍,在缺乏必要农业风险管理的情况下,将导致农村金融部门缩减农业信贷,农村金融风险增大,进一步弱化中小农户获得金融资源的能力,从而形成风险损失与收入下降的恶性循环,加剧社会的不平等。

2.削弱农村经济发展的基础

农业风险损失,特别是特大自然灾害损失的发生将危及农业再生产活动的持续,农民收入下降,需求不足,投资回落,农村经济基础将受到严重削弱,进而波及农村的社会稳定。

3.影响国民经济的协调发展

农业的多功能性以及农业在国民经济中的基础地位,使农业的经济损失和效率损失将会以乘数效应影响整个国民经济。农业多功能性(agricultural multifunctionality),指农业除了具有生产食物及纤维这一传统功能之外,还具有其他经济、社会、环境及文化等独特的非商品生产功能,包括与农业相关的、农业所提供的所有物品和服务。农业多功能性的概念体现了农业与环境、经济、社会和文化领域之间各种关系与作用的复杂性和重要性。农业的非食物生产功能主要包括食物安全保障、环境功能、社会功能、经济功能和文化功能等几个方面。因此,农业的风险不仅仅是农业行业的风险,农业风险损失也不仅仅是农业自身的损失,它必将波及和影响整个国民经济的协调发展。正因为如此,世界各国在农业风险管理和损失的补偿机制的建立方面,得到政府和全社会的高度重视。

（二）农业风险的社会效应

农业风险的社会效应是指因为农业风险的出现,农业巨大灾害的发生,引起民心躁动、社会秩序混乱,全社会易陷入危机和瘫痪状态,严重时将危及政治的稳定和政权的巩固。农业风险的经济效应与政治效应往往具有较为密切的关系,并相互影响。在人类历史上,许多影响和决定历史的重大事件都与特大农业自然灾害有关。因为重大农业自然灾害的发生会造成农业基础设施严重损毁,农业的简单再生产难以继续;农产品供给严重短缺,灾民泛滥,社会动荡;农业投资信心受到打击,农业技术进步缓慢等消极后果。从农业在国民经济中的地位来看,农业风险不再单纯是农业部门的风险,还具有社会性和政治性的特征。

正是因为农业自然灾害对经济社会可持续发展的严重影响,农业灾害的防范问题日益引起有关国家的高度重视。

三、农业保险概述

（一）农业保险的概念与特点

1.农业保险的概念

在传统上,我国农业有狭义与广义之分,狭义农业仅指粮食作物、经济作物、蔬菜等其他作物的生产及其有限延伸。广义农业则包括农、林、牧、渔各业的生产及其有限延伸。农业保险,在实践中也有狭义与广义之分。狭义农业保险仅指种植业(农作物)和养殖业(饲养动物)保险,广义农业保险则除了种植业和养殖业保险之外,还包括从事广义农业生产的劳动力及其家属的人身保险和农场上的其他物质财产的保险。国外,特别是发达国家,一般使用的概念是广义的农业保险概念,甚至在美国、加拿大等国家举办的农作物保险不仅涵盖陆地动植物和水中养殖的植物的保险,甚至将家畜家禽的保险也都包括进去。

我国学术界和实务界目前一般采用狭义农业保险的概念,而将广义农业保险涵盖在农村保险的概念之中。本书的讨论限于狭义农业保险。

2.农业保险的特点

与一般财产保险相比,农业保险有以下五个特点。

(1)保险标的生命性

农业保险的标的大多是活的生物。受生物学特性的强烈制约,农业保险与其他财产保险体现出以下不同:一是农业保险标的的价值的最终确定性。农业保险标的价值始终处于变化中,只有当它成熟或收获时才能最终确定,在此之前,保险标的只能说是处于价值的孕育阶段,而不具备独立的价值形态,因此,农业保险保险金额的确定和定损时间和办法都与财产保险不同。变动保额以及收获时二次定损等技术都为农业保险所特有。二是农业保险标的的生命周期、生长(时间)规律对农业保险业务的开展划定了时间前提。农业保险承保、理赔工作的开展必须适应这些规律,而不能违背。三是农产品的鲜活性特点使农业保险受损现场易消失,对农业保险查勘时机和索赔时效产生约束。如果被保险人在出险后不及时报案,则会失去查勘定损的机会,农业保险合同如果对时效不专门加以约定,势必会增加保险人的经营风险。四是农作物保险标的在一定的生长期内当受到损害后有自我恢复能力,从而使农业保险的定损变得复杂,尤其是农作物保险,往往需要收获时二次定损。五是农业保险标的种类繁多,生命规律各异,抵御自然灾害和意外事故的能力也各不相同,难以制定统一的赔偿标准。六是受标的自然再生产过程的约束,农业对市场信号反映滞后,市场风险较高,使农业保险易受道德风险的影响。所以,保险人必须在保险合同中设立防范道德风险的条款。

总之,由于有生命的农业保险标的受到自然再生产的规律的制约,使农业保险的运营和管理与一般财产保险有很大区别。农业保险的经营者必须顺应这些规律的约束,如果照搬财产保险的规则,往往是徒劳的和有害无益的。

(2)较强的地域性

农业生产及农业灾害的地域性,决定了农业保险也具有较强的地域性,即农业保险在险种类别、标的种类、灾害种类及频率和强度、保险期限、保险责任、保险费率等方面,表现出在某一区域内的相似性和区域外明显的差异性。例如,同样是棉花种植保险条款,山东和新疆在保险责任起止日期、保险责任范围、保险费率等方面存在很大差异。即使是在一个县、一个乡,甚至是一个村内,农业保险的地域性也表现得很明显。适应这一特点,农业保险发达的国家,农作物保险的风险区划和费率区划已经达到了县、村或农场的水平。

农业保险地域性强的特点,决定了开展农业保险只能因地制宜,根据当地的特点,开办适当的险种,制定、使用符合当地实际的保险条款;同时,在农业保险的管理上,要重视农业保险的区划,建立合理农业保险区域,形成合理的农业保险险种布局,严格控制险种的类型组合和业务规模,在空间和时间上做到险种互补、以丰补歉,以分散农业保险的经营风险。

(3)明显的季节性

农业生产和农业灾害本身具有强烈的规律性和季节性,使农业保险在展业、承保、理赔、防灾防损等方面表现出明显的季节性。例如,农作物保险一般是春天展业,秋后待农作物收获责任期结束。

农业保险的季节性特点,决定了农业保险也要讲农时,即农业保险在展业、承保、理赔、防灾防损等技术环节上,除要遵守保险经济规律外,还要按农业生产的自然规律办事,要严格把握农业生产的季节性变化特点来开展业务,组织业务管理,使农业保险的各项技术活动开展得恰到好处,取得最佳效果。

(4)经营结果的周期性

农业保险是对农业灾害的一种风险管理方式,而大多数种类的农业灾害都具有明显的周期性,这就使得农业保险的经营结果具有某种周期性的特征。表现在无大灾的年份某农险险种的赔付率不高,但在大灾年份则出现严重超赔,而大灾年份的出现同农业灾害的周期性密切相关。

农业保险经营结果周期性特点表明,不能单独以某一年份的赔付率的高低说明农业保险(尤其是单险种)经营结果的好坏,而是要从灾害周期的时间跨度去评价农业保险的经营成果。这就决定了:一是农业保险的开办和参与应当是连续性的,至少要超过当地农业风险的一个周期,否则农业风险难以在时间上分散;二是农业保险的会计期间应当同农业风险的周期相适应,以真实地反映农业保险的经营损益。例如,可按照我国农业风险"两丰两平一歉"的总体规律,将农业保险的核算办法做相应的调整。

(5)技术难度大,经营风险高

农业保险技术难度大,表现为农业保险有"三难",即展业难、承保难、理赔难。同时,农业保险面临的逆向选择较为严重,道德风险高。这是由于农业保险标的的生命性、多样性、分散性,农民保险意识淡薄,农业灾害部分损失时难以准确测定以及灾害损失可能是几种灾害共同作用的结果难以准确区分等原因造成的。从世界范围来看,农业仍未改变靠天吃饭的局面,农业仍是高风险产业,农业保险经营普遍亏损。

农业保险技术难度大、经营风险高的特点,要求开展农业保险必须有一定的资金投入,并且必须有一支专业的经营队伍。总之,需要投入较高的监督成本,同时要量力而行。不具备必要的资金、技术、人才力量,不能办理农业保险。

(二)农业保险的分类

1.按承保对象分类

根据承保对象,农业保险可分为种植业和养殖业两大险别。具体分类如图 6-1 所示。

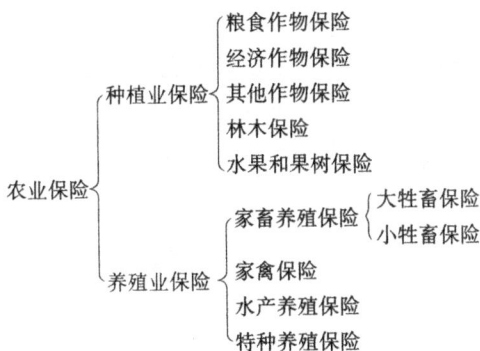

图 6-1 依据承保对象的农业保险分类图

2.按缴费方式分类

(1)短期农业险

保险期限一般不超过 1 年,投保人若连续投保,须在每次投保时按条款规定直接交费。

(2)长效储金型农业险

保险期限一般 3 年以上,投保人投保时交纳一定数额的储金,以储金的利息作为保费,在保险期限内不需要年年交费,如小麦储金保险、林木储金保险等。

3.按保险标的所处生长阶段分类

这种划分主要适用于农作物保险。按这种分类方法,可分以下两个方面。

(1)生长期农作物保险。生长期农作物保险即针对农作物在生长过程中因保险灾害事故造成的减产损失的一种保险,如各种作物种植保险。

(2)收获期农作物保险。收获期农作物保险即针对农作物成熟收割及其之后脱粒、碾打、晾晒和烘烤期间所受灾害损失的一种保险。收获期农作物保险不同于普通的财产保险,农产品在临时加工场地进行初步加工完毕入仓后,才属于财产保险范围。

4.按保险责任范围分类

(1)单一风险保险。单一风险保险即只承保一种责任的保险,如小麦雹灾保险和林木火灾保险等。

(2)多风险保险。多风险保险即承保一种以上可列明责任的保险,如水果保险可以承保风灾、冻害等。

(3)一切险保险。一切险保险即除了不保的风险以外,其他风险都予以承保。例如,美国等国开办的农作物一切险保险,就承保了几乎农作物所有灾害事故损失责任。我国目前还没有开办这类险种。

(三)农业保险的职能与作用

1.农业保险的职能

职能是指某种客观事物内在的、固有的功能,它是由某客观事物的本质所决定的。农业保险的基本职能是风险分散和经济补偿。农业保险的该职能,是对社会已有的财富进行再分配,而不能增加社会财富。遭受农业风险损害的被保险人在这个职能实现过程中的所得,正是没有受到损害的被保险人的所失,加上政府对农业保险的投入。农业保险同样具有两个派生职能,即防灾防损职能和融资职能。

2.农业保险的作用

作用是指一事物对它事物产生的影响或效果。农业保险的作用是指农业保险在具体实践中对它事物所产生的影响或效果。农业保险的作用可以从宏观和微观两个方面加以概括。

（1）农业保险的宏观作用

农业保险的宏观作用主要有以下十点。第一，有利于减轻农业风险对农业的威胁，提高农业经济的稳定性。第二，有利于农业资源合理配置，促进农业产业结构调整，实现国家农业发展目标。第三，有利于加强农业保护，提高农产品国际竞争力。第四，有利于弥补财政救灾资金不足，减轻政府灾后筹措救灾资金的负担。第五，农业保险有利于促进农村经济市场化。第六，农业保险有利于促进农业产业化。第七，农业保险有利于促进国民收入再分配。一方面，农民交给保险机构的保险费将会在受灾农民和非受灾农民、受灾地区和非受灾地区之间进行再分配；另一方面，由于政府对农业保险进行补贴，整个国民经济和农业部门之间也将会进行再分配。第八，农业保险有利于促进农村金融的发展。农业保险可以降低贷款人的风险预期，提高贷款人的预期收益，把潜在的借款人转化为实际借款人或提高现有借款人的贷款规模。第九，农业保险对经济发展具有乘数促进效应。第十，有利于农村社会生活的稳定和农民精神面貌的改善。

（2）农业保险的微观作用

农业保险的微观作用主要包括以下四点。第一，有利于减少农业灾害损失，降低农业风险。第二，有利于缓冲农民所遭受的灾害损失的打击，减少农民收入波动。第三，有利于保障农业投资安全，改善农民的信贷地位和经济地位，增加农民收入。第四，解除了农民后顾之忧，促进农业新技术的应用。

第二节　农业保险的经营

一、农业保险经营的指导思想

保险要为农业和农民服务，这既是政府对农业保险经营的要求,也是农业保险的指导思想。2002 年 12 月,修订后的《中华人民共和国农业法》第 46 条首次规定:"国家逐步建立和完善政策性农业保险制度";2003 年 10 月通过的中共中央十六届三中全会决议也指出:"探索建立政策性农业保险制度"。

中国加入 WTO 后,为了提高农业经济的稳定性,促进整个国民经济的稳定、健康和可持续发展,与农业相关的各政府主管部门加强了对政策性农业保险制度(包括其经营指导思想)的研究。一些研究表明:对农业保险的多数险种来说,要走政策性农业保险的路子。因为无论是上海、新疆兵团、还是黑龙江农垦局在农业保险上取得的成功,都是对农业保险进行政策性经营的结果。所谓政策性就是把那些对国计民生有重要意义的农畜产品的重要风险或多风险农业保险产品作为准公共产品而非私人物品来对待,使其服务于政府的农业和农村发展政策。政府对这些符合规定的农业保险产品给予适度的经济扶持,使农民对这些农业保险产品的价格能够接受,有参加的积极性;经营者对所经营的这些农业保险产品能够维持简单再生产,实现经营的自我平衡,体现不以赢利为目的的政策性质。

目前,保险监管部门确定的现阶段农业保险经营的指导思想是:区分农业自然风险和经营风险,农业保险以自然灾害损失补偿为主,经营风险(如因农产品供求关系和市场价格变化、汇率变化等)导致的市场风险,则通过其他政策手段解决;区分农业可保风险和不可保风险,农业保险主要承保可保风险,对不可保风险通过其他保障途径解决。

二、农业保险的经营原则

目前,保监会确立的现阶段我国农业保险经营的目的就是提高农民灾后恢复生产和生活自救水平,在政府救助(基本保障)之上提供补充保障;农业保险与政府救助的关系应是补充而不是替代。

原中国人民保险公司作为一家商业性保险公司,在其多年的农业保险探索和实践中,曾将其农业保险的经营原则概括为"收支平衡,略有节余,以备大灾之年"。收支平衡是一个宏观要求,是指就长期而言,要保持农业保险总收入与总支出的平衡;略有节余、以备大灾之年,是指年度间农业保险的保费收入与经营成本相抵后能有所节余,并以此作为应付大灾之年的准备金,保证农业保险长期、稳定地发展。

农业保险的指导思想和国家的农村经济政策都要求农业保险必须以"三个服务"(为农业生产服务、为农村经济服务、为农民服务)为目的,遵循"收支平衡,略有节余,以备大灾之年"的原则。由于我国农村整体经济水平较低,农民的保险意识不强,农业保险的有效需求不强,如果农业保险总收入大大超过总支出,节余过多,会降低农民投保的积极性,进一步减少农业保险的有效需求,影响农业保险的开展。同时,农业保险的互助合作性质也决定了农业保险经营活动既不能以盈利为目的,也不能造成很大亏损。而在国家有关农业保险的法律法规和配套政策还不到位的情况下,若不考虑开办农业保险的保险企业的利益,使这些企业由于农业保险入不敷出而发生严重亏损,农险的经营也将难以为继,最终也会损害被保险人的利益。

为了实现农业保险的经营原则,原中国人民保险公司在开展农业保险业务时,主要从以下几方面着手。

(1)坚持基本保障的原则。即保险金额的确定要适当,一般只保标的价值的7成左右,系不足额保险。这样一来,既能使被保险人节省部分保费,使其有承担保费的能力;也有利于防止发生道德危险,有利于农业保险的稳定经营。基本保障原则适应我国农业的现状,也符合农业保险双方当事人的利益。

(2)科学厘定费率。厘定农业保险费率时,应以一个地区若干年份(至少要当地一个农业风险周期的年份,最好在10年以上)的标的损失率为依据,再计算相应的稳定系数和附加费率,还要计算节余率。费率厘定必须科学,费率过高或过低都不能达到收支平衡,都会损害农业保险双方当事人的利益。即使是按政策性的业务来办,也绝不能依保险人的经济承受能力来随意调整费率。

(3)加强成本管理和质量管理,加强成本核算。经营农业保险的企业,应加强各险种的核算,找出盈亏临界点,分析盈亏的原因。特别是要加强对赔款成本的管理,调整业务结构,减少结构性亏损因素。要加强质量管理,提高农业保险条款的合法性、规范性,提高农业保险实务的规范化程度,提高管理水平和经济效益,实现农业保险总体上的收支平衡。

(4)加强防灾防损工作。这是降低保险成本的重要环节。防灾防损工作做好了,就有可能将保险标的的损失率降下来,从而降低农业保险标的及保险企业的赔付率,实现农业保险的收支平衡,提高农业保险的经济效益。

根据原中国人民保险公司开办农业保险的实践,商业性保险公司开办农业保险必须遵循上述农业保险的经营原则,并在业务操作上坚持以下几点:一是妥善处理好国家的社会目标、企业的经营目标和农民利益三者之间的关系,统筹兼顾,量力而行,从公司的实际出发,按照不影响公司整体经营目标的原则和要求,选择适当的险种、适当的风险责任、适当的地区来开办农业保险;二是要因地制宜,以防范风险、强化业务管理为重点,发展有效益、有规模的险种;三是农险业务核算要力求在年度上收支平衡,即通过科学管理、防范风险,使每年农险综合赔付率控制在盈亏临界点附近,不使农业保险投保人的利益受到损害,也不给保险人造成太大的亏损负担。

市场是按照效益来配置资源的,商业保险公司开展农业保险的亏损如果得不到弥补,不能取得保险业的平均利润,他们自然会减少对农业保险的供给,将人力资源和组织配置到其他有效益的商业保险业务上。缺少经济激励,这是目前我国农业保险业务低迷的深层原因。鉴于此,逐步建立一个适合我国国情的政策性农业保险制度势在必行。

三、我国农业保险的组织形式

从新制度经济学可以了解到,一般经济制度是由于交易活动过程的不确定性而形成的,而保险制度则是由于交易活动结果的不确定性而形成的,保险制度不是为了降低交易费用,而是为了确保交易成果的稳定性。当然,它是通过在时空上分散局部风险来补救具体的风险损失,因此它对整个经济制度的运转起保障作用。与此相联系,保险机制是在经济过程之外形成并发挥作用的,从这个意义上说,保险制度具有寄生性。它与经济发展水平密切相关,经济发展水平决定了相应的保险组织制度。保险组织制度水平过高,对低水平的经济来讲是一种奢侈品,难以继续下去;保险组织制度水平过低,或者无组织,又难以满足保险需求,对经济发展本身来说是一种损失。

处于经济转轨时期的我国,为适应农业的转轨和正常运转需要,及时恢复了农业保险,并对其组织形式进行了试验和探索。这些进行试验和探索的农业保险组织主要有商业保险企业的专业化经营、联合保险、农业保险合作社等。

(一)商业保险企业专业化经营的方式

(1)原中国人民保险公司对农业保险的专业化经营。原中国人民保险公司是国有商业性保险公司,它设立了农业保险的专门机构,实行专业化经营。原中国人民保险公司主要是通过直接承保业务来经营农业保险。这种组织形式的优点在于:中国人民保险公司具有较雄厚的资金优势和保险专业技术优势,遇到大灾可以在全国范围内调剂使用保险基金,能最大限度地保障被保险人的利益,并尽可能地考虑国家的整体利益;服务网点较为健全,保险专业技术人才较为齐全;与世界上其他国家和地区的保险机构联系较为紧密,能将风险在国际国内进行分散等。其不足之处在于,在这种组织形式下,由于赔付能力的限制等因素,保险人难以大力拓展农业保险业务。

（2）其他保险企业经营农业保险。除了原中国人民保险公司对农业保险实行专业化经营外，其他保险企业也陆续开始经营农业保险。例如，1986 年成立的新疆建设兵团农牧业生产保险公司，一成立就主要经营农业保险，并为新疆生产建设兵团的农牧业生产提供了风险保障。中国平安保险公司、中国太平洋保险公司都被批准经营农业保险。

（二）联合共保组织

这是农业保险在改革过程中出现的一类组织形式，是原中国人民保险公司与地方政府或有关部门实行的联合经营方式，各方共同对被保险人承担经济补偿责任。根据前些年的实践，联合共保有三种类型。

（1）原中国人民保险公司主办，地方政府补贴。其特点是地方政府为保户承担部分保费，并承担超限额部分的赔偿责任，农业保险经营的结余则作为风险基金积累在当地，由地方政府与中国人民保险公司共同所有。

（2）原中国人民保险公司与地方政府实行共同保险。即中国人民保险公司与地方政府合办保险，二者"收益共享，风险共担"。这样既有利于分散或转嫁风险，又有利于在地方政府的推动下做好防灾防损工作，减少道德风险，有利于农业保险实现收支平衡。

（3）原中国人民保险公司与农业技术部门合办农业保险。即中国人民保险公司承保后，农技部门负责防灾、防损、防疫等工作，入保公司负责赔偿等，双方根据当地情况具体协商各自的权利、义务，各自享有或承担盈亏的一定百分比。

联合共保的优点在于，可以发挥联保单位各自的优势，如地方政府的行政优势和保险公司的专业技术优势等。联合共保组织形式的主要问题是，由于某些原因可能造成地方政府和农技部门的偿付能力不足，可能损害被保险人的利益。

（三）农业保险合作社

农业保险合作社属于集体经济成分，是一种基层经济合作组织，在有经济实力且地方政府支持的地区，由需要保险的个人和集体经济单位自愿入股组成，满足其成员和本乡群众对农业保险保障的需要。保险合作社本着"取之于民，用之于民"的原则，实行民主管理，并在财务上自负盈亏，全体股民利益共享、风险共担。保险合作社的成立，必须经保险监管部门审批，合作社有自己的章程，业务上接受原中国人民保险公司的指导和监督，并将超过自身偿付能力的保险责任，以分保形式向原中国人民保险公司分保。保险合作社的具体形式有以下几种：在原中国人民保险公司给予业务指导和经济支持的条件下，由当地政府和农民联合经营的保险合作社；由当地农民自己组织的保险合作社，独立经营农业保险，原中国人民保险公司接受其分保；由当地农民个人、集体经济组织和原中国人民保险公司共同入股成立保险合作社，经营农业保险等。

第三节　农业保险的发展及制约因素分析

一、农业保险发展的基本特征

（一）农业保险的发展依赖于农业和农村经济

中国农业保险的发展是与经济发展相联系的，中国农业保险的发展依赖于农业和农村经济的发展。古代的"积谷防饥"也证明农业保险的产生必须有赖于经济发展而形成的积累。一旦农民每天都吃不上饱饭，那么又何来多余的谷粮应付自然灾害呢？而近代农业保险发展的失败，很大程度上是由于农业生产力停滞衰落,人口严重超负荷,落后的农村经济已经进入了难以为继的极端困境所造成的。在当时,农业保险赖以生存的根基——经济基础极端脆弱,因而农业保险的试验很难成功。农业保险的发展如果脱离经济发展的实际情况,将会造成行为主体的不配合,交易成本就会提高,因而起不到农业保险制度应有的效果。新中国改革开放前后的事实说明随着农业和农村经济的发展,农业保险有了长远的发展,形成了二者之间的协调发展。

(二)农业保险形成了以政府为主导的制度变迁路径

制度变迁分为自发性变迁和强制性变迁。自发性变迁是指由一个人或一群人为了寻求更多的收益而自发倡导、组织和实施的制度调整、变革与创新。强制性变迁是指政府运用其所掌握的强制力,利用法律和行政命令,组织和实施的调整、变革与创新。一方面,强制性变迁如果没有遵守自发调整、创新的逻辑,就很可能招致失败;另一方面,由于自发性变迁需要调整者和创新者自身承担相当的成本,如果调整者和创新者受到制度变迁成本的制约,即便有调整、创新的愿望,也无法组织和实施变革,从而使自发性的制度创新供给短缺。

就中国农业保险体系中的重要主体——农业生产者来说,在经济利益关系中的大多数人都是理性的,其行为选择都是符合自身对利益的追求的,他们本身对农业风险就有一种内在的较为有效的防范与化解机制。在这些实践中积累出来的风险防范与化解机制中不乏对既有农业保险制度的创新,之所以没有推广并被广泛应用,其中既有机制本身适应性的因素,也有变迁制度运作成本的因素。就后者来说,如果这种新的农业保险机制的调整与创新,给农业生产者带来的收益并不能抵消变迁制度的运作成本,或者抵消后带来的收益不足以形成激励,那么农业生产者就可能不会选择将潜在的创新制度共享或者主动参与创新制度的组织运作,尽管创新共享之后也会使其境况得到改善。制度变迁(尤其是自发性制度变迁)供给的短缺,产生了政府介入的必要。

就自发性制度变迁来说,政府至少可以按照创新者的意愿代替创新者组织制度创新,只要这种制度创新不会损害其他人的利益。这样可以节约制度变迁所需要的交易成本。政府拥有合法的强制力,可以在社会成员没有达成调整共识或者有调整的共识而没有组织和实施的能力时,强制实行制度变迁或者以某种方式推动制度变迁的组织和实施。这样就免去了为达成共识所需要的高额组织成本和因无力承担变迁成本而使变迁难以供给的可能。因此,中国农业保险的发展形成了以政府为主导的制度变迁路径依赖。

(三)农业保险的区域化发展特征逐渐显现

我国的农业保险总体发展水平较低,而且呈现区域发展不平衡的现象。少数地区或者因为地区农业的特点和优势,或者因为地方政府的重视,或者因为探索到一种适合的模式等原因,农业保险得到较快的发展。这些区域特色农业保险发展的探索,为当地的农业风险管理起到重要作用;更为重要的是,为我国农业保险的发展积累了宝贵的经验。回顾改革开放以来,我国农业保险发展较为突出的地区主要包括上海、新疆、黑龙江、内蒙古等地的农业保险改革试验。

二、农业保险发展环境的变化

农业保险的发展也需要社会环境的优化。目前,在农业加速转型和市场开放的新形势下,农业保险经营环境发生了变化,出现了新情况。

(一)农业风险性质发生了变化

一方面是风险集中性增加。农业增长方式在由粗放型向集约型、由劳动密集型向资本、技术密集型转变,农业经营规模化、专业化水平提高,农业对知识、资本、技术等要素的依赖性日益增强,如温室、孵化车间、良种、胚胎等技术的大量采用,这种集约型的增长方式也使风险更为集中（以北京市大兴区的西瓜为例，种植1亩露地西瓜，物质成本为600元，而种植温室西瓜，物质成本就达3000元，加上人工成本，农民的投入更大），高价值农产品生产者所承担的风险越来越大，需要农业保险来分散风险。另一方面，农业风险的关联度增强。由于产加销、贸工农一体化的农业产业化模式发展，农业产业链延伸，农业风险已经不仅与生产过程本身的风险有关，农业相关部门（如加工、储运）风险的变化也会使农业生产波动，进而带来损失风险。同样，农业风险的发生也会给农业加工、服务等部门带来冲击。

（二）农业风险的承担主体发生了变化

在传统农业生产方式下，农民集生产者、投资者和经营者等职能于一身，几乎是农业风险的唯一承担者。而在现代农业生产方式下，农业的投资、经营、生产职能发生了分离，例如投资主体不仅有农民，还有专业户、农场、企业；不仅有生产链条上的利益主体，产前、产后诸环节都可能对农业风险具有可保利益，而且随着现代工业化生产方式引入农业，也逐步改变着农业风险承担主体的风险管理观念，他们的保险意识在强化。农业保险出现服务对象多元化、需求多元化、支付能力强的特点。

（三）农业风险因素发生了改变

农业生产科学技术水平的提高、组织性的增强，使传统的农业风险因素发生了变化。在某些领域，农业对自然的依赖性降低，如机械化养殖场、大棚等车间型的生产方式的出现，增强了保险公司对某些传统风险的控制能力，可以将原来一些不可保的风险纳入保险责任范围。同时，高新技术的应用也带来了很多新的未知风险因素，从而给保险公司带来了新的机遇和挑战。

（四）农业风险管理要求发生了变化

在计划经济体制和相对封闭的生产环境下，农业风险管理主要是通过家族、集体经济组织互助合作以及政府救济等方式来解决,是小范围、低水平、不固定的,不适应社会化的大生产需要。现代农业的发展要求实行农业风险的社会化、专业化管理,要稳定地供给,特别是在经济全球化的背景下,在我国加入 WTO 的形势下,农业风险必须是立足全球经济范围、从维护本国经济效率与国家安全的角度出发,运用符合 WTO 规则的方式和手段来进行管理。农业保险是一项被 WTO 允许和被各国普遍采用的制度安排。

三、当前中国农业保险发展存在的问题

(一)农业保险发展缺乏有效的立法保障和法律约束

农业保险发达的国家都以规范的法律作为保障农业保险健康发展的前提。农业保险法的成熟和完善是一个长期过程。例如,加拿大 1959 年颁布的《联邦农作物保险法》,仅调查和论证就经历了 24 年;美国政府 1922 年就开始考虑农业保险法,到 1938 年才颁布《农作物保险法》,并在 1938 年、1980 年先后进行了几次修改;日本政府 1929 年颁布《牲畜保险法》,1938 年颁布《农业保险法》,1947 年将二者合并为《农业灾害补偿法》,并在 1963 年、1972 年又进行了修改。这些发达国家的农业保险正是在不断规范的法律条件下得到蓬勃发展,为本国农业的健康发展撑起了一把"保护伞"。而我国农业保险从 1982 年开办至今,已有 20 多年的历程,即使按照发达国家农业保险发展的历程,也该到了颁布农业保险法的时候,但我国至今不但没有颁布试行的《农业保险法》雏形,也没有其他法律涉及农业保险。我国《农业法》规定,农业保险按照专门法律规定执行,从而绕过了农业保险问题;而 1995 年颁布实施的《中华人民共和国保险法》,主要是规范商业性保险的法律行为。世界上许多国家都尝试把商业保险形式用在农业保险领域,但大多以失败而告终。我国农业保险立法滞后的状况已经严重制约了农业保险的发展。

(二)农业保险发展面临组织结构和经营能力不适宜的矛盾

目前,我国虽然已有上海安信、安华股份、阳光相互三家专业农业保险公司、法国安盟保险公司及相关省份农业保险试点工作的启动,但组织结构和经营能力还有诸多缺陷。

(1)组织架构不适宜。目前各家保险公司的机构一般只设到县(市)一级,对广大农村地区的保险业务需求存在鞭长莫及、难以顾及的情况。

(2)从事农业保险业务人员数量不足。我国农业保险,主要面对分散的小农和农村中、小企业,经营业务有其独特性,具体表现为:一是保险交易规模小、次数频繁,二是难以获得建立信用所必需的信息,三是要求保险服务简便、灵活、及时。这些特性决定了发展农业保险、促进农业保险业务拓展,需要大量的专业性农业保险业务人员以及较为灵活机动的营销业务素质。但是,目前我国的农业保险专业技术人员匮乏,更谈不上相应的营销业务能力。

(3)风险评估能力不适应。农业保险风险评估技术要求较高,不仅需要较多的专业人员参与,而且还有很强的时效性,目前各家保险公司的组织架构和业务人员技术水平还难以做到,也在很大程度上抑制了农业保险的发展。

(三)农业保险发展正处于政府政策扶持不到位的困境

由于农业保险对象的特殊性和保险经营的复杂性,导致农业保险成本很高,商业保险公司不愿或无力进入农业保险市场,因此,政府对农业保险的扶持和引导就显得尤为重要。从国际上看,发达国家,包括一些发展中国家都十分重视农业保险,不少国家已把农业保险视为农村救济、农业贷款、农产品价格保护、农民福利等政策的一部分,以此来保障农业劳动者的收入,作为稳定农业生产和实现农业现代化的重要一环。凡是农业保险搞得较好的国家,政府对农业保险都予以多方面支持,包括:由政府制定和实施的农业保险计划;政府以不同的出资方式和比例建立初始资本和准备基金,负担全部或大部分经营管理费,对保险费给予一定比例的补贴(在美国、加拿大、西班牙、法国、瑞典、日本等国家,政府对农民所交保险费的补贴比例都在50%~80%之间,美国政府为了鼓励部分商业性保险公司开展农业保险业务,从1995年开始还为开办农业保险的19家公司提供其相当于农险保费的31%的补贴);发生重大灾害或农业保险准备发生困难时,政府还给予一定的补助,实行免税政策等措施。而在我国,农业保险既没有国家财政性补贴资金支持,也没有再保险支持,政府政策扶持严重不到位。具体表现为:

一是税收扶持不到位。目前我国在涉农险种中,只对种、养业保险免征营业税,其他农业保险还需按章纳税。

二是财政补贴制度未健全。市场经济发达国家普遍利用农业保险对农民和农业进行补贴,而我国在这一领域还处于初级阶段,政府补贴制度根本无法发挥正常功效。

三是再保险机制不健全。我国虽然设立了再保险公司,但主要是为商业性保险业务提供再保险服务,而发达国家政府则是通过再保险支持农业保险发展,而我国尚未建立这种补贴和支持制度。

(四)农业保险缺乏巨灾风险分摊机制

从保险理论上分析,农业生产中的洪水、干旱等巨灾风险属于不可保风险,任何一家保险公司都不能单独承担这样的风险。发达国家经过多年的实践,已形成较为有效的巨灾风险分摊机制(如巨灾保险、巨灾基金等)。由于我国目前还没有设立相关的基金,国内还没有任何一家保险公司能够开办农业巨灾保险,对农业巨灾风险的保险保障还处于空白状况。

(五)农业保险较高的费率与农民实际承受能力并不协调

农业高风险的特点造成农业保险费率和经营成本相对城市

保险业务要高出很多,据测算,一些地方农作物险种的费率高达9%~10%,即农民要投保 1000 元的保额,需交 100 元的保费,而在许多农村地区尤其是贫困地区,农民连扩大再生产的基本资金都没有,就更拿不出这笔钱来了。通过对西部部分地区的调研,课题组发现种植业和养殖业农民平均只能承受现行费率的 30%左右。据统计,我国自然灾害的平均损失率:粮食为 6.5%、经济作物为 6%、大牲畜为 10%,如果按照这样的损失率来收取保费,费率之高是令农民难以承受的。而从日本的经验看,其表面较高的保险费率,实际并没有对农民形成过重的经济负担,这主要是因为日本政府通过科学合理设定保费补贴措施减轻农民负担。

第四节 新时期我国农业保险体系完善的路径

一、农业保险体系完善需要考虑的因素

在进行我国农业保险制度的选择时,需要考虑以下因素:我国是发展中国家,正处于工业化中期,人均 GDP 刚达到 1000 美元,处于工业反哺农业的初期,国家的财力还很有限,不可能像发达国家那样拿出很多的资金去支持农业;我国农业的产业化、区域化、现代化发展很不平衡,既有发展水平较高的农业企业集团,又有农业商品化率仅在 30%左右的户均耕地只有几亩的数亿农户,对保险的有效需求十分有限;我国还没有建立起规范的现代信用制度,农户的信用观念淡薄,违规成本低廉;我国幅员辽阔,农业经济发展的地区差异性大,短期内难以用一个统一的模式去规范,农业保险制度的建立只能逐步进行。

二、农业保险体系完善需要考虑的路径

从前面各章的理论分析和国内外实践来看,我国农业保险有多种可选择的方式:可以继续采用现在这种政府支持下的商业性保险的模式,对农业风险基本上仍采取以传统方法为主的管理方式和政策。也可以重新建立一种政府主导下的政策性农业保险的模式,全面采用现代风险管理手段管理农业风险。后者又有 4 种可供选择的组织载体和经营方式,即政府主办政府经营的模式、政府支持下的合作社经营模式、政府支持下的相互保险公司经营模式和政府主导下的商业保险公司经营的模式。各种组织和经营模式还需要与之配套的政策。不同模式各有利弊。

在我国 20 多年试验的基础上进行农业保险制度的创新,建立有中国特色的政策性农业保险制度,就是建立政府主导下的政策性保险的制度模式。所谓政策性就是把农业保险产品当作准公共物品而非私人物品来对待,采用商业保险的形式和技术进行经营。所谓政府主导就是政府要对政策性经营的农业保险提供统一的制度框架,各级政府和各种被允许的经营组织要在这个框架中经营农业保险和再保险,同时政府对规定的农业保险产品给予较大的财政支持,"较大"的数量界限在于:农民对这些农业保险产品的价格能够接受,从而有参加的积极性;经营单位对所经营的农业保险产品能够维持简单再生产,即所谓"不赔不赚",或者如加拿大政府所说的那样,实现经营的"自我平衡"(self-sustainability),体现不以盈利为目的的政策性质。

这种政府主导下的政策性保险的制度模式,事实上有 4 种亚模式:第一种是政府主办、政府组织经营的模式,第二种是政府支持下的合作社经营的模式,第三种是政府支持下的相互保险公司经营的模式,第四种是政府主导下的商业保险公司经营的模式,如图 6-2 所示。在这四种模式中,政府的主导均体现在政府给予农业保险以法律的、经济的和行政的支持,并且法律的制定应当

先行。下面对这4种农业保险的制度模式进行简要介绍。

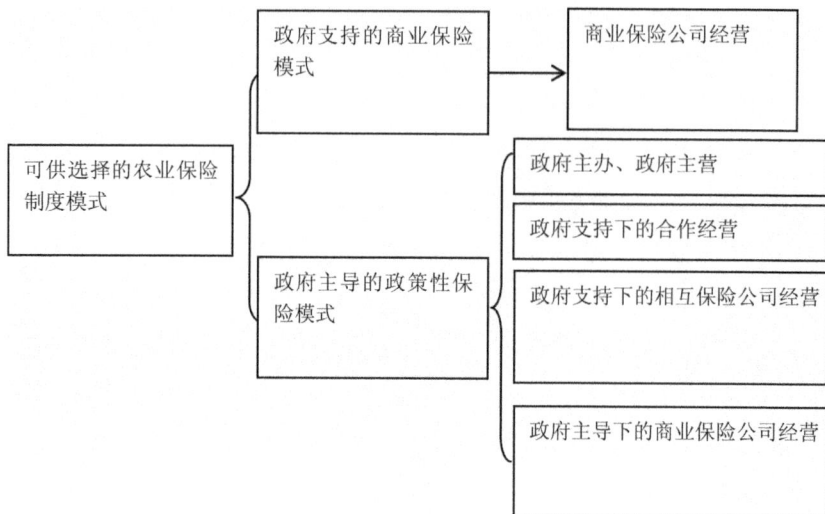

```
                    ┌─────────────────┐        ┌─────────────────┐
                    │ 政府支持的商业保险  │───────▶│ 商业保险公司经营   │
                    │ 模式             │        └─────────────────┘
                    └─────────────────┘
┌──────────────┐                              ┌─────────────────────┐
│ 可供选择的农业保险 │                              │ 政府主办、政府主营      │
│ 制度模式        │                              └─────────────────────┘
└──────────────┘                              ┌─────────────────────┐
                                              │ 政府支持下的合作经营     │
                    ┌─────────────────┐        └─────────────────────┘
                    │ 政府主导的政策性保  │        ┌─────────────────────┐
                    │ 险模式           │        │ 政府支持下的相互保险公司经营│
                    └─────────────────┘        └─────────────────────┘

                                              ┌─────────────────────┐
                                              │ 政府主导下的商业保险公司经营│
                                              └─────────────────────┘
```

图6-2 我国可供选择的农业保险制度模式示意图

第一种是政府主办、政府组织经营的模式。其要点是：建立专业性的隶属于政府序列的中国农业保险公司，以该公司为主经营全国的农业保险业务（种植业保险和养殖业保险），也可经营农村的寿险和其他财产保险业务，二者分业管理、分账核算，使前者的亏损可以得到后者一定程度的弥补；建立国家农业保险的再保险制度和机构；建立农业保险专项基金；实行法定保险与自愿保险相结合。农业保险的省级机构建立与否，可采取灵活方式，这样既可由中央集中决策，也可由各省分散决策。优点是能尽快扭转这方面的市场失灵现象，有利于资源的合理配置和便于分散风险。缺点是由于存在信息不对称，道德风险和逆选择发生的几率高，导致监督成本高。另外，在满足消费者方面，效率较市场低，政府也可能会失灵。

第二种是政府支持下的合作社经营的模式。其要点是：建立以被保险农民为主体的民间的农业保险合作组织（可叫合作社或其他名称），以村、乡或县为基础成立的该组织，由董事会领导和决策，董事会下设精干的办事机构组织经营。董事会的成员主要从农民中产生。农业保险合作社在省一级可以建立联社，统一规划和协调全省的农业保险,并建立该系统内的再保险机制。业务范围主要是种植业保险和养殖业保险。该模式实行法定保险与自愿保险相结合。政府减免经营农业保险的一切税赋,并给予适当的保费补贴和费用补贴。如果没有或很少有政府补贴,也可以允许其在本地经营某些农村财产保险和人身保险业务,并适当减免税赋,使其能通过险种盈亏互补略有微利。政府为农业保险合作社提供再保险,并建立"巨灾风险准备基金",以便在发生重大灾损、农业保险合作社无力支付赔款时借款。政府对农业保险合作社行政上和技术上予以支持和帮助。其优点是,可有效减少道德风险和逆选择风险,降低管理成本和监督成本,可灵活有效地为被保险人服务;缺点是偿付能力低,分散风险有一定困难,不利于提高管理水平,且易受地方行政的不适当干预等。

第三种是政府支持下的相互保险公司经营的模式。其要点是:发起成立全国性"中国农业相互保险公司",该公司是以投保人相互利益为目的的企业法人;其最高权力机构是相互公司成员大会,由成员大会选举公司董事,并组成董事会;建立农业相互保险公司组织体系,在各省、市、自治区设立分公司等。其业务范围是种植业保险、养殖业保险及政府允许的其他农村财产和人身保险险种。无论农业保险还是财产保险、人身保险的投保都是自愿的。政府对其给予财政、金融、税收上的必要支持,但这种支持不是以保险费补贴的方式体现,而是通过减少或免除相互公司的营业税和所得税,以及对于其经营亏损通过中国再保险公司给予财政、金融间接支持的方式进行。

相互公司提供的种植业保险和养殖业保险业务单独核算并免除一切税赋,其经营结余应全部留作准备金。其经营的农村人身保险和财产保险的险种,同时享受税收优惠政策,使其可以用人身保险和财产保险经营的结余弥补农业保险的亏损。另外,还应建立农业保险再保险制度。政府对农业相互保险公司应从行政上和技术上予以支持和帮助。

这种模式的优点是:产权明晰,有利于降低交易成本和减少政府不适当的过度干预;便于协调农户和公司的矛盾,提高管理水平;政府投入较少。缺点是:目前民众对其认知程度低,缺少法律上的规范;由于缺少政府经济上的支持,其费率缺乏吸引力等。

第四种是政府主导下的商业保险公司经营的模式。其要点是:在中央设立"中国农业保险公司",它隶属于中央有关部门(财政部或农业部等),不直接经营(或少量经营)农业保险业务,其经费由财政拨款。该公司主要负责全国农业保险制度的设计和改进;对政策性农业保险业务进行统一规划,研究制定具体政策;设计种植业和养殖业的具体险种;审查申请参与政策性农业保险业务经营的商业保险公司的资质,并根据各商业公司每年经营农业保险的业务量向其提供经营补贴;向各经营农业保险的商业性公司提供农业保险再保险。

允许商业性保险公司自愿申请经营由政府提供补贴的政策性农业保险项目,政府的补贴包括保险费补贴和经营费用补贴。获准经营政策性农业保险业务的商业性保险公司自主经营、自负盈亏,中国农业保险公司对商业保险公司经营规定的农业保险业务,除补贴外不承担其他责任。

经营政策性农业保险的商业保险公司,若要经营中国农业保险公司设计的基本险种以外的农业保险新险种,其可以自行开发;但如果想获得政府的补贴,则必须将新险种条款报中国农业保险公司审查和批准后方可经营。农业保险项目实行法定保险与自愿保险相结合,对少数有关国计民生的农业保险险种项目实行法定保险,其他险种实行自愿保险。政府只对法定保险项目给予补贴。

政府对商业保险公司所经营的政策性农业保险项目给予财政和金融方面的支持和优惠政策。对法定保险项目应免除营业税和所得税,自愿保险项目也应该免除大部分税负,以利其健康经营。

中国农业保险公司为经营农业保险的商业保险公司提供农业保险再保险,后者也可再购买商业性的再保险。政府对经批准经营政策性农业保险项目的商业保险公司的农业保险业务给予行政上的支持与协助。其优点是：可充分利用商业保险组织的技术、管理和网络，降低政府单独经营农业保险的成本；政府可以集中精力抓农业保险的制度建设和管理，从而提高效率；有利于调动商业公司介入农业保险的积极性；使农业保险在为农户服务方面更有效率。缺点是：这种制度设计复杂而精巧，对政府的管理水平和效率提出了更高的要求；在补贴的数额和支持方法问题上，可能会长期困扰决策者。例如，补贴低了，商业保险公司没有积极性；补贴高了，则浪费了纳税人的钱，这个博弈方程很难解。

第七章　加快推进农村互联网金融发展

互联网金融是当前金融体系发展的一个重要分支。这种金融模式通过虚拟形式实现新型金融体系的构建。对于农村金融来说,这种模式显然具有重要的推动意义,有利于发掘城市资金流向农村的渠道,提升农村金融发展的活力。

第一节　农村互联网金融发展的现实意义及制约因素

一、发展农村互联网金融的现实意义

(一)农村互联网金融可以提高资源配置效率

从经验及调研情况看,无论是传统的农业生产还是农村电商经济,获得资源的主要渠道都是信贷。然而,传统金融在保证农村大企业信贷供给的同时,对小微企业和普通农户的供给明显不足。中国社科院农村发展研究所杜晓山撰文指出:"作为农村金融服务核心部分,对农村住户贷款业务面临现实挑战。"杜晓山认为,挑战和问题主要集中在三个方面:一是农村住户储蓄转化为对农村信贷的比例不高;二是农村住户信贷中转化为固定资产投资的比例不高;三是农村住户贷款与农村住户偿还能力的匹配度不高。这"三不高"集中反映了传统金融在农村资源配置方面的

能力不足。贷款转化比例不高说明农村住户的储蓄资金逃离农村的现象突出,统计数据显示,东部和中部地区普通农户的存贷比分别仅为1.7%和2%。购置固定资产的比例不高显示出贷款用途进一步复杂化,在银行类金融机构不掌握相关数据的情况下,这一变化将增加贷后管理的难度和潜在坏账风险。截至2012年年底,东部地区的信贷资金用于购置固定资产的比例仅为0.8%,几乎可以忽略不计。贷款与偿还能力的匹配度不高会直接导致违约风险上升。从实际情况看,目前农村信贷的贷前管理主要强调抵押和担保,也就是强调农户的还款意愿。强调还款意愿是信贷中一项重要技术,然而,仅强调还款意愿而忽视还款能力,也将很难保证农户按期还款。一旦短期借款远远超过农户的短期收入,就会造成违约的发生,在实践中即使存在合格的抵押品,金融机构的处置难度也很大。由于一旦坏账发生就会带来较大损失,金融机构借贷的意愿很难提高。

互联网金融在农村资源配置方面要优于传统金融。首先,互联网金融基本不会产生传统金融"抽水机"的负面作用。相反,由于农村地区的项目能够提供更高的回报率,互联网金融会吸引城市的资金,转而投资在农村地区。正如世界银行驻中国代表处的研究所指出的,"无论在拉丁美洲还是亚洲,农户和微型企业的年均投资回报率可以达到117%~847%。中国也有无数案例表明,那些资本稀缺的农户和微型企业,一旦获得资金,可以创造出比城市大企业高得多的边际投资回报率。"从调研的情况看,部分农村地区借贷的年利率介于18%~24%,在有些相对高风险的区域资金成本会更高一些。需要指出的是,虽然利率较高,但是由于期限和金额相对灵活,放款速度快,互联网金融发放的信贷资金实际成本未必很高。其次,从匹配的准确性角度看,互联网金融掌握海量的高频交易数据,可以更好地确定放贷的客户群体,通过线上监控资金流向,做好贷中、贷后管理,在很大程度上克服了农村金融中资金流向不明、贷后管理不力的问题。

(二)农村互联网金融可以降低农村地区的覆盖成本和支付清算成本

一般可以将成本分为人员成本和非人员成本。对于金融机构而言,非人员成本主要指金融机构网点的租金、装修、维护费用,电子机具的购置、维护费用,现金的押解费用等;人员成本主要指人员的薪金、培训费用等。从调研的情况看,成本是造成农村金融困局的主要原因之一,目前一家 6~7 人的小型租用网点,一年的总成本超过 150 万元。以北京郊区为例,标准网点的租金大约每年 30 万元;装修费用 120 万元,按 8 年左右重新装修算,折合每年费用 15 万元;购置 3 台电子机具(1 台存取款一体机、1 台自动取款机、一台综合查询机)的成本约 50 万元,可使用 8 年,折合每年 6.25 万元;押运费用一年 12 万~20 万元不等;水电费每年 7000 元以上项目其全部费用,按 8 年为一个周期,折合每年 8.4 万元;人均薪金 10 万元以上,每个网点需要 10 名工作人员。照此粗略估算,维持一个网点的运行,每年需要超过 150 万元。其中,如果把 ATM 机布设在网点内,每日的使用次数一般在 30~80 次不等(一般农村会更少一些),如果不布设在银行网点,使用频率更低。从这个角度看,即使是电子机具,人均的使用和维护成本也十分高昂。相比之下,互联网金融在农村可以不设网点,没有现金往来,完全通过网络完成相关的工作。即使需要一些业务人员在农村值守并进行业务拓展,其服务半径也会比固定的银行网点人员的服务半径大得多,从而单位成本更低。另外,互联网金融通过云计算的方式极大地降低了科技设备的投入和运维成本,将为中小金融机构开展农村金融业务提供有效支撑。

我国农村地区长期以来存在着现金支付的传统,现金支付比例长期居高不下。从支付本身的角度看,现金支付的成本很高。从国际经验上看,现金支付比例高的地方,经济的正规化程度就低,经济中灰色区域就大,偷逃税的现象就多。更进一步说,现金支付比例越高,网络经济、信息经济的发展就越滞后,越会影响农村地区的产业升级和城镇化进程。我国农村地区现金支付比例高首先是长期以来形成的传统,其次是传统金融没有发展出适合农村支付的"非现金化"模式。邮政储蓄的按址汇款、农行的惠农卡以及各商业银行都在努力推进的无卡交易改善了农村的支付环境,也降低了现金使用的比例。但是,这些"创新"还是要基于网点的建立和电子机具的布设,没能很好地适应农村地区对现代化支付的需求,也就无法切实解决农村的支付问题。

"互联网十"金融在支付方面已经取得了巨大突破。在互联网金融中,支付以移动支付和第三方支付为基础,很大程度上活跃在银行主导的传统支付清算体系之外,并且显著降低了交易成本。在互联网金融中,支付还与金融产品挂钩,带来丰富的商业模式。这种"支付十金融产品十商业模式"的组合,与中国广大农村正在兴起的电商新经济高度契合,将缔造巨大的蓝海市场。

(三)农村互联网金融为风险控制提供新的可能

"三农"领域风险集中且频发。人类的科技发展至今没能改变农业、农村"看天吃饭"的问题。旱涝灾害、疫病风险以及市场流通过程中的运输问题都会导致农民的巨大损失。传统金融采用"农业保险十期货"的方式对冲此类风险。2007年以来,国家对农业保险给予了大量政策性补贴,取得了一定的效果,但总体看作用不明显。谢平对此的分析是,"我国农村农业生产仍然以小农生产为主,远远没有实现农业农户生产组织化和规模化。对于由分散的小规模农户组成的农产品市场而言,保险和期货的定价作用十分有限。"虽然国家鼓励家庭农场和集约化生产,但是,小农经济依旧是中国农村的主要生产方式并可能保持相当长的时间,传统"农业保险十期货"的不适应性将长期存在。互联网金融"以小为美"的特征在这方面将大有作为,新的大数据方式将非结构数据纳入模型后,将为有效处理小样本数据,完善风险识别和管理提供新的可能。

(四)农村互联网金融提供了财富管理新途径

传统金融经过多年努力,在农村地区建立起了"广覆盖"的服务网络,但是这种广覆盖不仅成本高,而且"水平低",其"综合金融"覆盖也基本不包括理财服务。对传统金融机构而言,理财业务门槛高,流程复杂,占用人力资本较多,在农村地区的推广有限。互联网金融已经做出了很好的尝试。类似"余额宝"的创新产品开创了简单、便捷、小额、零散和几乎无门槛的全新理财模式。早在该产品推出的第一年(2013年),余额宝用户就覆盖了我国境内所有的2749个县,实现了全覆盖和普遍服务。最西端的新疆乌恰县有1487名用户,最南端的三沙市有3564名用户,最东端的黑龙江抚远县有7920名用户,最北端的黑龙江漠河县有2696名用户。在提升了农民财富水平的同时,也进行了一场很好的金融启蒙。

(五)互联网金融可以助推农村金融结构性改革

大数据、云计算、物联网、移动互联网等对信息的整合,打破了传统金融模式时间、空间、成本约束,对创新金融模式和服务、完善金融市场、推动金融结构性改革具有积极意义。发展农村互联网金融,不仅是在农村金融前面加上"互联网"的要素,更是对原有农村金融模式的重构。

1.农村信息化正在加快

当前我国信息化社会建设,不仅在城镇中初步实现,而且在农村中也在加快推进。据相关统计报告显示,截至2014年12月,农村地区互联网普及率为28.8%,相比2013年提高了0.7个百分点。尤其是农村移动端网民增速更快,2013年农村网民使用手机上网的比例已达到84.6%,高出城镇5个百分点。

2.农村经济正走向互联网化

首先,过去几年,农村居民对网购模式接受度达到84.41%,人均网购消费金额在500~2000元,并且仍有增长空间。一些地方的淘宝村、淘宝镇发展迅速,已经成为农村新的经济形态。其次,全国电商巨头正在布局农村电商,有许多地方正在加快打造互联网小镇。由此看来,农村经济的电商化将会持续加速,并加快推动农村经济的信息化进程。

3.农村互联网金融发展方兴未艾

估计未来几年,农村互联网金融将迎来巨大的历史机遇,发展潜力巨大。一方面,农村互联网金融适应了农村非标准化的金融需求。依托大数据,农村互联网金融可以为农户提供更多的增信服务,为解决农村市场主体贷款难的问题提供新的方案。另一方面,农村互联网金融可以低成本地推广。农村互联网金融以手机为金融基础设施,覆盖同样规模的农村人群,边际成本较低。

二、农村互联网金融发展的制约因素

(一)网络安全风险影响农村互联网金融健康发展

互联网金融作为一种新兴产业,必然会有一些风险的存在。农村互联网金融也不例外,在给农村带来便利和各种优势的同时,我们也必须面对它带来的各种各样的风险。农民和互联网金融同样面临风险。如果农民不能及时还款,出现信用风险等,互联网金融必须承担。相对地,如果互联网金融出现了一些风险,农民也要承担。互联网金融风险可以分为一般性风险和特殊性风险。例如,利率风险、信用风险、外汇风险、管理风险等都可能会给资金带来损失。预期利率与实际利率存在差异,债务人不能够按时归还本金和利息,外币资产与外币负债因汇率变动导致价值波动,因管理不善而导致债权人资金损失等。特殊性风险将农村金融和互联网结合起来,两者存在叠加部分,增大了农村金融变量的偏离期望值,这样风险也变得多样性,互联网支付的安全性、投资和消费者的隐私泄露、权益的丧失、机构信用能力等这些风险也逐渐暴露出来。金融风险是非常值得重视的,互联网安全风险也是不容忽视的,将金融和互联网结合在一起,由此可见这种风险是重之又重,况且我们将"农村金融＋互联网"作为一种新的趋势,就增加了不确定性和加倍的风险。农民面朝黄土背朝天赚到的血汗钱,存到互联网金融机构中,如果第三方结算支付中介破产,农民所购买的"电子货币"可能会血本无归。如果农民没有资金进行农作物生产,无法保证自身最基本的日常物资需要,这就不仅仅是单纯的金融问题了。网络金融作为一个有机整体,在拥有数据和服务整体化优势的同时,也面临着如果其中任何一个环节堵塞或者是断裂就将影响整个金融的活动,所以任何一个环节都不容忽视,必须是一个完整、安全的金融体系。坏账率和偿还率,是我国农村互联网金融面临的另一信贷安全问题。农民的文化水平,法律法规意识不强,使许多信贷业务面临安全风险。由于互联网金融对农村发展的一系列优惠的政策,农民借此也"大展拳脚"不顾后果地办理与现实不符的业务,导致有意或者无意地增加了坏账率,降低了偿还率。

互联网金融产品形态很容易复制,各经营主体实际上真正拼的是底层的风控体系。但在目前的农村市场,很多农民缺乏信用记录。如何建立一个有效的风控体系是各种互联网金融平台开拓农村金融市场的首要问题。

(二)农村互联网金融发展制度与政策监管到位率不高

农村互联网金融刚刚起步,还有许多制度和体系不够完善。许多电商只看重农村经济发展所带来的利益,为了使大量的农民进行互联网金融办理金融业务,过度放低"门槛",导致了监管风险的增加。有许多报道显示,许多农民利用监管空缺,进行犯罪违法行为,我们必须看到政策监管风险的重要性,建立互联网金融监管机制,做到有法可依,更加有效地保证金融服务的安全、有序、健全。目前互联网金融刚刚进入到农村地区,还没有深入渗透,如果出现资金等方面的问题而无法支撑下去,政策监管就一定会强化,一些资质不是很齐全、资金实力也不是很强大的平台就会面临被关闭的风险。

(三)农村网络普及率有待尽快提高

许多农村地区互联网基础设施还不够完善,这使得互联网金融的前期投入巨大;另外,由于互联网并不普及,农村的很多重要数据,例如种植户的种植数据、养殖户每天买进饲料的数据、农产品交易数据等,都需要通过纸质记录保存。缺乏数字化支撑,基于大数据的风控、征信、风险定价、行业分析等无异于无米之炊。另外,广大农民对新兴电子产品认识度和掌握度偏低。虽然一些新兴电子产品已经进入农村,但是在一些贫困山区,由于网络覆盖率还不是很高,导致无法对网络信号等进行调控。农民文化教育程度比较低,有些复杂的软件程序无法理解和操作,导致根本无法通过互联网金融办理有关业务。

(四)农民消费习惯需要培养与引导

年龄较大的农民大多数不会或不习惯使用互联网,培养用户消费习惯需要较长的时间,而且在农村市场,很多用户缺乏相应的金融知识。因此,培养用户消费习惯、满足大多数农户的贷款及投资需求也是互联网金融介入农村地区面临的诸多难题之一。

第二节 农村互联网金融发展的模式及路径探索

一、农村互联网金融发展的模式探索

除了最早开拓农村电子商务市场的阿里巴巴及京东集团等互联网巨头前瞻性地布局农村互联网金融外,农业龙头企业新希望集团、康达尔、大北农集团等与 P2P 平台的协同发展,宜信、翼龙贷等 P2P 平台,也开始发力农村互联网金融市场。

(一)综合电商渠道下沉,借助其平台优势实现与金融同步发展

随着信息技术和互联网的发展,拥有大量用户数据的综合电商企业依赖自身的技术平台和信息服务为顾客提供从简单的支付到转账汇款、小额信贷、现金管理、资产管理、供应链金融、基金和保险代销等内涵丰富的金融服务。最具代表性的是阿里巴巴、京东等互联网企业。

阿里、京东等电商平台是利用电子商务沉淀在平台上的大量数据,通过不断下沉业务,加大基于农村场景的互联网金融创新,通过互联网平台推进小额贷款,对接农村小微企业和普通农户,服务为数众多的农村小微企业和农村电商企业。P2P平台则是在供应链金融领域拓展发展空间,主要做法是通过构建垂直的支付场景,打造产业链金融,促进农村互联网金融的生活化和内嵌化,凭借O2O线上线下融合,实现农村互联网金融闭环发展。这种社会资本与农业供应链金融协同发展而形成的农村金融模式最大的优势在于其充足的资金渠道和专业的风险控制体系。

阿里巴巴利用自身交易优势,贯彻"大生态链"战略,集聚了支付、平台、长尾用户和大数据四大要素,初步构建了以"平台、金融、数据"为战略核心的互联网金融版图。2014年阿里集团发布了"千县万村"计划,建立起覆盖全面的农村电子商务服务体系,而蚂蚁金服则借助淘宝、天猫走进农村市场,以电商为站点带动农村金融同步发展。另外,围绕阿里巴巴、淘宝、天猫、支付宝等平台上的大量商家和消费者,建立起信用数据库和信用评价体系,其理财产品余额宝、招财宝等借助支付宝的客户资源能够瞬间积累大量的农村用户,最终形成阿里的闭环金融发展格局。

京东在2015年年初加速推进农村电商战略,发展电子商务的同时加快发展互联网金融。对于农业从业者征信体系不健全、农户贷款额度偏小等问题,京东的解决方案为:以赊销的方式为农民提供资金,复制格莱珉的商业模式,构建一个基层的社会化微型结构,以使电商平台、投融资渠道下沉,并在此基础上推广

"农村白条"业务,进军农村金融市场。同时京东自建的物流体系目前已经深入到广大的农村地区,并且覆盖了近 2000 个行政区域,京东金融所推出的乡村推广员试点授信借助自身强大的物流队伍,为连接京东金融线上线下打通了闭环循环系统。

(二)农业龙头企业打造农业、金融一体化生态圈

将互联网金融向农村推进,农业龙头企业最具竞争力,由于涉农企业对农村和农业有较深刻的理解,对农业行情走势、农产品价格趋势与风险都有较好地掌握。同时,这些涉农龙头企业客户量巨大,积累了大量的销售数据和丰富的信息,此外,以上市公司为代表的涉农龙头企业拥有较高信誉,与 P2P 平台等其他互联网金融机构相比,在获得客户能力、对农民金融需求的理解等方面均具有得天独厚的优势。他们在推广原来的本业产品及服务的基础上,可以向农民推出一系列互联网金融产品作为增值服务,包括互联网理财服务、融资服务和支付服务,从而增加客户的忠诚度。

以移动互联、云计算、大数据为基础的互联网介入农业产业,从提升农业各行业集中度和产业链一体化两个方面促使农业产业链形成全新的商业模式。在行业集中度提升和产业链一体化程度加深的行业格局中,农业产业链条上各环节的龙头企业都有机会通过自身的独特地位建立农村互联网生态圈。在生态圈中,农业龙头企业逐渐向专业化、扁平化、一体化发展。综合农资电商、类金融服务、线上线下服务等一体化发展是现代农业服务发展的必然趋势。通过以农业龙头企业为核心的农业互联网金融平台,为全产业链上下游提供投融资、网上支付等服务,农村互联网金融将贯穿于农业产业化的全过程。

以大北农集团打造的"智慧大北农"为例。为了打造农业互联网生态圈与互联网金融的闭环,农业龙头企业通过设立、收购或控股 P2P 小额贷款平台等形式,建立起各产业及上下游企业与农业金融的战略协同,同时和农业担保、农村金融租赁、小额贷款

等相互配合,建立起完整的农业产业的立体金融服务生态体系,形成一个既不同于传统金融机构也不同于资本市场的第三种服务于"三农"的融资模式。

(三)大型 P2P 平台与农业供应链对接,实现协同发展

相对于简单的信息共享平台,P2P 平台要复杂得多,资金需求方会在网站上详细展示资金需求额、用途、期限以及信用情况等资料,资金提供方则根据个人风险偏好和借款人的信用情况来进行选择。借款利率由市场供需情况决定。目前我国农村 P2P 平台中,宜信和翼龙贷是代表企业。

宜信公司在 2009 年开始进入农村金融市场,经过多年探索,发展出了一个适合中国农村的互联网金融 O2O 模式。早年的宜信是通过传统的"刷墙"方式下沉到农村的,"刷墙"既把金融信息带给农民,也收集了农民的信息。2010 年,他们开始在农村开设服务网点,并推出以提供小额信用贷款服务为主的"农商贷"业务。与宜农贷不同,农商贷所提供的贷款额度更高,并且主要用于支持农民的生产和创业。宜信在过去几年中还发展出了独有的"带路党"。该群体具有很强的农村属性,不仅帮助其拓展了渠道,还提升了征信的可信度,缓解了农村金融征信难问题。目前宜信已经在 133 个城市(含香港)、48 个农村地区建立起协同服务的网络。2015 年 1 月,宜信在北京发布了第二个五年计划——"谷雨战略",旨在打造并开放农村金融云平台,通过农村金融服务生态圈,开放宜信小微企业和农户征信、风控、客户画像等能力,并将自建 1000 个基层金融服务网点,提供包括农村信贷、农村支付、农村保险在内的综合性互联网金融服务。

翼龙贷和宜信不同,翼龙贷走出了一条"同城 O2O 模式",或者更通俗的说为加盟商模式。他们从互联网获得资金,通过线下运营加盟模式,并且形成了一套农村特色的风控体系。翼龙贷在农村金融方面更强调熟人社会的作用,强调加盟商的本地属性。如果加盟商是本地人,要向翼龙贷提供身份证、户口本、结婚证等

文件以及无犯罪记录证明。如果是外地人在本地做业务,则要提供居住五年以上的证明。加盟商开展业务之前,首先要把自己的房产抵押给翼龙贷,并且向总部交保证金。加盟商负责县级市的业务要交 50 万元保证金,负责地级市业务要交 200 万元保证金。一个县级市加盟商可以获得 50 万放大 30～50 倍的资金量,即至少可以放贷 1500 万元,同时公司会不断考核加盟商的还款能力和坏账率,有了坏账和违约的情况,都由加盟商自己承担。通过加盟商模式和独特的征信、风控方式,翼龙贷的业务有了较快发展、风控水平较高。2014 年一年的交易量为 20 亿元人民币,目前坏账率 0.98%。

在农业垂直细分领域,有实业背景的 P2P 平台凭借优质的资产来源和稳定的细分市场,在供应链金融方面具有天然优势。一般来说,P2P 平台与实体农业企业联合,依据实体企业在农业领域积累的销售体系和信用数据,可以有效筛选非常优质的借款客户,对风险识别也有着很好的把控,这样的 P2P 平台不仅可以受益供应链对商流、信息流、资金流、物流四流控制来降低风险,也可以结合国家政策导向,将金融服务与农业供应链对接,实现金融服务实体经济,特别是服务农村中小企业的需求。

(四)传统金融机构打造"互联网＋农村金融"发展新路径

农村金融改革十几年来,传统金融机构做了很多有益的尝试。农行的助农取款服务就是一种接近"O2O"的业务模式。通过与农村小卖部、村委会合作,利用固定电话线和相对简易的机具布设,农户就可以进行小额取现。在对四川省的调研中,我们发现,小额取现的金额每笔均在 50 元以下,满足了老乡对日常小额现金的基本需要。安徽农信社则走得更远一些,他们的手机银行通过短信进行汇款,方便快捷,用户基础广泛。目前累计用户 238 万,日均转账 8 亿元,已经形成了一定的规模。

对于金融行业来说,互联网技术带来的是一种生产力的极大促进和发展理念的变革。在利率市场化和监管创新的大背景下,诸如农村信用社、中国农业银行、农村商业银行、中国邮政储蓄银行等传统金融机构,应该大力推进经营模式转型,加大金融创新力度,推进传统金融业务与互联网业务融合。

在互联网时代,传统农村金融机构推出的金融产品和金融服务方式更应该具有大视野、大理念。传统农村金融机构应放眼未来,主动作为,坚持以服务"三农"为基础,摒弃抢占市场份额、片面追求速度和个体利益的僵化观念,着力提高自身金融服务能力,促进普惠金融服务方式的转变,以创新驱动发展战略最大限度发挥小银行、大平台的优势。

(五)探索农产品和农场众筹平台

众筹是一种互联网属性很高的融资模式,充分体现了互联网自由、崇尚创新的精神,早期主要服务于文化、科技、创意以及公益等领域。简单来看,众筹类似一个网上的预订系统,项目发起人可以在平台上预售产品和创意,产品获得了足够的"订单",项目才能成立,发起者还需要根据支持的意见不断改进项目。众筹更加注重互动体验,同时回报方式也更灵活,"投资收益"不局限于金钱,而可能是项目的成果。就农业方面而言,可能是结出的苹果、樱桃甚至挤出的牛奶,也可能是受邀前往"自己"的农场采摘。如果项目失败,则先期募集的资金要全部退还投资者。

"尝鲜众筹"于 2014 年 3 月上线,是中国第一家农业领域专门性众筹平台,是品牌东方集团旗下的众筹平台网站,为农业项目的创业发起人提供募资、投资、孵化、运营的一站式专业众筹服务。农产品和农场众筹是一个新的概念,由于参与、回报方式更加个性化,满足了"小众"需求,尊重投资者意愿,将是未来农村金融重要的发展方向。

(六)探索适合农村需求的互联网保险模式

我国农业保险和农产品期货发展迅速但作用不大,其原因一方面是中国的农业保险产品对中央财政补贴具有依赖性,商业化运作匮乏;另一方面是小农经济长期存在,大农场、标准化农产品少,在大工业基础上发展起来的传统金融在对接零散农业需求时显得力不从心。客观上说,真正对接农村的互联网保险还在探索中。国内首家网络保险公司——众安在线于2013年推出的高温险有部分的"自然灾害"保险属性,而且投保方便,理赔灵活。理赔时投保人无须提供相关证明,保险公司会根据中央气象台的天气预报进行自动赔付。可以预期,随着互联网技术的进步,大数据、云计算和保险精算的进一步融合,基于互联网保险的农业产品会大量涌现并更好地服务国内农村新经济环境。

二、农村互联网金融发展的路径探索

中国农村幅员辽阔,人口众多,市场深度和广度并存;中国农民吃苦耐劳,韧性十足,蕴藏着无穷的智慧和潜力。同时,其中的金融资源相对稀缺,部分农村依旧面临理财无门,贷款无路的尴尬状况。"互联网＋电商""互联网＋金融""互联网＋农村"……正通过互联网化的"四大战略"带领农村走上新的希望之路!

(一)支付业务是农村互联网金融破局的切入点

支付业务本身不产生利润,但是该业务与场景结合最密切,也是汇聚流量和积累数据的重要手段。余额宝的迅速发展就是基于支付宝平台上积累的巨大流量和用户群体,支付宝的发展又依托于淘宝平台的壮大,是一环扣一环的过程。目前,支付的场景还主要集中在买卖关系中,还有很大的潜力可供挖掘。相比于城市,农村的风俗更多、场景更加丰富,农村经济的季节性很强,收入与支出在时间上不匹配程度很高。支付业务能够嵌入许多场景中,做出有趣的尝试。比如,在婚丧嫁娶、红白喜事随份子的过程中,能否做出像新年"抢红包"那样的产品。同时考虑到农业生产或者农村电商经济收入的季节性,在老乡遇到随份子又手头"不方便"时,能否提供小额的"信贷支持"。这样的支付产品有趣、简便、易于推广,能够为互联网金融在农村地区的推广获得流量、用户以及数据等底层基础。

(二)找准场景以促进农村互联网金融的生活化和内嵌化

无论时代如何进步,金融体系如何发展,金融作为经济的衍生品这一事实不会改变。金融不是独立于经济和人类生活的一种存在,而是应该嵌入到众多的生活场景中,在农村,这点尤其重要。对农民而言,他们可能理解不了金融的"高大上"。"互联网+"就是要让老乡们感觉不到金融的存在,同时又感受到金融无处不在。"互联网+"已经产生了很多差异化的产品,但是,单纯依靠差异化产品来赢得客户正变得越来越困难,开发农村市场很重要的一步就是要将这些应用推送给更广泛的用户群体,同时想办法互联网化他们更多的生活时间。未来占领场景和时间的"战役"可能将更多地考验金融机构在心理学、行为学以及社会学领域对用户的了解。

(三)充分运用大数据拓展农村互联网金融市场

我们正在加速从 IT(信息技术)时代向 DT(数据处理技术)时代前进。大数据在农村地区至少产生了以下价值:一是大数据提供了廉价的试错机会。在全量数据时代,互联网金融可以不再采取传统金融按部就班的长周期开发模式,而是可以快速试错,宽进严出,一旦发现某个领域存在有价值的规律,就可以进行产品开发和商业推广,如果商业价值不如预期,则果断退出。农村场景比城市更为复杂,廉价试错,快速进出将为互联网金融带来巨大价值。二是大数据开创了全新的风险评估、风险管理方法。传统的基于过往营业数据和信用信息的评估方式在农村缺乏合格报表和征信信息的环境下很不适用。而且,传统方法缺乏前瞻性,是一种"向后看"而不是"向前看"的风险评估方式。"让数据发声"的大数据方式利用全量数据对行业前景进行预估,结果将更为科学。三是大数据不仅提供了细分市场的可能,还可以帮助金融企业将过分复杂的客户需求进行标准化处理,通过全量数据整理出用户的共性,从而为金融产品的开发做铺垫。

(四)线上线下融合是实现农村互联网金融的重要方式

波士顿咨询在一份报告中指出:"金融业的铁律在互联网时代已然适用,也就是说在客户身边设立实体网点仍然是金融机构的竞争优势!"从中国农村的实际情况看,农民对实体网点的依赖要高于城市居民。但是,中国农村地广人稀的现实使网点的单位成本过高。互联网金融企业可以与传统金融机构合作,通过"技术换网点""理念换网点"以及"产品换网点"的方式,在轻资产模式下,推进在农村的布点工作。更为重要的是,互联网金融在农村的推广要尊重农民对金融的认识,更强调网点的"体验、交互和农村特色"。上了年纪的老乡习惯于存折而不是银行卡,这是一种短时间内难以改变的习惯,互联网金融应该入乡随俗而不是移风易俗,如何使手机应用像金融一样让老乡们喜闻乐见,想用、敢用既是互联网金融实现闭环梦想的"最后一公里",也考验着所有从业人员的智慧。

第三节　农村互联网金融发展的保障措施

一、制定互联网金融安全的法律法规

经济的发展离不开法律的保障,我国农村互联网安全的法律法规日益完善,随着互联网金融的快速发展,我国金融法律体系并没有得到很好的关注。通过立法规范互联网金融的发展,厘清互联网金融发展涉及的主体地位、业务范畴、发展方向、监管体制机制等基本问题,系统构建相关的配套法律制度。互联网金融平台也是企业,这些企业也面临着越来越多的安全挑战,企业必须

针对安全漏洞进行修复,根据相关的法律降低坏账率,保证其自身利益。同样,遇到安全问题农民不要紧张,应及时报案,这就需要农民学习法律知识,提高自身法律意识。许多违法分子利用互联网金融恶意骗款,给广大农民带来了巨大的损失。早在2006年中国银监会就颁布了《电子银行业务管理办法》,该办法为金融机构利用网络金融向客户提供服务起到了重要的保障作用。《电子银行业务管理办法》也是互联网银行的重要监管法规。

2011年银监会又发布《关于人人贷有关风险提示的通知》,是指在P2P信贷服务中介公司利用借款人和出款人相关信息,对借款人的抵押物进行评估配对,收取中介服务费。银监会对此开展了研究,发现了隐藏的风险,对此发布了对P2P的风险提示文件。2012年,发布的《关于提示互联网保险业务风险的公告》对互联网保险业进行了风险提示。

2013年11月25日九部委处置非法集资部际联席会议上,央行也对P2P借贷行业不合法筹资行为进行了清楚的界定,主要包括:资金池模式;不合格借款人导致的非法集资风险以及庞氏骗局。农村互联网金融作为"互联网＋"的重要部分,我国互联网金融法律法规的发展、完善让我们对农村互联网金融法律法规有了充分的信心。健全法律法规是完善农村互联网金融的首要环节,也是重中之重,尤其面对法律意识薄弱的农村,则更应该快速推进互联网金融法制建设。

二、完善互联网金融监管机制

互联网金融仅有法律的保障是远远不够的,还需要进一步完善互联网金融监管机制。这个监管是以市场开放为基础,以事中、事后为主。这就需要明确互联网金融的监管主体,实施统一监管。为了保证互联网金融稳步发展,必须严格控制资金流向,保持金融风险的底线,让互联网金融带动"三农"的发展。我国目前还没有建立比较完善的互联网金融监管机制,必然会出现一些安全风险问题,农村互联网金融也是如此。

目前,许多农村互联网金融存在违法违规的行为,使市场不能有序的竞争和发展,这是由于监管责任不明确、个人信息不能确保安全,信息披露不够充分、风险提示不够完整等造成的。完善互联网金融监管机制必须加强审查工作,对流动资金进行监控,确保每一笔资金使用安全。按照网络金融各项业务和功能相应的风险做出监控措施,使得责任分离又相互牵制,防止出现监管责任不明确的现象。还要根据规模的大小建立监管标准,对一些规模较小、客户数量较少、系统重要性较低的互联网金融机构建立相对比较低的监管标准,对于规模较大、客户数量较多、系统重要性较强的互联网金融机构则需要建立比较高的监管标准。无论是互联网金融还是实体金融都面临风险,农村互联网金融的核心词也是金融,它面临的风险要比其他金融还多。我国已经明确互联网金融由银监会和证监会监管,但是具体的细则还需要日后不断努力。

农村文化水平较低,风险意识薄弱,无论是实体金融机构还是互联网金融,在理财的同时一定要保证安全性。在我国互联网金融监管体系不健全的情况下,更要看好自己的"钱",保证自己的资金安全。一是要提高自身的安全意识和互联网金融相关知识,在投资理财之前就规避风险,维护自己的合法权益。二是选择正当的互联网交易平台,不要盲目跟风,选择信誉高、业绩好的交易平台。三是在互联网交易的过程中核对好自己的相关信息,仔细核实,保证认证安全。

三、农村互联网金融发展的对策

(一)大力推动农村经济的电商化发展

从经济形态的角度看,电商化意味着信息化,是经济转型升级的重要方式之一。中国农村经济电商化、信息化说明在一个国家的范围内,可以绕过重化工业过程,实现经济向高端转移。从金融服务的角度看,农村金融的主要难点在于缺乏合格的抵押品以及符合银行要求的财务报表,信贷支持存在困难。电商化之后,网络平台将能沉淀海量有效的经营、支付、快递以及交易的信息。这些全量信息将帮助金融机构更有效地做出是否发放信贷的决策。同时电商化也能帮助金融机构做好贷款流向、贷后催收等工作。当电商化达到一定程度之后,大数据和云计算的运用才能更充分,金融服务的有效性将大大提升,风险管控的成本也将极大降低,对整个"三农"问题的解决将起到重要作用。

(二)积极营造相对宽松的监管环境

从信息技术发展趋势看,互联网金融将成为服务农村电子商务和普通农户的重要新兴力量。目前,已经有部分互联网金融企业开始了普惠金融的尝试。但是,作为新兴行业,互联网金融面临着业务发展过快、企业良莠不齐等问题,这些问题是所有行业在发展初期都会经历的,监管层和政策制定者应该加以引导、给予包容。我们可喜地看到了地方政府在这方面做出的努力。比如,在吉林省前郭县乌兰敖都乡查干花养殖场,养牛大户卢先生通过转账电话,为附近农户办理代付、代收等业务,三年间共进行交易 1.4 万笔,金额 2600 万元。尽管他涉嫌多处违规,但是中国人民银行长春中心支行支付结算处相关课题组仍对他给予肯定,称其搭建了连接正规金融与农村社会的桥梁。同时,监管层在农村支付等领域已经表现出很大程度的包容与鼓励。2014 年 9 月10 日,中国人民银行发布了《中国人民银行关于全面推进深化农村支付服务环境建设的指导意见》,允许助农取款服务点试点开办现金汇款、转账汇款、代理缴费等新业务,并提出拓展农村地区手机支付的业务范围和种类等,表现出了极大的政策宽容度。我们认为,互联网金融在对接农村时将面对更大的挑战,需要监管层给予更大的支持,在不踩监管红线的情况下,尽量给予宽容与鼓励。

（三）农村互联网金融发展需要各方协同配合

当前我国农村网民的人口相当于俄罗斯的人口，有 1.78 亿人，新一代农民成为农村互联网金融发展的原动力。要发展农村互联网金融，不仅仅是在农村金融前面加上互联网的要素，更是对原有农村经营模式的重构。推动农村互联网金融发展，需要加快农村信息化的进程、加快农村经济向互联网化发展的进程以及使农村互联网金融适应农村非标准化经营的要求。

中央财经大学金融法研究所所长、互联网金融千人会会长黄震在论坛上提出，农村"要想富，上网络"，要大力发展移动金融。农业要想在"互联网＋"行动中有所作为，必须先做"＋互联网"。在他看来，发展农村互联网金融，应当加速移动互联网基础设施建设，发挥移动金融后发优势；农业产业化要与新一代互联网技术结合，形成大数据体系；农村电商、物流为移动金融配套生态场景；移动金融可整合传统金融与创新金融，实现资金流向农村地区。

要积极鼓励有条件、有资质、有经验的金融机构在农村开展规模化的"互联网＋微型金融"服务。为了加强对农村互联网金融的规范引导，必须健全相关法律法规，明确行业准入门槛，完善监管机制，加强行业自律。

针对目前农村互联网金融存在的问题，需要从以下几个方面下功夫。一是加速移动互联网基础设施建设，发挥移动金融后发优势；二是农业产业化要与新一代互联网技术结合，形成大数据体系；三是发展农村电商、物流产业，形成移动金融的市场生态；四是通过移动金融整合传统金融与创新金融，促进资金流向农村；五是建立大数据征信、风控与监测机制，为农村互联网金融健康发展保驾护航；六是推动市场导向的金融改革，加快放开农村金融市场；七是完善农村互联网的监管机制；八是加快互联网金融相关立法。

促进互联网金融和农业产业跨界融合，打造服务"三农"的新商业模式。随着创新的不断深入，互联网金融的快速发展也正逐渐改变传统农业产业的商业模式。产业和互联网结合后再金融化已成为普遍趋势。从目前来看,在农村地区,"互联网＋"正在向"互联网＋金融＋农业"发展,"移动互联网＋"正在形成新的潮流,农业各行业都纷纷借助互联网金融寻求"线上＋线下"的发展,这将为互联网金融和农业及农村广大的市场带来新的发展机遇。而农村互联网金融模式的本质是通过资源和资金整合来推动产业的创新发展。从产业端的角度来看,可以通过互联网金融的账户、平台等聚集产业的业务、员工、客户、合作伙伴等资源;从金融端来说,可通过提供包括第三方支付、互联网金融产品超市等在内的服务整合产业的沉淀资金流。产业端和金融端可以通过互联网平台,依托账户和第三方支付体系,形成闭环发展。

以大数据为基础建立健全互联网征信体系,推动农村互联网金融持续健康发展。在农村互联网金融领域,征信的基础支撑作用显得格外重要,当然互联网金融的发展也将推动征信行业的发展与成熟。从发达国家的情况来看,征信作为金融基础设施,在社会金融服务中发挥着重要的作用,金融机构会根据相关征信机构出具的权威征信报告为企业、个人提供相应的金融服务,而与此同时,在社会活动的其他方面,如消费、就业等领域,征信也承担着重要的基础评判作用。在征信产业链中,数据、模型和商业模式是三大核心要素,由于商业模式在国外已经有成熟的模型可以借鉴,因此数据和商业模式就成为国内征信产业链的关键点。个人征信最核心的数据是贷款和还款信息,在国内,数据大都掌握在大型商业银行等金融机构手上,缺乏数据共享的动力,数据碎片化严重,导致国内征信生态系统特别是在农村金融市场仍处在起步阶段。

互联网金融和传统金融机构协同创新,错位竞争,共同创造互联网金融新生态。虽然传统金融在农村有强大的市场基础,新型的互联网金融发展迅速,但无论哪一方,都不可能凭借一己之力独占农村金融市场、完全释放农村金融需求。传统金融机构和互联网金融最大的区别在于传统金融机构通常会将金融服务看成一条价值链,而新兴的互联网金融往往沿袭互联网思维(用户、云端)来看待金融服务。传统金融理念认为,一种金融产品或服务从产生到最后到达客户端需要经历基础设施、产品、平台、通信、渠道、介质和场景等多个环节,在做产品时考虑的往往是抵(质)押物、期限和价格等因素,在产品设计完成之后再考虑通过哪些渠道销售给目标客户。而互联网金融理念认为,用户是核心,一种金融产品的产生首先源自用户的需求,当某种需求在具体场景中被发现后,再反向进行相应的产品开发,并最终将产品嵌入场景中。所以,只有将传统金融的深度与互联网金融的广度相结合,才能创造农村金融新生态,最后实现普惠金融的目标。

做好金融监管,构建农村互联网金融的风险防范机制。无论是传统金融还是互联网金融,都无法脱离金融的本质,即资金的有效分配。在这一过程中,风险控制是最核心的环节。因此,随着农村互联网金融的推广,传统风险控制和互联网风险控制的有效融合,将促使风险控制成为行业发展的热点,并且将导致全社会增加对风险控制领域的重视,具体体现在以下两个方面:一是政策规范。随着电子信息及个人隐私重要性的提升,用户个人电子资料、网络使用行为、痕迹等信息的法律地位,以及金融机构利用互联网获取这些资料的合法性,都将通过相关监管机构以立法的形式予以确认,为之后互联网金融、互联网风险控制以及征信行业的发展奠定基础。二是双向融合。互联网金融与传统金融并非颠覆或替代的关系,因此传统风险控制与互联网新型风险控制的方式,均会在不同领域发挥作用。在这一过程中,双方的优势及理念会相互渗透、互相改变和融合。

从总体发展态势来看,传统银行、农村信用社等金融机构提供的金融模式已经远远不能满足强大的农村金融需求,互联网金融由于其便利性渗透到广大农村地区是农村金融发展的必然趋势。经济越落后的农村地区互联网金融发展的空间越大,越能体现互联网金融给这些地区带来的"后发优势",甚至可以在个别领域超过金融发达地区实现跨越式发展。

第八章　农村金融体系创新路径探析

从之前的论述可以看出,农村金融的发展必须要实现整体性的创新,推动农村金融自身的发展。一方面,农村金融的供给体系必须得到改善,缓解农村金融发展过程中存在的缺口;另一方面,则要从农村金融发展的角度入手推动农村金融发展的可持续机制创建。

第一节　完善金融市场基础功能的农村金融供给机制

一、确立竞争性农村商业金融主导模式

随着农业生产方式转型和农业产业化的发展,农村金融市场将逐步完成"拓荒"过程,即传统的小农经济逐渐被现代集约化农业经济模式所取代。农村产业结构的升级和调整将带来大量的金融剩余。在追逐利润的动机诱导下,将有越来越多的商业性金融机构可能在市场这一"看不见的手"力量的作用下自发地涉足农村金融业务。另外,随着农村新型金融机构针对低端市场的专门信贷技术的逐步成熟,存量商业性金融机构和增量商业性金融机构之间的关系也将从"竞争主导"逐步转变为"互补主导",在一种理想的状态下,不同类型、不同规模的商业性金融机构将形成覆盖不同层次和不同客户群的市场格局,并在各自比较优势的基础上开发出专门的信贷技术和金融服务模式,最终形成差异化的

竞争格局和互补型的市场状态。

二、合理界定农村政策性金融和金融市场的"边界"

合理界定农村政策性金融和金融市场的"边界"也就是区分和合理界定政策性金融和商业性金融的"边界"。在金融市场正常运行时,如果具有低成本融资优势和规模优势的政策性金融机构过度介入商业金融领域时,势必造成农村金融市场正常竞争的混乱。只有将农村政策性金融的目标市场定位于商业性金融不愿或无法进入的农村金融领域,使其发挥补充性功能而非替代性功能,才可以使农村金融市场避免受到行政力量过度扰动而牺牲效率。因此,从农村金融活动范围看,政策性金融只有在商业性金融无法有效覆盖的、具有社会正外部性的农村金融领域发挥作用才是其从事金融活动的基本原则。否则,农村政策性金融的过度介入或错位将破坏农村金融市场的公平竞争原则并最终损伤金融市场效率。

三、合理确定政府介入农村金融的路径

合理确定政府介入农村金融供给的路径是发挥农村金融市场功能的关键。政府介入农村金融供给有 3 条基本路径可以选择。第一条路径是为农村金融供给提供基础平台设施和服务。在农村金融市场机制缺位的情况下,由政府出面建立相应的"示范—扩散"模式体系,引导和推动农户等经济主体实现生产转型,促进农村金融机构和农户的持续协调发展。第二条路径是提供"第二类金融合约",即针对经济发展水平相对滞后的农村地区和农村的低收入群体,由政府主导的发展金融机构来提供具有扶贫和开发功能的非商业合同,成为区别于纯商业性金融合同的第二类金融合约的供给者。第三条路径是监管供给与风险控制,即为避免政府主导信贷资源分配过程中形成大量的"权力租",实施农

村金融扶植和鼓励政策必须是鼓励竞争与加强监管相结合：除了通过有效的法律制度规范金融机构的准入、运作和退出外，还应考虑将广泛存在的非正规金融正式纳入监管框架和监测范围，通过审慎监管消除在相对宽松的政策导向下可能滋生的各种机会主义行为，真正做到积极推动和稳健发展相结合。

第二节　探索新型农村金融机构可持续发展机制

以农村小额贷款公司为主的农村新型金融机构作为"边际增量"出现的，其目标已不在于简单地增加农村资金投放，关键是要走出原有与农村市场格格不入的体制束缚，探索出一条真正符合中国农村金融市场需求的、能实现长期自我可持续发展的农村金融新机制。

一、明确新型农村金融机构的法律地位

未来农村新型金融的主要形式之一是小额信贷公司。当前我国政府在法律上没有明确界定小额贷款公司的金融范畴，没有形成完善的监管体制，导致小额贷款公司界定模糊。针对小额贷款公司的快速发展，政府应抓紧研究对小额贷款公司的立法问题。政府应修改有关金融监管法规，将小额贷款公司明确纳入金融监管范围。要尽快完善小额贷款公司相关的配套法律法规，明确其金融机构地位，让小额贷款公司的发展有法可依、有章可循，提供必要的政策支持。

出台法律和政策把小额贷款公司纳入金融机构行列。小额贷款公司不管从业务还是从设立的作用来看都是与银行等金融机构类似的企业。所以，应该逐步调整相关法律，将小额贷款公司纳入金融机构行列。目前山东省出台的《关于促进小额贷款公司健康发展的意见》对小额贷款公司"以服务'三农'和小企业为

宗旨,从事小额放贷的新型农村金融组织"的定位,并将小额贷款公司涉及的财务报表、财务核算、信贷等业务参照金融企业执行。这种定位是一种很好的探索,下一步规定小额贷款公司享受金融机构的税收优惠政策,减轻其税收压力和降低其运营成本,并进一步以法规或法律的形式明确小额贷款公司法律地位。建议从国家的层面研究出台相关法律法规,如出台《小额贷款专项监管法》,让小额贷款公司运行和监管有法可依。

二、探索建立独立的地方金融监管模式

为加强新型农村金融机构监管与规范,除了明确农村微型金融监管主体之外,可以通过成立农村微型金融行业协会作为政府监管的必要补充。成立农村微型金融行业协会有三个方面的好处:第一,小额贷款公司等农村微型金融机构可以借助协会作用进行行业自律、提高自身标准;第二,农村微型金融行业协会可以代表小额贷款公司更多地进行呼吁和解决一些普遍遇到的发展难题,争取一些政策上的支持和突破,同时可以联合小额贷款公司开展业务合作,如建立"小额贷款公司同业拆借利率"、联合贷款等;第三,政府可以借助农村微型金融行业协会更好地积累开展监督和管理的经验及做法,积极提供必要的培训。小额贷款公司的信贷人员面临的经营环境与商业银行相比更加复杂,风险更大。因此,对小额贷款公司信贷人员的培训是十分重要的。各地金融办应当在小额贷款公司的人员培训方面承担起一定的责任,定期邀请一些专家进行讲授与交流,同时开展小额贷款公司之间的业务交流,提高小额贷款公司的经营管理水平。

使地方政府真正承担农村中小型金融机构的监管职责是未来农村金融改革难以绕开的一个问题。从监督效率的角度来看,现有农村金融机构如商业银行缺乏明显的监督比较优势,由其组建的村镇银行和贷款公司将难以长期持续经营;小额贷款公司因需要全部自有资本运营,对民营资本监督效率提出了过高要求而

难以在农村地区普遍设立;农村资金互助社从农户生产经营中内生出来能有效实施相互监督,与专业合作社或龙头公司联合发展时可显著改善农村融资状况。对农村微型金融机构的监管主要还是建立在农村微型金融机构自主经营、自我约束的基础上。加强和改进农村微型金融机构监管主要有以下几点:一是针对农村微型金融机构的监管指标设计一定要适应微型法人的特点,应借鉴国外微型法人机构风险评价的经验,结合中国的实际状况,逐步完善监管指标体系。二是农村微型金融机构监管一定要围绕农村微型金融机构的发展过程和客观实际展开。农村微型金融机构是弱势群体且千差万别,如果与国有四大银行等金融机构等用统一的监管标准,对机构水准、高级管理人员、内控制度、会计标准进行与大银行没有区别的监管,那么农村微型金融机构目前的情况很难达到。三是对农村微型金融机构的监管同样要与时俱进,不断创新,思想上不断有新解放,理论上不断有新发展,实践上不断有新创造。四是对于在农村地区新设机构的商业银行,对其在城区机构和业务准入方面给予便利。免征农村资金互助社的监管费,对其他农村金融机构的监管费减半征收。

三、拓宽新型农村金融机构的融资渠道

为审慎监管和控制风险,小额贷款公司的融资渠道受到了严格控制。其最大融资杠杆只有1.5倍,其融资杠杆和担保公司的10倍、银行平均的12.4倍相差甚远。虽然小额贷款公司未来有转为村镇银行从而吸收存款的可能性,不过目前针对那些经营业绩好、诚信记录好、内控水平高的小额贷款公司,可以适当扩大其融资来源。目前小额贷款公司的资金主要为注册资本金以及从银行融入的不得超过公司资本净额50%的资金,这种只贷不存的方式造成了小额贷款公司的资金紧张。以山东省为例,尽管当前已出台了相关的文件适度放宽融资比例,但是与"三农"和中小企业的资金需求相比,还是不能完全解决资金供需矛盾,所以必须

探索拓宽融资渠道。一是进一步放宽融资比例。对于在年审中评价优良、分类评级中在一类等级的信用良好的小额贷款公司，可允许其银行开展进一步的合作，适当提高融资比例，可以将融资比例提高到注册资本的100%～200%，进一步支持"三农"和小微企业的发展。2012年7月，海南省下发《关于深入推进小贷公司改革发展的若干意见》率先提出适当提高小额贷款公司的融资比例，最高可至资本净额的200%，可以说是极大的突破，值得借鉴和推广。二是鼓励小额贷款公司与银行合作放贷。小额贷款公司可以筛选信誉优良的客户与银行共同对其贷款，并由小额贷款提供反担保，以避免银行的风险来提高银行参与的积极性，这样在解决小贷公司自己的问题的同时，也解决了银行对"三农"和小微企业放款的信贷风险。三是探索建立小额贷款公司信贷批发机制。在每个地级市成立由"金融办＋商业银行＋各小额贷款公司"共同组成的小额贷款公司融资平台，平台由金融办具体运作，资金由商业银行、有剩余资金的小贷公司、民间资本共同出资，平台可以向有资金需求的小额贷款公司提供批发资金。四是逐步允许小额贷款公司吸收贷款。尤努斯曾提出小额贷款必须又存又贷不然如"砍掉一条腿"无法运转。尽管禁止小额贷款公司吸收存款是为了防止出现非法集资和运行风险，但在同时也"锯掉"了小额贷款公司可持续发展的"一条腿"，所以可以有条件的逐步放开小额贷款公司吸收存款的限制；允许小额贷款公司从银行通过转贷形式获得资金，或将低风险贷款资产卖给合作银行，快速盘活小额贷款公司资产；允许其通过债券融资方式扩大资金来源。同时，鼓励小额贷款公司与具有一定资金实力的民营企业合作以拓展融资渠道。这种正向激励规则可以将优质小额贷款公司逐步筛选出来，使这些机构的经营者能够逐步扩大他们的资本回报率。

四、创新对新型农村金融机构的扶持方式

以农村小额信贷公司为例，可从以下七个方面对新型农村金

融机构进行扶植:一是可以充分发挥财政政策的作用,在税收政策上给予优惠。如在公司开办之初给予减免税待遇,待其发展成熟后按照全额征税。二是提高小额贷款公司的风险准备金覆盖率以提高其抗风险能力;小额贷款公司的经营风险远大于大型银行,必须保持合理的风险覆盖率。三是监管上实施比正规金融机构更宽松的政策,而不是复杂的谨慎监管规则。四是使小额贷款公司尽快接入中国人民银行征信系统;降低贷款调查成本,缓解小额贷款公司在发放贷款过程中与借款人存在的信息不对称问题,从而减少信用风险的发生,为其所覆盖的广大农村地区的农户信用体系建设提供可能。五是对服务"三农"和小企业贡献突出的小额贷款公司给予奖励。六是出台小额贷款公司扶持政策。各个省市对小额贷款公司的扶持具有不同政策。例如,江苏省《关于开展农村小额贷款组织试点工作的意见(试行)》规定小额贷款公司的税率参照农村信用社税收政策,所得税税率为12.5%、营业税税率为3%,并于2009年出台性规定,对小额贷款公司等新型农村金融机构,财政按照所得税地方留成部分和营业税的50%予以奖励。山西省规定小额贷款公司成立后两年内所得税、营业税全部免除,第3年所得税、营业税按50%征收,年度被评为五星级的小额贷款公司,由所在的市财政奖励20万元等。七是成立支农基金分散农户小额贷款风险。"三农"贷款供应不足的主要原因是农户贷款成本大、风险大、收益小,农村小额贷款公司作为一般性的商业企业,以追求利润最大化为经营目标,在没有任何支持补助的情况下只会倾向于风险较小收益更大的中小企业。所以可由财政出面建立一个支农风险基金,使风险不再集中于小额贷款公司一家身上。对一笔不良贷款,小额贷款公司需提交贷款相关的材料,经财政审核确认属小额贷款公司尽职的,按一定比例给予风险补偿,从而由政府和小额贷款公司共同分担,分散风险。

五、提升新型农村金融机构自身竞争力

(一)提高小额信贷自身经营效率和营运能力

一是加快小额信贷资金周转以提供资金使用效率：保证一定量的短期贷款有助于加快资金周转回笼；加强小额信贷和银行的合作，如强化银行融资以争取可以在需要资金时方便及时融入款项；及时对贷款进行追踪分析能够减少不必要的风险损失。二是扩大宣传、提高公众认知度，使社会公众熟悉其性质和运作模式，增强对于小额贷款公司的信任度，通过宣传能有效地扩大小额贷款公司自身的业务范围和社会认知度。三是规模化经营，可通过低成本收购和扩张运作发展成为跨村、乡、区、省的大型小额贷款公司。利用经济上的规模优势使小额信贷资金实现优化配置，使利用资金的成本降低和监管的费用下降，从而提高利润率，使专业型小额贷款公司能做大做强。四是引进专业人才、加强员工培训。小额贷款公司可以引进有银行类金融机构相关经验的专业人才，或利用高校资源选拔优秀人才作为公司发展的骨干力量和人才储备。政府部门应加强对小额贷款公司现有人才和员工的培训力度。加大员工相关法律、法规的培训，保障公司及员工合法、合规经营相关业务。

(二)加大产品创新和机制创新

一是在控制小额信贷风险的前提下，开展信贷资产转让业务以扩大小额信贷资金来源并做大资产规模。小额贷款公司可以针对当地有特色、有优势的养殖、种植、运输等农户以及生产经营有基础有潜力的行业进行重点扶持，形成信贷经营上的特色和差异化。通过有效的辨别、筛选、指导、事后监控等经营措施保证资金投向及运用的合理性。二是改变目前信贷政策僵化的局面。目前农村小额贷款公司过于追求足额的担保抵押，重视贷款风险

防范措施的把关而忽视对农户经营情况及资金使用效益等"软实力"的考虑,致使农户因担保抵押不足无法获贷。三是通过完善公司制度提高内部管理治理能力。建立健全公司治理结构和股东管理制度,使农村小额贷款公司的风险状况和经营水平对于每个股东是透明的;建立健全稳健高效的决策程序、内部控制制度、内部审计制度,提高公司治理的有效性。完善的公司管理制度还包括建立适合小额贷款公司业务特点和规模的薪酬分配制度、正向激励约束机制;建立适合自身业务发展的授信工作机制,合理确定不同借款人的授信额度;建立信息披露制度,及时披露年度经营情况、重大事项等信息。

(三)将部分农村小额贷款公司逐步改制为村镇银行

村镇银行相比农村小额贷款公司存在明显优势:一是村镇银行在法律地位上优于农村小额贷款公司。2007年中国银监会颁布的《村镇银行管理暂行规定》明确了村镇银行的法律地位,村镇银行是指经中国银行业监督管理委员会依据有关法律、法规批准在农村地区设立的主要为当地农民、农业和农村经济发展提供金融服务的银行业金融机构。村镇银行可以在农村地区开展各种银行业务,这不仅使得村镇银行拥有丰富的资金来源,能增强其服务"三农"的实力,而且有利于村镇银行按照安全性、流动性、营利性为经营原则开展业务,有助于村镇银行增强风险意识及防范金融风险的发生。由于农村小额贷款公司在法律上不能吸收公众存款,所以尽管二者都主要针对农村市场,为"三农"发展提供小额贷款和相应的服务,但是由于法律地位的差异,使得村镇银行在利润空间、控制风险和服务"三农"上更具优势。二是村镇银行能获得更多的政策优惠。村镇银行在税收和利率方面都能享有一定的政策优惠,各地根据自己的实际情况规定了相应的优惠减免。但农村小额贷款公司难以享受政策优惠和支持,如农村小额贷款公司仍然按照普通公司来缴纳所得税和营业税,而大多数村镇银行在这两项都享受相应的优惠政策予以减免。

目前农村小额贷款公司转为村镇银行的门槛也较高。为了提升小额贷款公司服务农村金融的水平,2009年中国银监会出台了《小额贷款公司改制设立村镇银行暂行规定》(以下称《暂行规定》)。《暂行规定》中的部分硬指标对成立不久的小额贷款公司还有难度,如持续营业3年以上且最近两个会计年度连续盈利、资产风险分类准确且不良贷款率低于2%、贷款损失准备充足率130%以上、最近四个季度末涉农贷款比例占全部贷款比例不低于60%、抵债资产余额不得超过总资产的10%等。较高的准入条件主要是出于审慎监管原则和基于防范金融风险、保护存款人利益而考虑的,从而有助于保证农村金融服务的质量。但目前多数农村小额贷款公司很难满足上述所有条件,如"三农"贷款因风险大、资金分散、成本高、不可预测性,使得农村小额贷款公司涉农贷款发放比例很少能达到60%,但这也是使农村小额贷款公司回归政策目标的必要约束。《暂行规定》还要求:农村小额贷款公司转型村镇银行必须由银行业金融机构作为主发起人,且单一非金融机构企业法人、自然人及关联方持股不得超过10%,也就是说转制以后的村镇银行必须由金融机构控股,私人投资者只能作为小股东存在,这一点对于不愿意交出控股权的投资者来说可能是无法接受的。如果民营资本让位于国有资本就失去了让民营资本与"三农"经济、中小企业资金需求对接的现实意义。因此,降低农村小额贷款公司转为村镇银行的部分标准有利于增加农村金融服务的供给能力。

(四)强化大型商业银行与新型农村金融机构的合作

我国农村金融市场资金供给不足问题由来已久,依靠央行、政策性金融发放支农再贷款等政府补贴措施不能从根本上保证农村金融市场资金供给的可持续性,且存在着严重的道德风险问题。大型商业银行、农村信用社在服务"三农"的过程中责无旁贷,但存在着信息不对称等劣势。新型农村金融机构规模小但具有信息优势,于是二者需要在组织体制和经营机制上进行合作创新。单海东、刘亚相(2014)运用非对称性鹰鸽博弈模型说明了拥有资金优势的大型商业银行与拥有农户信息优势的新型农村金融机构合作供给的可能性。商业银行有效地进入小额信贷市场对于帮助解决我国农户贷款难问题、深化农村金融改革具有重要意义。大型商业银行与新型农村金融机构综合非对称强度越大,二者合作以及合作成功的概率就越大。

六、探索农村新型金融风险控制机制

(一)推广完善农户联保贷款制度

根据我国农村地区的文化传统和社会习惯特点,农户联保贷款模式属于更好地适应微型金融的运作模式,即通过利用社会担保和连带责任,以及客户自愿结合而成的信贷小组向金融机构借款。农户联保贷款能有效解决农村信贷市场逆向选择和道德风险问题,并且有效地减少了赖账现象的发生。因为农户之间相互较为了解,所以可通过构建完全信息动态博弈模型研究农户联保贷款的机制和制度设计问题。

(二)通过动态激励机制和信贷合约设计防范金融风险

动态激励机制是小额信贷制度的重要内容之一,也是小额信贷制度可持续运行的关键环节。监管微型金融在克服农村金融信贷市场信息不对称方面具有显著的优势,但是借贷双方不可能完全消除信息不对称。所以,分别通过不完全信息动态博弈模型和完全信息动态博弈模型来研究微型金融机构和农户决策行为,并可以此来设计农村微型金融市场有效运行和可持续发展的政策建议。

(三)合作开展贷款业务

在小额贷款公司资金实力有限的制约下,为避免信贷风险过于集中的弊端,小额贷款公司还应积极与有客户资源优势、资金技术优势的同业、银行、保险公司等机构合作开展贷款业务以分散农村信贷风险。

第三节　激发农村合作金融内生化潜能

一、激发农村合作金融内生化潜能

激发农村合作性金融"内生性"潜能是增加农村金融供给的基本出发点。长期以来,农村分散化的经营模式必然导致农户的组织弱势及市场弱势,并最终转化为农户的经济弱势。因此,解决"小生产"和"大市场"之间的矛盾的关键是真正建立起以农民为主体的互助金融组织与制度,激发农户的经济协作能力和农村金融的自我发展能力。由于农户合作的意识和能力是合作性金融赖以存在和发展的基础,而当前中国农户的信用总体上正处于从亲缘信用向契约信用过渡的关键转型期。因此,在农业市场化进程中如何通过合适的制度安排,建立起既能巩固农户个人信用又有利于农村社会横向信用发育的"市场载体",就显得尤为重要。作为促进合作性金融发展的"市场载体",既包括新生的合作性金融组织或机构,也涵盖了依托现有组织或机构的金融产品创新,而金融产品创新在现阶段具有较强的实践性操作价值。从长期发展的角度来看,金融产品的设计也应更多地体现出合作性思路,这种合作性既包括农户之间的合作,也包括农户与企业、社区、政府和社会组织之间的合作,既可以是各个主体之间的横向合作,也可以是基于产业链延伸的纵向合作。

激发农村合作性金融"内生性"潜能首先要积极推进以新型合作金融为主的金融组织创新。加快发展以新型合作金融、小额信贷和村镇银行等新型区域性商业金融为主的新型农村金融供给主体,广泛开展互助业务和带有扶贫开发特征的小额农户贷款,弥补当前农村金融供给的真空地带。积极培育新型合作金融组织,发挥合作金融在农村金融供给体系中的主力军作用。从产权角度上说,合作制是联合起来的个人占有制,是以私人占有为基础的共有制。一般由农民个人成员和集体成员入股组成,具有资本自聚功能和内生性,又是因农民的生产生活需求而产生的农民资金互助合作金融组织,所以具有强大的生命力。从国际经验看,合作金融在满足农业再生产的基本金融需求方面具有交易成本低、管理成本低等天然优势,是农村金融供给体系的重要组成部分。因此,应按照公认的国际信用原则,参照新中国成立初期农村信用社的发展思路,给予政策扶植和政策优惠,如自由的存贷款利率、一定的预算资金支持等,积极培育新型农村金融合作组织。并在其发展到一定程度后,参照欧洲模式,按照其发展的内在要求允许其联合。合作性金融机构应给予一定政策支持。合作性金融机构是农村金融体系的重要组成部分,应对其有一定的政策支持。农村金融市场理论认为非正规金融是农村金融市场的有效组成部分,非正规金融与正规金融应结合起来发展。以农村信用社为主体的农村正规金融主要覆盖直接为农民和农业服务的资金需求。鉴于之前农户融资渠道的分析,以民间金融为代表的非正规金融是农户获取资金的主要渠道。因此,应当规范发展民间金融使其作为农村金融体系的有效补充。相比于正规金融,民间金融解决了信息不对称的问题,并进一步降低了交易成本。规范民间金融的基本思路是引导民间金融向农村新型合作金融方向发展,引导培育一部分民间借贷试点小额贷款公司以及一些小额互助式信贷组织;促进农业合作金融的机构改革和服务创新,并逐步放松农村金融市场准入的标准,但必须要对借款上限、借款人数上限、注册原则、地域范围进行限制。

中国各地农村经济发展水平和生产经营具有较大差异,应根据农村金融需求多样性的特点,在加强监管、防范风险、总结试点经验的基础上,鼓励和支持适合农村需求特征的金融组织创新。

在金融组织创新试点过程中要合理设计"止损机制"和试点方案，严格控制创新过程中产生的风险。从农村金融创新的国际经验来看，越来越多的先进技术被运用到金融创新中来，如手机银行的诞生、先进信用系统的应用等。鼓励各地探索与先进技术结合的金融创新方式，以此来降低金融机构的运作成本并提高其抵御风险的能力。孟加拉国格莱珉银行首创的小额信贷模式是新型商业化金融组织的发展方向，中国应借鉴其经验，坚持商业可持续原则，放开农村金融的市场准入限制，积极引导和鼓励各类资本进入农村金融市场，促进小额信贷公司、民营银行等多种区域性金融组织形式的发展，规范引导民间金融发展，创造各类金融市场主体公平竞争的体制环境，增加对农村多元化、多层次、多样化的金融服务供给。同时，应同时建立起市场准入、监管和推出各项规章制度，防范化解农村金融风险。

二、继续深化农村信用社改革

(一)完善农村信用社治理结构

按照双重委托代理理论的要求设计和构建一种主要针对以股权相对集中或高度集中为主要特征的农村信用社治理问题的分析框架，研究中国农村信用社治理结构和治理机制更有利于促进中国农村信用社治理的完善和治理水平的提升。

(1)深化农村信用社产权改革和产权结构优化。西方传统委托代理理论本质上是一种单委托代理理论，主要是针对以股权分散为主要特征的上市公司而构建的一种公司治理理论，尽管暂不适合作为以股权相对集中或高度集中为主要特征的上市公司治理问题的分析框架、也暂不适合未上市的农村信用社的治理问题，但对于完善和改革农村信用社的治理问题具有重要的借鉴价值；从双重委托代理理论的要求设计和构建农村信用社治理结构和治理机制，更有利于实现降低以股权相对集中或高度集中为主要特征的上市公司的代理成本和全体股东利益的最大化。所有者功能的弱化是内部人控制生成的前提条件。由于农村信用社资产产权主体虚置,也就相应的缺乏来自初始委托人的硬性约束。所以,要在对农村信用社全面清产核资的基础上对边界模糊的产权进行界定,有效地确定入股社员的资产价值总量并分解到每个具体股东。经济较发达地区的农村信用社可以按照股权结构多样化、投资主体多元化原则进行股份合作制改革;要通过合理的增资扩股、引进战略性投资者等渠道解决农村信用社股权过于分散的问题。控股股东在对管理层监督方面具有直接性和高效性,农村信用社要实现控股股东或大股东对经营者进行有效监控、降低代理成本。农村信用社股权的适度集中及股权结构的优化有利于改变目前过于分散的股权结构、有利于弱化农村信用社内部人控制问题及促进法人治理结构的完善。

(2)合理解决农村信用社增资扩股的问题。双重委托代理理论对完善农村信用社治理有着重要的指导意义,这主要是基于以下两个理由:第一,中国目前大部分农村信用社股权结构的主要特征都是股权高度分散;第二,由于因资本市场还不发达而导致小股东"用脚投票"机制缺失,保护投资者特别是保护中小投资者利益的法律体系还不健全,良好的公司治理文化还未形成。所以,在今后相当长一个时期内,中国农村信用社只能选择依靠控股股东或大股东内部治理为主导的公司治理模式。

完善中国农村信用社治理要合理解决农村信用社增资扩股问题。控股股东的内部治理策略在对管理层监督方面所具有的直接性和高效性,也决定了控股股东将成为解决全体股东和管理层间的代理问题的主体,全体股东与管理层间的代理问题也由此转化为控股股东和管理层间的代理问题。要有效降低该种代理成本,就是控股股东或大股东必须是一个有效的投资者和委托人。世界各国公司发展的实践已证明:在竞争性领域,最有效的投资者是私人投资者,其次是机构投资者。因此,农村信用社要实现控股股东或大股东对经营者进行有效监控以降低第一种代理成本,可以考虑尝试引进私人战略投资者、机构投资者,真正改变目前农村信用社股权过于分散的股权结构格局。如果不进行上述改革,控股股东或大股东缺位就不可能对经营者进行有效的激励和约束,因而降低第一种代理成本就会成为一句空话。机构投资者对农村信用社入股有助于改变分散小股东的"搭便车"心理,在一定程度上有助于约束"内部人"控制,同时也能有效阻止"外部人"干预。这种若干大股东并存的寡头竞争型的股权分布格局使得机构股东之间相互竞争、相互监督和相互制约,这种股权格局是农村信用社实现有效公司治理的发展方向。"寡头垄断股权结构模式"更为适合中国农村信用社及农村其他中小型金融机构。"寡头垄断股权结构模式"中的大股东可以相互制衡,所以这种模式一般比股权高度分散或"一股独大"的股权结构模式更有利于减缓控股股东或大股东对中小股东利益的损害。

(3)发挥中小股东成为一个有效的委托主体的作用。根据双重委托代理理论,如果农村信用社"外部人"干预及"内部人"控制的问题不能得到有效解决,简单的"增资扩股"势必流于形式,除了暂时增强资本实力外并不具有改善农村信用社治理的效果。有效降低代理成本的前提是中小股东必须是一个有效的委托人,否则就难以对其代理人进行有效的激励与约束。然而现实中的情况是,农村信用社中小股东是一个松散的且非常不稳定的群体。如果不通过适当的组织形式,众多的中小股东就无法成为一个有效的委托人。所以,如何使农村信用社中小股东成为一个有效的委托人就成为农村信用社有效降低第二种代理成本的关键。可以设想在各省市成立一个挂靠中国银监会或中国人民银行的农村信用社中小股东代理人管理协会,由该协会代表农村信用社中小股东对其代理人进行选择、任命和监督。这样做的最大好处至少有两点:第一,使松散的农村信用社中小股东有了自己的代表,从而有可能成为一个有效的委托人;第二,可以摆脱控股股东或大股东对中小股东代理人人选的操纵和控制,从而保证农村信用社中小股东代理人的独立性。农村信用社无论是选择何种委托代理模式,其根本目标就是要能够充分保证农村信用社中小股东成为一个有效的委托人。

有效降低农村信用社的第二种代理成本还必须界定清楚控股股东或大股东与中小股东利益的界限和范围。否则,就难以对农村信用社中小股东代理人自身责任的履行状况进行较为准确的考核与评价。以上市公司为例(尽管我国农村信用社还没有上市),中国参照美、英等国的做法建立了独立董事制度以保护中小股东的利益不受损害。中国证监会在 2001 年制定的《关于在上市公司建立独立董事制度的指导意见》中明确指出:独立董事应"维护公司整体利益,尤其要关注中小股东的利益不受损害。"但是几年来的实践证明,独立董事在维护中小股东的利益不受控股股东或大股东损害方面并没有有效地发挥作用。导致这种状况的原因是多方面的,但很重要的一个原因就是一直没有明确界定控股股东或大股东损害中小股东利益的基本界限和范围,从而一方面造成独立董事不知从何处维护中小股东的利益不受损害;另一方面也造成难以对独立董事履行职责的状况进行考核,进而滋长了许多独立董事在维护中小股东利益方面的机会主义行为。

(4)强化对中小股东代理人的有效激励与约束。为了有效降低公司治理中的第二种代理成本,还必须对中小股东的代理人进行有效激励与约束。这与单委托代理理论中的全体股东或双重委托代理理论中的控股股东或大股东对经营者的激励与约束的道理相类似,只不过是各自考核的内容、激励与约束手段不同而已。对中小股东的代理人如何进行考核、激励与约束的关键是考核中小股东代理人的主要内容必须和维护中小股东利益的效果相联系。根据前面的设想,对中小股东代理人的具体考核、激励与约束,可借助于中小股东的代表——中小股东代理人管理协会来进行。至于对中小股东的代理人以及中小股东的代表——中小股东代理人管理协会如何进行有效激励与约束,即谁最适合充当股权相对集中农村信用社中小股东的代理人呢?从中国的现实情况来看,独立董事相对是较适宜的。假定独立董事比较适宜作为中小股东的代理人,则前面所说的代表中小股东监控其代理人的中小股东代理人管理协会也可称为独立董事管理协会。

总之,农村信用社的利益是各利益相关者的共同利益,而不仅仅是社员股东的利益;农村信用社的各项制度安排尤其是财权安排要平等地对待每个利益相关者的产权权益。对于股权相对分散的农村信用社而言,应主要按照双重委托代理理论的要求设计和构建农村信用社治理结构与治理机制。降低农村信用社双重代理成本和完善农村信用社治理的基本思路与设想:为了有效降低第一种代理成本,中国必须下决心改变目前的大部分农村信用社股权过于分散的格局,并提出经济转轨时期的中国农村信用社的股权结构模式应以"寡头垄断股权结构模式"为主导;同时,还应强化对经营者的激励与约束力度;为了有效降低第二种代理成本,必须努力使农村信用社中小股东真正成为一个有效的委托人,为此提出各市县可成立一个独立董事管理协会或其他形式的组织,并由其来代表所在市县各个农村信用社的中小股东行使对中小股东代理人的监控权;还应积极探索有效激励中小股东代理人的途径与方式。

(二)完善农村金融市场退出机制与金融机构的信息披露制度

随着存款保险制度的实施,在分类改革的基础上应尽快推出规范化的农村金融市场退出机制以化解由"政府兜底"的惯性预期所引发的金融道德风险。我国金融市场化改革的逐步深入使得农村信用社金融风险逐步暴露,如何有效防范金融风险、建立完善的金融机构处置机制成为我国金融业发展所必须面对的一大课题。从维护金融稳定的角度出发,长期违规经营、不良资产居高不下、亏损严重的农村信用社予以取缔是必然结果。金融当局要严格资本监管、建立规范的最后贷款人制度、信用救助和信心救助同步进行的基础上,尽快建立农村信用社市场退出的具有可操作性的规程、尽快制定《金融机构破产条例》等相关政策法规。作为农村信用社市场退出的结果是防范农村金融风险的无奈选择,前提是要加强农村信用社风险控制。

强化农村信用社信息披露制度和管理制度建设包括:建立一系列风险监管识别、风险度量、风险监测、风险控制的程序、规章制度和方法,以强化对农村信用社内部控制和外部监督;强化农村信用社信息披露制度并及时向社员(股东)公开农村信用社财务信息与管理方面的重大事项,完善财务审计制度和加强审计监督。信息披露是衡量农村信用社治理结构是否有效的重要因素之一,也是防止农村信用社内部人控制的有效手段。农村信用社高管人员掌握着农村信用社的大量信息,如果缺乏透明度就可能出现管理层的"内部人控制"现象;强化对农村信用社高管人员行为的约束。通过建立农村信用社高管人员的约束机制并加大对高管人员违规经营的惩治力度,同时还要加大对严重"违规经营"的查处力度和惩罚力度,使高管人员违规经营及财务造假的成本大大提高。为此,可以通过适当修订相关法规的相关条款直接加大对农村信用社高管人员违规经营的惩治力度。这一方面有利于保护农村信用社及全体社员(股东)的合法权益,另一方面也可以成为降低违规行为合法化的利益诱因。

(三)明确农村信用社定位

(1)要巩固农村信用社在农村的地位。基于农村信用社当前在农村金融供给中的特殊地位,仍要沿着"定位明晰、职能分明"的方向继续推进农村信用社改革。农村政策性金融和商业性金融的边界必须界定明晰。为促进农村信用社健康发展和增强其服务"三农"的能力,国家对农村信用社给予了一系列优惠政策,农村信用社不能再以服务"三农"作为政策性负担的借口开展业务。农村信用社是主要为社员(股东)提供金融服务的合作性农村金融组织,其入股社员(股东)主要是农民和农村经济组织。定位于服务"三农"是农村信用社的自然属性和内在要求,如在农村地区拥有最多的分支机构和代办网点,熟悉农村经济特点、农业生产状况和农户信誉度,能够为"三农"提供便捷的金融服务。另外,由于农村信用社的管理层次呈扁平化结构、管理层次少且经营方式灵活和特殊的地缘优势,其平时对已有客户和潜在客户都已经积累了大量的信用信息资源和其他有用信息。因此,在向农村经济体和农户提供信贷等金融服务时,农村信用社无须再耗费过多成本去搜集和处理借款人的信用信息就可以为客户提供金融服务;农村信用社具有快速的决策能力和灵活的处置能力,能够及时满足农村中小企业的贷款需求,在与其他商业银行争夺市场时取得先人一步的优势;农村信用社小范围的信息资源和自我雇用使其在减少摩擦和监督成本的同时,还具有小规模、小范围经营信贷的天然优势。农村信用社要坚持面向农村才能实现其自身的可持续发展。从实践情况来看,农村信用社与"三农"经济之间的关系绝非简单的支持与被支持,而是共生共荣、相互依存、共同发展的相互依赖关系。

(2)健全和完善农村信用社的法律法规及法人治理结构。农村信用社的法律法规要明确地保护入股社员的产权和其他合法权益;以法律形式确定农村信用社的性质、地位、组织形式、权利义务及其社会各方面的民事关系,这有助于明确规范农村信用社的法人治理结构;以法律的形式赋予社员代表大会在农村信用社管理中的最高权力、规定社员代表的产生办法和比例结构;明确任何非正当渠道产生的社员代表为非法,并追究主事者的法律责任。我国最新一轮农村信用社改革强调按照股份制和股份合作制的方式来改革农村信用社。中国农村金融体系中主力军仍为农村信用社,中国未来的农村信用社改革应以转制为核心内容。在中国市场经济体制的逐步完善、农村市场化程度的日益提高的现实情况下,农村信用社必须进行制度创新来适应新时期农村经济发展的需要,才能够进一步发挥促进农村经济发展的积极作用。现有的部分农村信用社应继续按照合作金融理念运作以外,农村经济发达地区的农村信用社可按照商业性、可持续性原则深化改革,使其逐步直至完全脱离合作制的内涵。具体做法:农村信用社可以仿照城市信用社的出路统一改造为农村商业性银行机构,其服务领域向地方性乡镇企业集中;农村信用社应尽快让出合作社组织的名号,为新型合作金融机构的政策出台创造空间。加快农村信用社管理体制的改革必须坚持为农业、农村和农民服务的方向,建立明晰的产权关系并完善其法人治理结构,落实防范和化解金融风险的责任,建立健全激励约束机制,充分发挥其在农村金融服务中的主力军和联系农民的金融纽带作用。农村信用社改革的主要任务就是要通过深化改革以不断完善产权制度,进一步发挥农村金融的主力军作用。无论是股份制、股份合作制还是合作制,农村信用社都要通过改革达到明晰产权关系、强化约束机制、增强金融服务功能的目的。因此,农村信用社产权制度建设目标是要把农村信用社建成符合市场经济规律、适应不同农村地区发展状况和市场条件的"自主经营、自负盈亏、自我约束、自我发展"的农村金融组织。要不断完善并实现"三会"有效制衡机制;按照"三会分设、三权分立、有效制衡、协调发展"的基本原则健全和完善农村信用社的法人治理结构及内部治理的组织结构和恰当的制衡机制,明确权力关系并形成权力制衡机制;对部分产权明晰、治理结构健全的农村信用社应尽快促成其向农商银行的过渡。

第四节　区域差异条件下农村金融供给模式的选择

农村金融供给模式决定着农村金融制度安排。农村金融供给模式大体有市场主导型、政府主导型和市场与政府机制相结合的混合模式三种。我国不同地区间农村资金分布的不平衡、农业资源禀赋差异及区位差异导致了地区间农村经济的非均衡发展,而经济发展的非均衡又加深了地区间资本形成的非均衡性。中西部农村地区在资本形成与经济落后之间形成了一个恶性循环,使得地区间经济发展的差距不断扩大。因此,促进区域农村资金供给的协调增长对统筹区域农村经济增长就具有十分重要的作用。基于区域农村经济社会发展差异的视角,从金融制度与财政政策及农村土地制度改革等方面提出促进区域农村资金供给协调增长的对策建议。

一、农村金融供给模式区域差异化的必要性与可行性

国外农村金融发展的实践表明:依赖纯市场机制或由政府机制培育和发展农村金融市场的模式在现实中并不存在,采用区域差别化的金融政策和金融供给模式是许多国家共同的做法。政府机制与市场机制的作用力度必须由一个国家或地区农村经济现状及综合金融环境情况来决定。

我国区域农村经济发展差距极大,区域农村经济及区域金融呈现东强西弱的格局,这决定了在全国采用单一的农村金融供给模式并非最优,应结合区域农村经济金融差异采取不同的农村金融供给模式,多元化农村金融体系是我国协调区域经济发展的必然选择。新经济地理学理论及缪尔达尔的"循环积累因果关系"原理均认为:单纯依靠市场机制则会导致区域间的差距逐渐拉大,欲实现区域经济的协调发展则需要发挥政府对市场的调节和干预作用。因此,政府对区域农村金融的发展也应采取区域有别的干预措施。政府干预是对市场机制的补充,即在市场机制的基础上通过优惠的区域政策引导要素与农村资金自由流动的方向,而并非要阻碍要素与农村资金自由流动。政府机制与市场机制相结合的混合型农村金融供给模式是我国未来农村金融发展的可行性选择。

二、我国农村金融供给模式的区域选择

(一)发达地区宜选择市场导向型农村金融供给模式

我国东部农村非农产业发达,农村金融供给的市场化程度和

开放度较高、市场竞争对微观经济主体行为有较强约束力。东部农村地区或城乡边缘地区对资金价格具有较高敏感性、区域金融辐射能力较强,能通过外溢效应和示范效应促进欠发达地区的经济发展。因此,东部地区适合采用市场导向型农村金融供给模式,即市场机制在农村金融市场成长中的作用要大于政府机制的作用。农村金融的发展主要通过供求机制、利率机制、竞争机制、退出机制等市场基本制度配置农村金融资源。政府的职责是维护金融安全,为区域农村金融营造良好外部环境、培育市场、扩大开放,并辅之以必要的产业政策和财政金融支持政策,以政府的力量弥补市场机制的不足。另外,由农村金融结构与经济结构错位导致体制内金融对农村民营经济的排斥问题在发达地区尤为明显,政府应适当给予政策引导来逐步淡化所有制金融的概念。同时要加快实施农村金融对内开放,允许民间资本进入金融领域以建立起与多元化的农村经济结构相适应的金融组织结构。

(二)经济相对发达的农村地区宜选择政府适度导向型金融供给模式

在我国农村生产力相对发达的中部和部分相对发达的西部地区,区域农村金融市场竞争不太充分的情况下,农村金融结构仍应该在一定程度上延续传统布局。政府通过矫正市场间接约束微观金融主体行为,使农村金融市场在资金配置中发挥重要作用。因此,该类农村地区适合采用政府适度导向型农村金融供给模式。这一模式与政府导向型模式相比,政府机制在农村金融市场成长中的作用同样大于市场机制的作用,但政府干预农村金融市场的程度要低一些。在政府适度导向型区域金融供给模式下,区域金融结构政策的重点是通过培育金融市场及完善金融体系加快与发达区域的金融一体化进程。由于适用该模式下地区有条件、有可能赶上东部地区,所以该区域的农村金融政策应更加灵活。在不破坏竞争规则的前提下,政府应尽可能改善农村金融市场生态环境和金融基础设施,使处于劣势的地区有条件参与金融竞争。如在市场准入方面给予适当金融优惠政策,对不同金融机构设置不同资本金要求;通过培育若干县域农村金融中心的方式形成县域农村金融增长极以带动周边区域金融增长。

(三)欠发达地区的模式选择——政府导向型农村金融供给模式

在自然条件恶劣、农业生产力极度不发达的西部欠发达农村地区,农村金融发展的外生性极强,主要依赖外部资金输入。由于区内金融功能不健全,只能通过以政策性金融为主的体系扶植来承担融资职能,并待条件成熟后发展其他金融形式。因此,这一地区适用于政府导向型农村金融供给模式。政府的作用是扶持而非垄断,即在市场缺位情况下对市场行为的替代,其根本目的在于为农村金融市场的发育创造基础外部环境。这种扶持只能发挥推动作用而不宜成为一种长期的依赖。该模式下区域农村金融供给政策的重点应是培育并维持区域农村金融功能的正常运转,由于这些地区不具备商业性金融机构生存条件,政府应建立完善的农村政策性金融体系,使极度欠发达地区摆脱因缺少资金而导致的农村经济发展的恶性循环。在其经济增长过程中逐步培育起农村商业性金融需求,为农村合作金融和中小型商业金融体系的构建打好基础。

参考文献

[1]谢平,徐忠.新世纪以来农村金融改革研究[M].北京:中国金融出版社,2013.

[2]杨小玲.中国农村金融改革的制度变迁分析[M].北京:中国金融出版社,2011.

[3]巴红静.中国农村金融发展研究[M].大连:东北财经大学出版社,2013.

[4]钱水土,姚耀军.中国农村金融服务体系创新研究[M].北京:中国经济出版社,2010.

[5]汪小亚.农村金融体制改革研究[M].北京:中国金融出版社,2009.

[6]韩俊.中国农村改革(2002—2012)[M].上海:上海远东出版社,2012.

[7]姬海莉.论非均衡市场下的农村金融信贷问题[J].商业时代,2013(11).

[8]梁文平.中国新农村金融体制改革之路[J].现代经济信息,2013(12).

[9]吴庆田.农村金融发展空间研究[J].社会科学家,2007(2).

[10]胡愈,岳意定.基于我国现代农村物流建设的金融供求研究[J].湖南大学学报,2007(2).

[11]孙萌萌.中国农村金融改革分析[J].赤峰学院学报(自然科学版),2014(9).

[12]金运,韩喜平.中国农村金融改革特征及趋势审视[J].

求是学刊,2014(11).

[13]于晓非.关于支持农村金融发展路径的探讨[J].农村财政与金融,2013(12).

[14]王会玲.农村金融支农存在的问题及对策建议[J].时代金融,2013(11).

[15]吴小北.应关注农村金融服务[f]的几个变化[J].金融博览,2012(2).

[16]仲德涛.农村金融体系改革研究[J].北方经济,2007(8).

[17]饶媛媛.新形势下中国农村金融发展问题研究[J].企业改革与管理,2015(4).

[18]张思阳.加强农村金融与农村经济协调发展[J].农民致富之友,2015(4).

[19]张敏.政策性金融在新农村建设中的作用[J].安徽经济,2006(9).

[20]金立华.对农村金融创新"三农"服务的思考[J].现代金融,2014(11).

[21]魏岚.我国农村金融服务创新研究[J].经济纵横,2014(12).

[22]王能翔.农村金融机构改革思考[J].现代商贸工业,2014(15).

[23]林秋萍,谢元态.普惠金融视角下农村金融发展与改革研究[J].金融教育研究,2014(12).

[24]唐洋军.农村金融服务中的小额信贷发展研究[J].海南金融,2014(11).

[25]齐立新.新型农村金融体系发展问题浅析[J].企业导报,2014(10).

[26]曹建超.我国农村金融发展中存在的主要问题和对策分析[J].中国市场,2014(11).

[27]白崇东.农村金融业务连续性的挑战与创新[J].标准科

学,2014(10).

　　[28]金运,韩喜平.中国农村金融生态环境改进研究[J].商业研究,2014(12).

　　[29]李红英.农村金融中的信贷小组担保机制分析[J].河北金融,2014(12).

　　[30]郭功星,宋华,刘晒珍.金融创新对我国农村金融发展的启示[J].特区经济,2010(5).

　　[31]高辰.我国农村金融服务现状及发展对策[J].对外经贸,2013(3).

　　[32]孙玉奎,周诺亚,李丕东.农村金融发展对农村居民收入的影响研究[J].统计研究,2014(11).

　　[33]葛阳琴,潘锦云.农村金融发展困境、制约因素及其对策[J].安庆师范学院学报(社会科学版),2013(1).

　　[34]刘玉春,修长柏.农村金融发展、农业科技进步与农民收入增长[J].农业技术经济,2013(9).

　　[35]杨小玲.农村金融发展与农民收入结构的实证研究[J].经济问题探索,2009(12).

　　[36]刘赛红,王国顺.农村金融发展影响农民收入的地区差异[J].经济地理,2012(9).

　　[37]钱水土,周永涛.农村金融发展影响农民收入增长的机制研究[J].金融理论与实践,2011(4).

　　[38]任碧云,刘进军.基于经济新常态视角下促进农村金融发展路径探讨[J].经济问题,2015(5).

　　[39]周才云.中国农村金融发展与农村居民收入增长关系的经验研究[J].统计与信息论坛,2010(8).

　　[40]张雄.金融排斥理论视角下的我国农村金融发展对策[J].商业经济研究,2008(32).

　　[41]张令骞.中国强制性金融制度变迁对农村金融发展的负效应研究——以农村信用社和政策性银行改革为例[J].经济论坛,2008(7).

[42]李宇.村镇银行利率风险分析[J].银行家,2016(6).

[43]李宇.精准扶贫背景下农村金融机构业务模式创新——以山西省为例[J].银行家,2017(7).

[44]李宇.推进金融扶贫创新 助力山西脱贫攻坚[J].山西财税,2017(7).

[45]李宇.山西村镇银行发展研究[J].科技情报开发与经济,2014(1).

[46]李宇.村镇银行监管制度研究[D].山西财经大学.2014.